Das

Gewerbe im Umherziehen

nach der

Bundes- und Preußischen Landes-Gesetzgebung,

bearbeitet

von

Meves,
Staats-Anwalt.

Berlin.
Verlag von J. Guttentag (D. Collin).
1872.

Vorwort.

Es ist in Deutschland eine Eigenthümlichkeit der neuesten Geistesrichtung auf dem Gebiete der Gesetzgebung, daß sie bei ihren Gestaltungen und Werken sich von den Fesseln des Alt-Hergebrachten freigemacht, von den gewohnten Schulbegriffen absieht und frei und bewußt im Anschluß an die realen Verhältnisse nur das Bedürfniß im Auge hat und ihm allein Rechnung trägt. Diese Richtung hat auch der Verfassung des Norddeutschen Bundes und demnächst der des deutschen Reichs ihren Charakter gegeben. Nicht am wenigsten macht bei ihnen jene Eigenthümlichkeit sich geltend in den Art. 2 und 4, welche die gesetzgeberische Kraft des Bundes begründen und begränzen und das Verhältniß der Bundes- zu der Landes-Gesetzgebung regeln und näher bestimmen. Nicht die Machtfrage ist es, die diese Anordnungen diktirt hat, sondern allein das Bedürfniß.

Es kann daher nicht Wunder nehmen, wenn die Gesetze des Bundes eine besondere Stellung zur Landes-Gesetzgebung einnehmen, wenn sie in die letztere oft nur soweit eingreifen, als erforderlich ist, eine bestimmte Frage zur Erledigung zu bringen, und wenn sie dann, indem sie nicht den ganzen Gegenstand eines Landes-Gesetzes erschöpfen, sondern nur einen Theil desselben, nur einen bestimmten Gesichtspunkt herausgreifen, das Gesetz selbst bestehen lassen und nur einzelne seiner Bestimmungen ändern.

Ein derartiger Zustand der Gesetzgebung fordert die Interpretation heraus und verlangt eine genaue Ziehung der Gränze zwischen dem einen und dem andern Rechte, zwischen dem Gesetze des Bundes und dem des Einzelstaats.

Wohl am Prägnantesten zeigt sich diese Lage der Gesetzgebung in der Gewerbe-Ordnung vom 21. Juni 1869, deren durch Art. 4 der Bundes-Verfassung gegebene Kompetenz nur die eine Seite des Gewerbebetriebes, die Gewerbepolizei und deren Einfluß auf die Ausübung des Gewerbes umfaßt, während das Landesrecht nicht selten auch die andere Seite, nämlich die der Gewerbesteuer, mit jener in dem Rahmen nur eines Gesetzes verbindet.

Da dies in Preußen namentlich bei dem „Gewerbe im Umherziehen" geschehen ist, so soll die nachstehende Arbeit dem Zwecke dienen, zur Findung der Gränze zwischen dem Bundes- und dem Preuß. Landesrechte, soweit beide diese Materie zum Gegenstande ihrer Vorschriften gemacht haben, einen Stein hinzuzutragen. Sie soll untersuchen, welches Gebiet das Bundesrecht beherrscht, und auf welchem das Landesrecht, vertreten durch das Hausir-Regulativ vom 28. April 1824 und die es modificirenden Gesetze, in Kraft geblieben. Sie soll nicht blos dem Juristen bei Beurtheilung eintretender Verletzungen beider Gesetze eine Hülfe bieten, sondern auch dem Verwaltungsbeamten bei der Handhabung der den gedachten Gewerbebetrieb betreffenden Vorschriften ein Leitfaden sein.

Und beschäftigt sie sich auch nur mit dem Verhältniß des Bundesrechts zu dem Preußischen Landesrechte so dürfte sie doch auch zur Beurtheilung der Sachlage in anderen Bundesländern einen genügenden Anhalt gewähren, da die hier gefundene Gränze in ihren Grundzügen auch für andere Landesrechte gilt. Vielleicht ist deshalb die Hoffnung nicht unberechtigt, daß sie auch für andere Bundesstaaten nicht ohne Nutzen sein und den Anstoß zu gleicher Untersuchung des Verhältnisses beider Rechte zu einander geben wird, zumal gerade das Gewerbe im Umherziehen von mancherlei Schranken befreit, einer größeren Entfaltung und Ausdehnung entgegengeht.

Und während wir dies niederschreiben, vergrößert sich bereits der Geltungsbezirk der Gewerbe-Ordnung; Württemberg und Baden treten in ihn ein und erkennen sie als Reichsgesetz an.

Auch in diesen Ländern wird daher das Landesrecht denselben Modifikationen unterworfen, welche das Preußische erfahren, wird dagegen, wie in Preußen, die Steuergesetzgebung mit ihren Folgen für das Gewerbe im Umherziehen in Kraft erhalten. Doch nicht diese Wirkung ist es allein, welche die Einführung der Gewerbe-Ordnung im Gefolge hat, vielmehr schafft sie auch, daß die Angehörigen dieser Staaten zu den Gesetzgebungen der anderen deutschen Staaten, in welchen die Bundes-Gewerbe-Ordnung als Reichsgesetz gilt, in dasjenige Verhältniß treten, daß sich von dem der Ausländer wesentlich unterscheidet und in unserer Arbeit mehrfach hervorgehoben wird.

Sollte aber die Arbeit mit dazu beitragen, die Reichsgesetzgebung zu einer neuen Thätigkeit zu veranlassen, um die Schwierigkeit der Lage zu erleichtern, in welcher sich das Gewerbe im Umherziehen den verschiedenen Gesetzen gegenüber befindet, so würde sie den weiteren Zweck erreichen, dem sie gewidmet ist.

Der Verfasser.

Abkürzungen.

B.G.O.	=	Bundes-Gewerbe-Ordnung.
H.R.	=	Hausir-Regulativ.
G.S.	=	Preußische Gesetz-Sammlung.
B.G.Bl.	=	Bundes-Gesetz-Blatt.
J.M.Bl.	=	Preuß. Justiz-Ministerial-Blatt.
Min.-Instr.	=	Ministerial-Instruktion.
Hoffmann	=	Hoffmann, das Hausir-Regulativ. Berlin 1842.
Hartmann	=	Hartmann, die neben dem Strafgesetzbuche für die preuß. Staaten geltenden Strafgesetze.
Schimmelfennig	=	Schimmelfennig, die Preußischen direkten Steuern. Th. II.
Höinghaus	=	Höinghaus, Gewerbe-Ordnung für den Norddeutschen Bund.
Opp. Rechtsspr.	=	Oppenhoff, die Rechtsprechung des Ober-Trbunals.
G.A.	=	Goltdammer, Archiv für Preuß. Strafrecht.
Entsch.	=	Amtliche Entscheidungen des Ober-Tribunals.
A.Ger.O.	=	Allgemeine Gerichts-Ordnung für Preußen.

Inhalt.

		Seite
Einleitung.		
	A. Historischer Ueberblick über die preußische Gesetzgebung	1
	B. Die Gewerbe-Ordnung für den Norddeutschen Bund und ihre Bedeutung	11
Kap. I.	Was zum Gewerbebetriebe im Umherziehen gehört .	24
	1. Verhältniß der G.O. zum H.R. Nr. 1—5	27
	2. Marktverkehr. Nr. 6—13	28
	3. Arten und allgemeine Requisite des Gewerbebetriebs im Umherziehen. Nr. 14—30	31
	a. erste Art: Feilbieten von Waaren. Nr. 31—71 . . .	38
	b. zweite Art: Ankauf von Waaren und Aufsuchen von Waarenbestellungen. Nr. 72—91	52
	c. dritte Art: Anbieten von Diensten. Nr. 92—101 . . .	61
	d. vierte Art: Feilbieten von Schaustellungen. Nr. 102—104	64
Kap. II.	Ertheilung und Form der Legitimations- und Gewerbescheine	65
	1. Ueber die Gewerbesteuer. Nr. 2—4	67
	2. Erforderniß der Legitimations- und Gewerbescheine Nr. 5 . .	70
	3. Nachsuchung und Ertheilung der Legitimations- und Gewerbescheine. Nr. 6	72
	4. Inhalt. Nr. 7—13	79
Kap. III.	Ueber die persönlichen Erfordernisse	82
	1. Ausnahmsfälle, in denen es auf das Vorliegen der persönlichen Eigenschaften nicht ankommt. Nr. 2—4	84
	2. die persönlichen Eigenschaften. Nr. 5—12	85
	3. bei Ausländern. Nr. 13—16	88
Kap. IV.	Ueber die Nebenpersonen	91
	1. Gehülfen (Stellvertreter) und deren Legitimation. Nr. 2—7 .	92
	2. Begleiter und deren Legitimation. Nr. 8—14	96
	3. Mitführen von Kindern. Nr. 15	98
	4. bei Ausländern als Gewerbetreibenden. Nr. 16	99
Kap. V.	Von den zum Gewerbebetrieb geeigneten Waaren . .	99
	1. Im Allgemeinen. Nr. 1—11	101
	2. Wochenmarktsgegenstände. Nr. 12—17	104
	3. Ausnahmen von der allgemeinen Regel. Nr. 18 u. 19 . . .	105

Seite
Kap. VI. Von den Dienstleistungen und Schaustellungen . . . 107
1. Von den Dienstleistungen. Nr. 1—11 108
2. Von den Schaustellungen. Nr. 12—19 113
3. Insbesondere vom Musikgewerbe. Nr. 20—27 116
4. Von der Legitimation derartiger Gewerbetreibender. Nr. 28—30 118
5. Von den Schauspielergesellschaften. Nr. 33 120
Kap. VII. Von den Verhaltungsmaßregeln bei der Ausübung des Gewerbes 120
1. Im Allgemeinen über den Einfluß der G.G.O. Nr. 1—3 . . 122
2. Vom Mißbrauch des Legitimations- u. Gewerbescheins. Nr. 4—11 126
3. Ueber das Beisichführen des Legitimations- und Gewerbescheins. Nr. 12—14 128
4. Ueber die Pflicht des Vorzeigens derselben. Nr. 15 und 16 . . 129
5. Von der Ausdehnung beider Scheine auf andere Bezirke. Nr. 17—25 129
6. Ueber die Aufenthaltsfristen. Nr. 26—28 133
7. Ueber die Wiederholungsfristen. Nr. 29—31 134
8. Von der Vorzeigung des Gewerbescheins an die Gastwirthe. Nr. 32—34 135
9. Ueber den Eintritt der Gewerbetreibenden in Privathäuser. Nr. 35—41 135
Kap. VIII. Von den Strafbestimmungen 137
1. Verletzungen der Steuergesetze 140
a. Im Allgemeinen. Nr. 2 und 3 140
b. Gewerbebetrieb ohne Gewerbeschein. Nr. 4—33 . . . 141
c. Gewerbebetrieb mit unstatthaften Gegenständen. Nr. 34 u. 35 147
d. Gewerbebetrieb mit anderen Gegenständen oder Leistungen, als auf welche der Gewerbeschein lautet. Nr. 36—42 . 148
e. Gewerbebetrieb auf Grund des Gewerbescheins oder für Rechnung eines Anderen. Nr. 43—53 149
f. Gewerbebetrieb unter Verletzung der K.O. vom 8. December 1843. Nr. 54—59 152
2. Verletzungen der gewerbepolizeilichen Vorschriften. Nr. 60—70 153
3. Umwandlungen der Geld- in Freiheitsstrafen. Nr. 71—80 . . 159
Kap. IX. Von dem Verfahren 162
1. Bei Uebertretungen der polizeilichen Vorschriften. Nr. 3—8 . . 163
2. Bei Uebertretungen der Steuergesetze. Nr. 9—25 164
3. Von den Benachrichtigungen über ergangene Erkenntnisse. Nr. 26 und 27 169
4. Von der Verjährung. Nr. 28—32 170
5. Von dem Denunzianten-Antheil. Nr. 33 171
Kap. X. Uebergangsbestimmungen 171
Nachtrag 174
Sach-Register 177

Einleitung.

A. Historischer Ueberblick über die Preußische Gesetzgebung betreffend das Gewerbe im Umherziehen.

Das Zunft- und Innungswesen, welches sich im Mittelalter bei den Gewerbe- und Handeltreibenden als eine Folge des Kampfes zwischen dem Bürger- und dem Ritterthume bis zu einer hohen Blüthe entwickelt hatte, findet noch seine Bestätigung und gesetzlichen Schutz in den Vorschriften des A.L.R. Tit. 8, Th. II. — Der erste Eingriff in dasselbe erfolgte im Jahre 1810 durch das Edikt über die Einführung einer allgemeinen Gewerbesteuer vom $\frac{\text{28. October}}{\text{2. November}}$ 1810 — G.S. S. 79 —, welches in seiner Einleitung hervorhebt, daß eine Vermehrung der Staatseinnahmen nothwendig sei, daß diese durch die Einführung einer allgemeinen Gewerbesteuer erzielt werden solle, und daß mit dieser Belastung des Gewerbes zugleich eine Befreiung desselben von seinen drückendsten Fesseln und eine Einführung der Gewerbe-Freiheit verbunden werde. Das Edikt, welches den Betrieb einer Anzahl bestimmt benannter Gewerbe von der Lösung eines Gewerbescheins abhängig macht und im § 16 den Inhaber eines solchen ermächtigt, im ganzen Umfange des Staates das in dem Scheine benannte Gewerbe unter dem Schutze der Behörden auszuüben, unterscheidet nicht zwischen dem stehenden und dem Gewerbe im Umherziehen, behandelt beide vielmehr gleich.

Edikt vom $\frac{\text{28. October}}{\text{2. November}}$ 1810.

Die erste Unterscheidung beider Betriebsarten findet sich in dem „Gesetz über die polizeilichen Verhältnisse der Gewerbe, in Bezug auf das Edikt vom 2. Novemb. 1810, wegen Einführung einer allgemeinen Gewerbesteuer" vom 7. Septemb. 1811 — G.S. S. 263 —, ein Gesetz, welches dazu bestimmt war, als Ergänzung zu dem Edikte vom 2. Nov. 1810 zu dienen. Während nämlich dieses letztere sich vorzüglich mit der steuerlichen Seite des Gewerbes beschäftigte und sich bemühte, einige der alten Schranken des Gewerbebetriebes aus dem Wege zu räumen, ist jenes Gesetz dazu ersehen, die Bedingungen zu regeln und festzusetzen, unter

Gesetz vom 7. Septbr. 1811.

welchen der Gewerbebetrieb in seiner freien Bewegung statthaft sein solle. Es gedenkt in den §§ 135 ff. des im Umherziehen betriebenen Gewerbes, unterscheidet vier Kategorien desselben, nämlich die umherziehenden Krämer aller Art, die eigentlichen Hausirer, welche eigene oder fremde Erzeugnisse außer ihrem gewöhnlichen Wohnorte von einem Orte zum andern zum Verkaufe herumführen und feil bieten — § 136 — die herumziehenden Aufkäufer und Sammler aller Art — § 137 — vier Arten von Dienstleistenden, Vieh-Kastrirer, Kesselflicker, Topfbinder und Scheerenschleifer — § 138 — und endlich Marionettenspieler, Musikanten, überhaupt alle diejenigen, welche umherreisen, um irgend eine Sache oder Verrichtung für Geld auszustellen — § 139 — und unterwirft sie alle einer besonderen Beschränkung. Ihnen soll nämlich der Gewerbeschein nur gegen Vorlegung einer Genehmigung der Regierung ertheilt werden dürfen, — § 135 — diese Genehmigung aber gebunden sein an die vorgängige Prüfung der Zuverlässigkeit und Rechtlichkeit des Suchenden, — § 146 — ansässige und bekannte Personen sollen überdies alljährlich auf der für einen dreijährigen Zeitraum zu ertheilenden Genehmigung durch die Polizeibehörde ihres Wohnorts bescheinigen lassen, daß gegen ihre Rechtlichkeit keine gegründeten Beschwerden vorgekommen seien.

Gesetz vom 30. Mai 1820.

Eine Aenderung des Ediktes vom $\frac{\text{28. Octob.}}{\text{2. November}}$ 1810 brachte das „Gesetz wegen Entrichtung der Gewerbesteuer" vom 30. Mai 1820 — G.S. S. 147. — Theils die bereits erfolgte Entwickelung und Entfaltung des Gewerbebetriebs im Umherziehen, theils die Art und Weise, in welcher die Gewerbesteuer fortan zur Hebung kommen sollte, machten es nothwendig, auch in Ansehung der dem Gewerbe aufzulegenden Steuer den stehenden von dem Gewerbebetriebe im Umherziehen zu sondern. — Nachdem daher im § 2 auch der letztere für steuerpflichtig erklärt und im § 8 das sonst steuerfreie Einkaufen inländischer Erzeugnisse oder Fabrikate Seitens Fremder dann, wenn es im „Umherziehen" geschieht, der Steuerpflicht unterworfen worden, ordnet § 20 an, daß nur noch für das Gewerbe im Umherziehen ein Gewerbeschein ertheilt werden soll. Mit diesem müsse jeder Hausirer bei dem Betriebe des Geschäfts versehen sein. — § 21 — Ausgenommen werden nur diejenigen, welche ein offenes Gewerbe treiben und zu dessen Behuf umherreisen, blos um die Materialien zu ihrer eigenen Fabrikation aufzukaufen; sie sollen nicht eines Gewerbescheins, sondern nur einer polizeilichen Legitimation bedürfen.

Unter Bezugnahme auf die Anlage B. des Gesetzes, in welcher sub L. die Höhe der Gewerbesteuer für das Gewerbe im Umherziehen nach dem Werthe des Handelobjekts auf zwei bis vier, oder zwölf Thaler für das Jahr festgesetzt wird, regelt § 40 die Strafe desjenigen, welcher ein

Gewerbe umherziehend treibt, ohne sich durch Vorzeigung eines für ihn ausgestellten Gewerbescheins über seine Befugnisse ausweisen zu können, und droht an, neben Nachzahlung der Steuer, eine dem vierfachen Betrage derselben gleichkommende Strafe und Konfiskation der Gegenstände, welche der Betreffende wegen seines Gewerbes bei sich führt. —

Ohne eine nähere Erklärung über den Begriff des Hausir-Handels zu geben, behält das Gesetz im § 37 eine Revision der Gesetze über die Berechtigung zum Gewerbe überhaupt vor und erklärt ebendaselbst sub b., daß bis zur Beendigung dieser Revision diejenigen Personen für solche, die ein Gewerbe umherziehend betreiben, geachtet werden sollen, welche in den §§ 136 bis 139 des Gesetzes vom 7. Septemb. 1811 als solche bezeichnet seien.

Diesen Vorbehalt wenigstens vorläufig einzulösen, war der Zweck des Hausir-Regulativs vom 28. April 1824 — G.S. S. 125. — Dasselbe behandelt den Gewerbebetrieb im Umherziehen mit einem gewissen Mißtrauen, sieht in ihm Gefahren sowohl für die allgemeine staatliche Sicherheit und Ordnung, wie besonders für das Wohl und Gedeihen des stehenden Gewerbes und sucht diesen dadurch entgegenzutreten, daß es den Betrieb mit Kautelen und Schranken umgiebt, die sich bald auf das Subjekt, bald auf das Objekt des Gewerbes beziehen. — Es stellt als durchgreifendes Prinzip den Satz auf, daß Jeder, der ein Gewerbe im Umherziehen treibt, vorher einen nur für das Kalenderjahr gültigen Gewerbeschein lösen und diesen bei der Ausübung des Gewerbes stets bei sich tragen müsse.

Regulativ vom 28. April 1824.

Nachdem in den §§ 1 bis 6 angegeben worden, was unter dem Gewerbebetrieb im Umherziehen zu verstehen, wobei sich das Regulativ an die vier Klassen des Gesetzes vom 7. September 1811 anschließt, ihnen das Aufsuchen von Waarenbestellungen beifügt und diese Art der Klasse der „Sammler" anreiht, enthalten die § 11 bis 13 diejenigen Bedingungen, die das Regulativ an die Eigenschaften der Personen stellt, welche sich in irgend einer Weise mit dem Hausir-Handel beschäftigen. Nicht die Regel soll dieses Gewerbe sein, sondern nur eine Ausnahme, beschränkt auf den durch das Bedürfniß des täglichen Lebens und Verkehrs bedingten Umfang. Es werden demgemäß in den §§ 14 bis 19 diejenigen Objekte einzeln aufgeführt, welche nicht sowohl von dem Betriebe ausgeschlossen, als vielmehr allein bei demselben zulässig sein sollen. An diese Anordnungen reihen sich dann in den §§ 20 bis 25 verschiedene der Ausübung des Gewerbes auferlegte Beschränkungen mit dem Zwecke, die Konkurrenz soweit möglich zu begränzen, die dieser Gewerbebetrieb dem stehenden machen dürfte. Die §§ 26 bis 34 beschäftigen sich mit den Strafdrohungen für Verletzungen der gegebenen Vorschriften und mit der Regelung des gegen Kontravenienten einzuleitenden Verfahrens. Die

Schlußparagraphen endlich geben verschiedene Uebergangsbestimmungen. — In der Einleitung dieses durch die A.K.O. v. 21. Mai 1824 — G.S. S. 125 — als Gesetz sanktionirten Regulativs wird hervorgehoben, daß die Vorschriften des Gesetzes vom 30. Mai 1820 eine sehr verschiedenartige Auslegung gefunden und so zu dem Bedürfniß einer vorläufigen Regelung der Verhältnisse geführt hätten bis dahin, „daß bei der Revision der gewerbe-polizeilichen Gesetzgebung auch dieser Zweig der Verwaltung feste und allgemeine Bestimmungen“ erhalte.

Diese in Aussicht gestellte Revision der gewerbe-polizeilichen Gesetzgebung ist nun zwar durch den Erlaß der Gewerbe-Ordnung vom 17. Januar 1845 — G.S. S. 44 — und des Ergänzungs-Gesetzes vom 22. Juni 1861 — G.S. S. 445 — erfolgt, hat sich jedoch mit dem Gewerbe, das im Umherziehen betrieben wird, nicht beschäftigt. Vielmehr hat das erstere Gesetz im § 14 die bestehenden Vorschriften über den Hausir-Handel auch für fernerhin maßgebend erklärt und nur im § 60 unter abermaliger Bezugnahme auf die bereits geltenden Bestimmungen in Ansehung der Gewerbtreibenden mit kaufmännischen Rechten die Vorschrift hinzugefügt, daß die Befugniß zum Betriebe auch dieser Art des Gewerbes nicht mehr von dem Bekenntnisse des christlichen Glaubens abhängig sein soll. Das andere Gesetz dagegen beschäftigt sich nur mit der Aenderung mehrerer §§ der Gewerbe-Ordnung, zu welchen die §§ 14 und 60 nicht gehören, berührt also das Gewerbe im Umherziehen gar nicht. —

Beide Gesetze haben sonach gleichsam anerkannt, daß die im § 37 des Gesetzes vom 30. Mai 1820 vorbehaltene Revision der Gewerbe-Gesetzgebung in Ansehung des Hausir-Gewerbes durch das Hausir-Regulativ endgültig erfolgt, und durch dasselbe jener Vorbehalt eingelöst worden sei. —

Einen Anlauf zu einer anderweitigen Regelung der Gesetzgebung auch in Ansehung dieses Gewerbebetriebes hat zwar die Neuzeit gemacht, indem sie denselben in den Kreis der Bundes-Gewerbe-Ordnung vom 21. Juni 1869 hineingezogen hat. Allein die beschränkte Kompetenz der Bundes-Gesetzgebung und vor Allem die Behandlung dieses Gegenstandes in einer für sämmtliche Staaten des Norddeutschen Bundes maßgebenden Weise konnte, da mit ihr eine neue und übereinstimmende Revision und Regelung der Steuergesetzgebung sämmtlicher Bundes-Staaten nicht verbunden war, nur eine einseitige Regulirung der Verhältnisse des Hausir-Gewerbes zulassen, und ist diese denn auch nur nach der gewerbe-polizeilichen, nicht auch nach der gewerbe-steuerlichen Seite hin erfolgt. In welcher Weise sich demgemäß der Einfluß der Bundes-Gewerbe-Ordnung auf die Vorschriften des Hausir-Regulativs geltend macht, ist weiter unten näher dargethan. —

Ist also eine durchgreifende Revision und Reform der Gesetzgebung in Ansehung des Hausir-Gewerbes in Preußen seit dem Jahre 1824 nicht eingetreten, vielmehr zu allen Zeiten das Hausir-Regulativ vom 28. April 1824 als die Hauptquelle betrachtet worden, aus welcher die Verwaltung sowohl, wie die Justiz das Material für die Behandlung dieses Gewerbes und der Ausschreitungen desselben zu entnehmen hatte, so erscheint es nur naturgemäß, daß die im ewigen Wechsel befindlichen und in steter Fortentwickelung begriffenen Verhältnisse des Handels-Lebens, welche sich auch in der Form dieses Gewerbebetriebes mehr oder weniger geltend machten, mannigfache Veränderungen der den Zeitverhältnissen des Jahres 1824 angepaßten und entsprechenden Vorschriften des Hausir-Regulativs erforderten.

Der chronologischen Ordnung folgend haben wir zunächst zu gedenken der Allerh. Kab.-Ord. vom 11. Juni 1826 — G.S. S. 61 —, welche dem Gewerbebetriebe im Umherziehen die Schranken erweitert, die ihm in den §§ 21 ff. des Hausir-Regulativs gezogen sind. Sie verordnet nämlich, daß die Gewerbescheine, wenn die Inhaber zu solchen Kaufleuten, deren Gehülfen und reisenden Dienern gehören, denen sie ertheilt sind, um im Umherziehen Waarenbestellungen zu suchen oder Waaren zu erstehen, die sie selbst zum Behufe des Wiederverkaufs nicht mit sich umherführen, sondern frachtweise befördern lassen, für den ganzen Umfang der Monarchie, die Grenzzollbezirke nicht ausgenommen, gültig und auch von den übrigen Beschränkungen der §§ 22 bis 24 des Hausir-Regulativs befreit sein sollten. Die Verpflichtung dagegen, den Gewerbeschein zum Betriebe des Gewerbes im Umherziehen zu lösen und ihn während des Geschäftsbetriebes stets bei sich zu führen, wird ausdrücklich aufrecht erhalten. — K.O. v. 11. Juni 1826.

Während diese Vorschrift örtliche Gränzen des Hausir-Gewerbes erweiterte, brachte die ihr folgende

Allerh. Kab.-Ord. vom 27. März 1828 — G.S. S. 49 — eine andere Erleichterung, indem sie die Ausnahme des § 5 des Hausir-Regulativs dahin verallgemeinerte, daß auch die Gewerbsgehülfen und Angehörigen der ein offenes Gewerbe betreibenden Inländer zum Aufkauf der zur eigenen Fabrikation erforderlichen Materialien nicht eines besonderen Gewerbescheins, sondern wie die Gewerbtreibenden selbst nur einer polizeilichen Legitimation bedürfen sollten, in welcher ihr Verhältniß zu dem Gewerbtreibenden, für den sie den Aufkauf besorgen, zu bescheinigen sei. — Es wurde also die in § 5 cit. statuirte Ausnahme auf die Gehülfen und Angehörigen der Gewerbtreibenden ausgedehnt. — K.O. v. 27. März 1828.

Obwohl durch die A.K.O. vom 11. Juni 1826 für die in derselben gedachten Kaufleute, deren Gehülfen und Diener insofern eine Erleichterung geschafft worden, als sie von der Verpflichtung entbunden wurden, für jeden Steuerbezirk (Regierungsbezirk) gemäß § 21 des Hausir-Regulativs einen neuen Gewerbeschein zu lösen, so blieb doch immer noch ein Uebelstand übrig, daß nämlich diejenigen von jenen Kaufleuten, welche eine Gewerbesteuer für den Betrieb des stehenden kaufmännischen Gewerbes überhaupt entrichteten, außer dieser Steuer noch eine besondere für den Hausirhandel bezahlen mußten, obwohl dieser selbst nur ein integrirender Theil ihres kaufmännischen, bereits besteuerten Gewerbes war. Dieser Umstand trat mit der Ausnahme des § 5 des Hausir-Regulativs und der Vorschrift der K.O. vom 27. März 1828 um so deutlicher in Widerspruch, als dort der Aufkauf des Materials zu dem bereits besteuerten Gewerbebetriebe, also auch ein Theil jenes Gewerbes, für steuerfrei erklärt wurde. Dem Uebelstande abzuhelfen, erschien

K.O. v. 12. Febr. 1831. die Allerh. Kab.-Ord. vom 12. Februar 1831 — G.S. S. 5 —, welche bestimmte, daß von Kaufleuten oder den ihnen gleichstehenden Fabrikanten neben der Gewerbesteuer, welche sie für ihr kaufmännisches Gewerbe überhaupt entrichteten, eine besondere Steuer für die Gewerbescheine nicht erhoben werden solle, deren sie oder die ausschließlich in ihren Diensten stehenden Gehülfen nach den Gesetzen bedürften, wenn sie im Umherziehen Waarenbestellungen suchen, oder zum Behufe des Wiederverkaufs Waaren aufkaufen wollten, welche sie nicht mit sich umherführen, sondern frachtweise befördern lassen.

Bei dieser Art des Gewerbebetriebes sollte nicht, wie bei dem Aufkauf von Materialien zur eigenen Fabrikation, eine in Gemäßheit des § 5 des Hausir-Regulativs auszustellende Legitimation genügen, sondern ein formeller Gewerbeschein, dieser jedoch steuerfrei, ertheilt werden.

K.O. v. 12. Jan. 1833. Unterm 12. Januar 1833 — G.S. S. 22 — erschien eine Allerh. Kab.-Ord., welche untersagte, Gewerbescheine zum Aufsuchen von Bestellungen auf Edelsteine und edle Fossilien, als Achate, Karneole oder auf Quincaillerie-Waaren, deren Hauptwerth in solchen Steinen bestehe, ferner zu ertheilen.

K.O. v. 14. Octbr. 1833. Ihr folgte die Allerh. Kab.-Ord. vom 14. October 1833 — G.S. S. 126. — Sie traf die Anordnung, daß Musiker, welche ihr Gewerbe außerhalb des Polizeibezirks ihres Wohnorts, jedoch nicht in einer Entfernung von zwei Meilen von letzterem betreiben, nur einer polizeilichen Legitimation bedürfen, diejenigen aber, welche in einer größer Entfernung für Geld Musik machen wollten, zur Lösung eines Gewerbescheins verpflichtet sein sollten und zwar selbst dann, wenn sie besonders bestellt seien. —

K.O. v. 31. Decbr. 1836. Mehrere wesentliche Aenderungen der Gesetzgebung über den Gewerbebetrieb im Umherziehen brachte die Allerh. Kab.-Ord. vom 31. December 1836 — G.S. pro 1837, S. 13 — nebst dem ihr beigegebenen Regulativ vom 4. December 1836. — ibid. S. 14. — Nachdem die erstere zunächst die den Regierungen durch das Gewerbesteuergesetz vom 30. Mai 1820 (Beilage B. Litt. L.) und dem Finanzminister durch den Erlaß vom 2. Mai 1821 beigelegte Befugniß zur Ermäßigung des Steuersatzes von 12 Thlr. für den Gewerbebetrieb im Umherziehen nach Maßgabe des genehmigten Regulativs vom 4. December 1836 erweitert hat, disponirt sie über folgende Punkte:

1) daß die in den §§ 26, 27, 28 des Regulativs vom 28. April 1824 über den Gewerbebetrieb im Umherziehen vorgeschriebene Strafe nicht für jeden Fall im vierfachen Betrage der Jahressteuer nach dem höchsten Satze derselben, sondern im vierfachen Betrage derjenigen Jahressteuer bestehen solle, welche dem Gewerbe des Steuerpflichtigen angemessen und mit Rücksicht auf das Regulativ vom 4. d. M. festzusetzen sei;
2) daß auch, wenn neben der Strafe eine Nachzahlung der Steuer eintrete, die Steuer gleichfalls nur in dem ermäßigten Betrage gefordert werden dürfe;
3) daß, wenn dem Kontravenienten bei gehöriger Meldung der Gewerbeschein hätte steuerfrei ertheilt werden können, bei der Abmessung der Strafe ein Steuersatz von 2 Thlr. anzunehmen sei;
4) endlich daß, wenn nach § 31 des Regulativs vom 28. April 1824 die verwirkte Geldbuße in Gefängniß zu verwandeln, nicht unbedingt achttägige Gefängnißstrafe und fünf Thaler Geldbuße gleichzustellen sei, vielmehr nach Bewandniß der Umstände ein milderes Verhältniß angenommen werden dürfe.

Regulativ vom 4. Decbr. 1836.

Das Regulativ vom 4. December 1836 hält zunächst im § 5 das Prinzip aufrecht, daß der Regel nach für jede Person, welche ein Gewerbe im Umherziehen betreibt, der Betrag der Jahressteuer zwölf Thaler sei, und bezeichnet die in den vorhergehenden §§ 1 bis 4 gedachten Bestimmungen als Ausnahmen, deren Zulässigkeit in jedem Einzelfalle besonderer Prüfung zu unterliegen habe. Der § 6 giebt Vorschriften, welche bei dieser Prüfung beachtet und angewendet werden sollen; diese Vorschriften basiren im Allgemeinen auf den Erwägungen, daß der Steuersatz mit dem größeren oder geringeren Umfange des Gewerbebetriebes übereinstimmen müsse, daß daher bei der Fixirung der Steuer der Gewerbebetrieb des vorangegangenen Jahres maßgebend sein solle, und daß der Betrieb mit selbstgewonnenen oder selbst verfertigten Waaren geringer zu besteuern sei, als der mit aufgekauften Erzeugnissen. Die §§ 1 bis 3 zählen diejenigen Gegenstände und Arten des Gewerbebetriebes im Umherziehen speziell auf, bei welchen eine Ermäßigung des Betrages der Jahressteuer zulässig erscheine, und gestattet § 1 eine Herabsetzung der Steuer bis auf zwei oder vier, die §§ 2 und 3 bis auf acht, sechs oder vier Thaler. § 2 beschäftigt sich mit den Musikern und

Schauspielern, welche unter einem Vorsteher, der für die übrigen haftet, in einer aus wenigstens vier unverdächtigen geschickten Personen bestehenden Gesellschaft ihr Gewerbe betreiben, und ermächtigt die Regierungen, nur bei dem Vorsteher den Satz von zwölf Thalern beizubehalten, bei den übrigen Theilnehmern aber denselben für jede Person in der oben gedachten Weise herabzusetzen. § 4 gestattet dem Finanzminister, die in den §§ 1 bis 3 für zulässig erachteten Steuerermäßigungen auch auf andere, als die aufgeführten, jedoch diesen ähnliche Gewerbe auszudehnen. Nachdem dann in § 7 weitere Ermäßigungen oder volle Steuerfreiheiten von einer, in jedem Einzelfalle einzuholenden Genehmigung des Finanzministers abhängig gemacht werden, ordnet § 8 an, daß die Festsetzung der dem Gewerbe angemessenen Steuer, nach welcher die Strafe der §§ 26 bis 28 des Hausir-Regulativs vom 28. April 1824 zu bestimmen sei, in den zur Entscheidung der Regierungen gelangenden Fällen in dem Strafresolute erfolgen solle. Komme die Sache demnächst zur gerichtlichen Entscheidung, so sei auch bei dieser der in dem Resolute angegebene Steuersatz der Strafbestimmung zu Grunde zu legen, wenn nicht das Gericht sich veranlaßt finde, mit Rücksicht auf neue, in der gerichtlichen Untersuchung ermittelte Umstände eine nochmalige Festsetzung des Steuersatzes zu verlangen. Trete eine gerichtliche Untersuchung ein, ohne daß eine Entscheidung der Regierung vorangegangen, so solle nicht ohne Weiteres der Steuersatz von zwölf Thalern dem Urtheil unterbreitet, vielmehr vor Erlaß des Erkenntnisses die Regierung zur Festsetzung des dem Falle angemessenen Steuersatzes veranlaßt werden. Dagegen bedürfe es einer besonderen Mittheilung des festgesetzten Satzes an den Angeschuldigten nicht, dem auch ein Rekurs gegen die Festsetzung der Regierung an das Ministerium nicht zustehe.

Durch die Erfahrung, daß Angehörige Preußens in mehreren anderen Staaten für das Aufsuchen von Waarenbestellungen und Ankaufen von Waaren im Umherziehen mit einer erheblichen Steuer belastet wurden, veranlaßt, erschien die Allerh. Kab.-Ord. vom 22. Mai 1843 — G.S. S. 301 —, welche verordnet, daß die Steuer derjenigen Ausländer, in deren Ländern die diesseitigen Unterthanen in Ansehung der Steuer ungünstiger gestellt seien, als die eigenen, und wo die ihnen auferlegte Steuer zu dem Betrage der in Preußen für dasselbe Gewerbe zu entrichtenden in keinem Verhältniß stehe, durch den Finanzminister bis auf das Achtfache erhöht werden könne: daß dieselbe Steuererhöhung auch dann eintreten dürfe, wenn das Gewerbe im Inlande für Rechnung solcher Ausländer von Inländern betrieben werde: und daß in Kontraventionsfällen der zu erkennenden Strafe der Betrag der erhöhten Steuer zu Grunde zu legen sei. —

K.O. v. 22. Mai 1843.

Das Umsichgreifen des Institutes der Reisenden Behufs Aufsuchung von Waarenbestellungen rief die einschneidenden und beschränkenden Anordnungen der Allerh. Kab.-Ord. vom 8. Decemb. 1843 — G.S. pro 1844, S. 15 — hervor. Um, wie sie selbst sagt, den Uebelständen entgegen zu wirken, welche hinsichtlich des Verkehrs der Behufs des Suchens von Waarenbestellungen und des Waarenaufkaufs umherreisenden Personen wahrgenommen worden seien, bestimmt sie, K.O. v. 8. Decbr. 1843.

1) daß Waarenbestellungen auch auf Grund nachgesuchter und ertheilter Gewerbescheine nur bei Gewerbtreibenden gesucht werden dürften und zwar bei Handeltreibenden ohne Beschränkung, bei andern Gewerbtreibenden aber, sie mögen Gegenstände ihres Gewerbes verkaufen oder nicht, nur auf solche Sachen, welche zu dem von ihnen ausgeübten Gewerbe als Fabrikmaterialien, Werkzeuge, oder sonst in Beziehung stehen;

2) daß der Behufs Aufkaufs von Waaren zum Wiederverkauf oder Behufs Aufsuchens von Waarenbestellungen Umherreisende trotz des Besitzes eines Gewerbescheines nur Proben oder Muster, nicht aber Waaren irgend einer Art mit sich führen dürfe;

3) daß den diesen Vorschriften Zuwiderhandelnden eine Geldstrafe von Achtundvierzig Thalern und Konfiskation der betreffenden Gegenstände treffen, auch bei der Umwandlung der Geld- in Freiheitsstrafe und in Ansehung des Verfahrens gegen den Kontravenienten die Vorschriften des Gesetzes vom 30. Mai 1820 und des Hausir-Regulativs vom 28. April 1824 maßgebend sein sollten.

Es wird hier also mit der Strafe der Steuerdefraudation (cf. § 26 H. R.) nicht sowohl eine Hinterziehung der Steuer, als vielmehr nur eine Ueberschreitung gewisser der Ausübung des Hausir-Gewerbes gesteckter Grenzen bedroht. —

In dem Gesetze über die Verhältnisse der Juden vom 23. Juli 1847 — G.S. S. 263 — wird im § 4 noch ausdrücklich bestimmt, was bereits im § 60 der Gewerbe-Ordnung vom 17. Januar 1845 generell angeordnet war, daß die für den Gewerbebetrieb im Umherziehen in Betreff der inländischen Juden bestehenden Beschränkungen aufgehoben seien: daß dies auch — § 29 — für die naturalisirten Juden des Großherzogthums Posen gelten solle, daß jedoch den nicht naturalisirten Juden des Großherzogthums — § 33 Nr. 4 — der Einkauf und Verkauf im Umherziehen unbedingt untersagt sei. — Gesetz v. 23. Juli 1847.

Durch den § 53 der Städte-Ordnung vom 30. Mai 1853 — G.S. S. 279 — wird das Hausir-Gewerbe gegen eine zu starke Steuerbelastung geschützt und vorgeschrieben, daß bei der Veranlagung der Kommunal-Abgaben die Steuer für das Hausir-Gewerbe nicht mit in Rechnung gebracht werden dürfe, zumal dann, wenn die Höhe der kom- Gesetz v. 30. Mai 1853.

munalen Abgaben nach dem Betrage der zu entrichtenden Staatssteuern festgesetzt wird.

Gesetz v. 19. Juli 1861.

Zwei wichtigere Aenderungen führte das Gesetz, betreffend einige Abänderungen des Gesetzes wegen Entrichtung der Gewerbesteuer, vom 19. Juli 1861 — G.S. S. 697 — ein, indem es im § 20

1) den Betrag der vollen Jahressteuer für das Gewerbe im Umherziehen von zwölf auf sechszehn Thaler erhöhte,
2) die Allerh. Kab.-Ord. vom 12. Februar 1831 verallgemeinernd anordnete, daß die Ertheilung steuerfreier Gewerbescheine an Kaufleute und Fabrikanten zum Aufsuchen von Waarenbestellungen oder zum Ankaufe frachtweise zu befördernder Waaren fortan ohne Unterscheidung je nach der Veranlagung in der Handelsklasse A. I. oder A. II. (§ 2 des Gesetzes Nr. 1 und 2) an alle Kaufleute und Fabrikanten, hinsichtlich deren die übrigen vorgeschriebenen Erfordernisse vorhanden seien, und zwar mit der Maßgabe erfolgen solle, daß, sofern die bei Berechnung von zwölf Thalern für jeden ertheilten Gewerbeschein sich ergebende Summe die vom stehenden Gewerbe veranlagte Jahressteuer übersteige, der überschießende Steuerbetrag erlegt werden müsse.

Durch diese Vorschriften wird die durch das Gesetz vom 30. Mai 1820 und die Kab.-Ord. vom 31. December 1836 zugelassene Steuerermäßigung nicht beseitigt und das im § 8 des Regulativs vom 4. December 1836 vorgeschriebene Verfahren in Ansehung der Steuerfestsetzung und Berechnung der Strafe nicht berührt.

Gesetz v. 13. Sept. 1865.

Endlich hat das Gesetz vom 13. September 1865 — G.S. S. 1031 — die Vorschrift der Allerh. Kab.-Ord. vom 12. Januar 1833, betreffend die Unzulässigkeit der Ertheilung von Gewerbescheinen zum Aufsuchen von Waarenbestellungen auf Edelsteine u. s. w., ganz aufgehoben und die Bestimmungen der Allerh. Kab.-Ord. vom 11. Juni 1826 — vom 12. Februar 1831 — vom 8. December 1843 sub Nr. 2 und des § 20 des Gesetzes vom 19. Juli 1861 dahin geändert, daß es den Gewerbtreibenden und Gewerbsgehülfen, welche einen gewerbscheinpflichtigen Verkehr zum Zweck des Aufkaufs von Gegenständen zum Wiederverkauf betreiben, gestattet sein solle, die aufgekauften Gegenstände Behufs deren Beförderung nach dem Bestimmungsorte nicht blos frachtweise zu befördern, sondern auch mit sich zu führen.

In wie weit diese Reihe von gesetzlichen Bestimmungen auf die Vorschriften des Hausir-Regulativs vom 28. April 1824 modifizirend und ändernd eingewirkt hat, und in wie weit wiederum die Bundes-Gewerbe-Ordnung mit ihren Anordnungen eingreift, wird unten näher erörtert. —

B. Die Gewerbe-Ordnung für den Norddeutschen Bund
vom 21. Juni 1869 und ihre Bedeutung
gegenüber der Landes-Gesetzgebung.

I.

Die für den Norddeutschen Bund gegebene und nach Art. 80 der Verfassung des deutschen Bundes, welcher nach § 2 des Gesetzes, betreffend die Verfassung des deutschen Reichs vom 16. April 1871 in Kraft verblieben, auch in Hessen südlich des Main, nicht aber in Baden und Württemberg und ebensowenig in Bayern (cf. Gesetz vom 22. April 1871 — BGBl. S. 87) als Reichsgesetz eingeführte Gewerbe-Ordnung für den Norddeutschen Bund vom 21. Juni 1869 — BGBl. S. 245 — behandelt abweichend von dem sogenannten Nothgewerbe-Gesetz vom 8. Juli 1868 — BGBl. S. 406 —, welches nur den Betrieb des stehenden Gewerbes umfaßt, auch den Gewerbebetrieb im Umherziehen und widmet ihm den dritten Titel.

Ihre Vorschriften beruhen auf den Grundgedanken, daß der Gewerbebetrieb im Umherziehen mit dem stehenden gleich berechtigt, daß er für die bürgerliche Gesellschaft nicht weniger nutzbringend und vortheilhaft sei, wie dieser, und daß er daher nicht ferner das Stiefkind der Gesetzgebung bleiben dürfe. Indem sie deshalb die Schranken zu beseitigen suchen, welche die Landesgesetzgebungen der Ausübung dieses Gewerbebetriebs nach allen Seiten hin auferlegt hatten, erkennen sie nur diejenigen Beschränkungen als berechtigt an, welche durch die öffentliche Ordnung und Sicherheit geboten seien. — cf. Bericht der Commission des Reichstages, Höinghaus, S. 86. —

Nachdem im § 14 der allgemeine Grundsatz, daß kein Gewerbe ohne die vorgängige Anzeige an die zuständige Behörde (in Preußen die Polizeibehörde des Wohnorts) selbständig betrieben werden dürfe, auch auf den Gewerbebetrieb im Umherziehen ausgedehnt worden, wird für den letzteren als durchgreifende Regel aufgestellt, daß seine Ausübung von dem Besitze eines Legitimationsscheins abhängig sei, welcher — § 60 — das Signalement des Inhabers und die nähere Bezeichnung des beabsichtigten Gewerbebetriebes enthalten, für jedes Kalenderjahr erneut und — § 61 — vom Inhaber bei dem Betriebe des Gewerbes stets bei sich geführt, auch auf Erfordern der zuständigen Behörde vorgezeigt werden müsse. Dieser Legitimationsschein ist — § 58 — von der höheren Verwaltungsbehörde zu ertheilen und nur dann von der Unterbehörde des Wohnsitzes des Gewerbtreibenden, wenn der Betrieb umfaßt 1. den Ankauf und Verkauf selbstgewonnener Erzeugnisse der Jagd und des

Fischfangs; 2. den Verkauf selbstverfertigter, zum Wochenmarktsverkehr gehörigen Waaren oder das nach Landesgebrauch hergebrachte Anbieten gewerblicher Leistungen, beides jedoch nur innerhalb einer von der Unterbehörde näher zu bestimmenden Umgegend des Wohnorts. Wenn auch die in der Preußischen Gesetzgebung die Berechtigung zum Gewerbebetriebe bedingende Prüfung der Moralität, Rechtlichkeit und Sicherheit des Suchenden als eine das Gewerbe zu stark beschränkende Kontrolle beseitigt ist, kann doch nicht jeder einen Legitimationsschein erhalten, vielmehr zählt § 57 die persönlichen Eigenschaften und Umstände auf, deren Vorhandensein zur Versagung des Legitimationsscheins berechtigt, gewährt jedoch andererseits einen gewissen Schutz gegen etwaige Willkühr der Behörden dadurch, daß er ein bestimmtes, kontradiktorisches Verfahren über die Richtigkeit des abweisenden Bescheides zuläßt, ein Verfahren, das jedoch nicht von den Gerichten, sondern von den Verwaltungsbehörden geführt wird.

Als Gewerbebetrieb im Umherziehen, also als legitimationsscheinpflichtig, wird — § 55 — angesehen das Feilbieten von Waaren irgend einer Art; — das Ankaufen von Waaren zum Wiederverkauf bei anderen Personen als Kaufleuten oder an anderen Orten, als in offenen Verkaufsstellen — das Aufsuchen von Waarenbestellungen — und das Feilbieten gewerblicher oder künstlerischer Leistungen oder Schaustellungen ohne höheres wissenschaftliches oder Kunst-Interesse, wenn der Betrieb dieser Gewerbsarten unter folgenden Voraussetzungen erfolgt:

1) außerhalb des Wohnorts der Gewerbtreibenden,
2) durch die eigene Person desselben,
3) ohne Begründung einer gewerblichen Niederlassung an dem Orte des Gewerbebetriebes,
4) ohne vorgängige Bestellung.

Von dieser allgemeinen Regel werden vier Ausnahmen gemacht, indem 1. im § 56 gewisse Gegenstände bezeichnet werden, mit welchen Hausir-Handel überhaupt nicht betrieben, also auch für ihn ein Legitimationsschein nicht ertheilt werden darf; 2. im Schlußsatz des § 55 der An- oder Verkauf roher Erzeugnisse der Land- und Forstwirthschaft, des Garten- und Obstbaues von der Legitimationsscheinpflicht befreit wird; 3. ebenso im § 64 der An- und Verkauf von Waaren auf Messen, Jahr- und Wochenmärkten; 4. im § 44 Kaufleute, Fabrikanten und andere ein stehendes Gewerbe betreibenden Personen ermächtigt werden, auf Grund eines von der unteren Verwaltungsbehörde ausgestellten, nur für das Kalenderjahr gültigen Legitimationsscheins (nicht indentisch mit dem Hausir-Legitimationsscheine II. Klasse — § 58) oder einer Gewerbe-Legitimationskarte auch außerhalb des Ortes ihrer gewerblichen Niederlassung selbst oder durch ihre Reisenden Waaren aufzukaufen und Behufs deren Beförderung nach dem Bestimmungsorte mit sich zu führen, oder Waarenbestellungen zu suchen und zu dem Zweck Proben oder Muster bei sich zu führen. —

Die Ausnahme ad 1 wird durch die der öffentlichen Sicherheit und Ordnung aus dem Hausirhandel mit den aufgeführten Gegenständen erwachsende Gefahr, die ad 2 durch die Geringfügigkeit des Gewerbebetriebes gerechtfertigt, während die Ausnahmen ad 3 und 4 auf der Anschauung beruhen, daß die dort bezeichneten Handlungen nur ein berechtigter Ausfluß des stehenden Gewerbebetriebes seien.

§ 62 betont die Unzulässigkeit des Gewerbebetriebes durch Stellvertreter, läßt nur eine Ausnahme zu Gunsten des Verkaufs (nicht auch des Ankaufs) selbstgewonnener Erzeugnisse der Jagd und des Fischfangs und selbstverfertigter, zum Wochenmarktsverkehr gehöriger Gegenstände zu, schließt sonach das Institut der Gewerbsgehülfen der Regel nach ganz aus, gestattet dagegen das Mitführen von Begleitern und bestimmt in Betreff derselben, daß sie im Legitimationsscheine genehmigt, über vierzehn Jahre alt und im Uebrigen im Besitze derselben persönlichen Eigenschaften — § 57 — sein müssen, wie der Gewerbetreibende selbst.

Einer besonderen Beschränkung werden im §. 59. die im Umherziehen betriebenen Gewerbe des öffentlichen Musikmachens und des Darbietens von Schaustellungen, theatralischen Vorstellungen und sonstigen Lustbarkeiten unterworfen, indem für sie die Ertheilung des Legitimationsscheins schon aus dem Grunde verweigert werden kann, daß bereits eine genügende Anzahl derartiger Legitimationsscheine für den betreffenden Bezirk ausgegeben worden: indem ferner der Bezirk des Gewerbebetriebes für sie ein auf die einzelnen Regierungsbezirke beschränkter ist: und indem neben dem Legitimationsscheine zur Ausübung des Gewerbes noch die Erlaubniß der Polizeibehörde desjenigen Ortes erfordert wird, an welchem der Betrieb im Einzelfalle stattfinden soll.

Die Strafbestimmungen des § 149 bedrohen schließlich auch den Mißbrauch des Legitimationsscheins durch Ueberlassung an Andere zur Benutzung.

Läßt sich auch nicht verkennen, daß der dieses System tragende Grundgedanke ein in handelspolitischer Beziehung richtiger ist, daß das Mißtrauen, welches die Preußische Landesgesetzgebung dem Hausir-Handel entgegenbrachte, der Idee nach unhaltbar war, und daß es den Verhältnissen der Gegenwart entspricht, auch denjenigen, der sich durch den Gewerbebetrieb im Umherziehen in ehrlicher und redlicher Weise seinen Lebens-Unterhalt erwirbt, für ein nützliches Glied der menschlichen Gesellschaft anzusehen, und den Hausir-Handel als einen wohl berechtigten Theil des den Staat nährenden und sein Wohl fördernden Handels-Gewerbes zu betrachten, so dürfte es sich doch fragen, ob die Ausführung dieses

Gedankens in der geschehenen Weise durch die Praxis den Stempel der Vollendung erlangen wird. Auf der einen Seite mangelt es dem Gesetze an der genügenden Entschiedenheit zur durchgreifenden Verwirklichung seines Prinzips, so daß ein Zurückgehen auf die beschränkenden Anordnungen der Landesgesetzgebungen nicht selten nothwendig wird (z. B. wenn es sich um die Anwendung der KO. vom 8. Dec. 1843 sub Nr. 1 handelt), und an einer, alle Streitfragen abschneidenden Präzision des Ausdrucks: auf der anderen zieht es bisweilen die Grenzen, die es im Interesse des Gemein-Wohls für geboten erachtet, zu weit, um den beabsichtigten Zweck erreichen zu können (z. B. bei den im § 57 aufgezählten persönlichen Eigenschaften, welche zur Begründung einer Versagung des Legitimationsscheins dienen sollen). —

II.

Bei der Beantwortung der nunmehr aufzuwerfenden Frage, welchen Einfluß die Bundes-Gewerbe-Ordnung auf die Preußische Gesetzgebung über den Gewerbebetrieb im Umherziehen ausübt, sind zunächst ihre Qualität, als ein Bundesgesetz und die daraus sich ergebenden Konsequenzen näher zu erwägen. — Art. 2 der Verfassung des Norddeutschen Bundes vom 24. Juni 1867 schreibt vor, daß innerhalb des Gebietes des Norddeutschen Bundes der Bund das Recht der Gesetzgebung nach Maßgabe des Inhalts der Verfassung mit der Wirkung ausübe, daß die Bundesgesetze den Landesgesetzen vorgehen, und zählt Art. 4 unter den der Bundesgesetzgebung unterliegenden Materien in Nr. 1 auch die über den Gewerbebetrieb auf. Die gleichen Bestimmungen sind enthalten in den Art. 2 und 4 der Verfassung des deutschen Bundes — BGBl. pro 1870 S. 627 ff. — und der Verfassung des deutschen Reichs vom 16. April 1871 — BGBl. S. 63. — Wenn nun auch, wie schon oben erwähnt, die Bundes-Gewerbe-Ordnung in Baden, Württemberg und Bayern nicht eingeführt, sie sonach nicht sowohl ein Reichsgesetz, als vielmehr gleichsam ein Partikulargesetz innerhalb des deutschen Reichs mit einem lokal begrenzten Wirkungskreise geworden ist, so vermag doch dieser Umstand den Eintritt derjenigen Wirkungen nicht zu hindern, bezieh. ungeschehen zu machen, welche eine Folge der gedachten Gesetzesvorschriften der früheren zur Zeit des Erlasses der Bundes-Gewerbe-Ordung geltenden Verfassungs-Urkunde sind. — Es muß daher in denjenigen Gebietstheilen des deutschen Reichs, in welchen sie Gesetzeskraft erlangt hat, also in allen früher zum Norddeutschen Bunde gehörig gewesenen Bundesstaaten und in Hessen südlich des Main (in Folge des Art. 80 der Verfassung des deutschen Bundes) seit dem 1. Januar 1871 (cf. Protokoll vom 15. Nov. 1870 — BGBl. S. 651 —) die Bundes-Gewerbe-Ordnung als Bundesgesetz den Landesgesetzen vorgehen.

In dem Begriffe des „Vorgehens“ liegen zwei Arten der Vorzugsberechtigung, von welchen die eine das Bundesgesetz ermächtigt, Landesgesetze, welche dieselbe Materie behandeln, direkt und ausdrücklich aufzuheben, die andere beim Mangel einer derartigen Aufhebungs-Bestimmung in den Fällen einer unmöglichen Konkurrenz der Vorschriften des Bundesgesetzes mit denen der Landesgesetze den ersteren den Vorrang gewährt. Darüber, ob eine solche Konkurrenz vorliegt, ob also die landesgesetzliche Anordnung der bundesgesetzlichen weichen muß, oder ob beide, dieselbe Materie betreffenden Anordnungen neben einander bestehen können, die eine also durch die andere weder aufgehoben noch in ihren Wirkungen beschränkt wird, entscheidet die durch das Gesetz sanktionirte Interpretation der betreffenden Bestimmungen. —

Demgemäß ist weiter zu untersuchen, von welcher Beschaffenheit und welchen Charakters die Vorschriften der Bundes-Gewerbe-Ordnung über den Gewerbebetrieb im Umherziehen sind. —

Der Betrieb eines jeden Gewerbes und so auch des im Umherziehen ist von zwei Seiten aus von rechtlicher Bedeutung, namentlich auch für das Strafrecht, indem er nämlich geregelt wird einerseits durch gewerbepolizeiliche Vorschriften, andererseits durch gewerbesteuerliche Bestimmungen. Während jene die Rechte und Pflichten des Gewerbtreibenden bei der Ausübung des Betriebes ordnen, begrenzen und schützen, enthalten diese die Prinzipien, nach welchen die dem Staate, gleichsam als ein Aequivalent für jene zu entrichtende Steuer und Abgabe festzusetzen ist. —

Von diesen beiden Arten gesetzlicher, den Gewerbebetrieb betreffenden Anordnungen ist nur eine in der Bundes-Gewerbe-Ordnung vertreten und zwar diejenige, welche gewerbepolizeilicher Natur ist. Einestheils ergiebt sich dies aus der Natur der Vorschriften und aus der gewählten Ausdrucksweise derselben, anderentheils spricht sich das Gesetz an verschiedenen Stellen ausdrücklich in diesem Sinne aus.

In ersterer Beziehung ist hervorzuheben, daß die Berechtigung des Gewerbebetriebes nicht an einen Steuer- oder Gewerbeschein, sondern nur an einen Legitimationsschein gebunden wird, daß das Gesetz der Verpflichtung zur steten Führung und zur sofortigen Vorzeigung dieses Legitimationsscheins sowie der Fälle gedenkt, in welchen der Gewerbtreibende zur Einholung desselben verbunden ist, und wiederum derjenigen, in welchen er das Gewerbe ohne den Besitz eines solchen betreiben darf, also stets nur den Fall im Auge hat, daß die persönliche Berechtigung zum Gewerbebetrieb der betreffenden Behörde nachgewiesen werden muß, nirgend aber hervorhebt, ob dieser Legitimationsschein frei oder gegen Bezahlung, resp. Entrichtung einer Abgabe zu ertheilen ist. —

Wenn dem entsprechend der § 5 der BGO. anordnet, daß „in

den Beschränkungen des Betriebes einzelner Gewerbe, welche auf den Zoll-, Steuer- und Postgesetzen beruhen, durch das gegenwärtige Gesetz nichts geändert" werden solle, und § 7 Nr. 6 verfügt, daß durch das Gesetz aufgehoben würden „b. vorbehaltlich der an den Staat und die Gemeinde zu entrichtenden Gewerbesteuern, alle Abgaben, welche für den Betrieb eines Gewerbes entrichtet werden, sowie die Berechtigung, dergleichen Abgaben aufzuerlegen": so kann in diesen Aussprüchen der Bundes-Gewerbe-Ordnung nichts weiter gefunden werden, als eine ausdrückliche Bestätigung des Gedankens, daß das Gesetz die in das Steuerwesen einschlagenden Materien absichtlich aus seinem Gebiete ausgeschieden habe. Von demselben Gesichtspunkte aus ist der Schlußsatz des § 58 ibid. anzusehen, welcher vorschreibt, daß in den Fällen, für welche die Gesetze die Ausstellung eines Gewerbescheins nothwendig machen, dieser zugleich auch den Legitimationsschein ersetzen könne. Diese Gesetze, auf welche die Vorschrift Bezug nimmt, und deren fernere Gültigkeit und Kraft es neben sich anerkennt, sind nicht die Anordnungen der Bundes-Gewerbe-Ordnung selbst, da diese einen Gewerbeschein überhaupt nicht kennen, sonach auch einen solchen niemals „nothwendig machen", sondern die Bestimmungen der Landes-Gesetzgebungen über das Erforderniß eines Gewerbescheins, welche zur Zeit der Emanation der Gewerbe-Ordnung in Kraft waren. Sie, deren Absicht und Zweck es ist, durch Aufstellung des Requisites der Lösung eines Gewerbescheins Behufs Ausübung des Gewerbebetriebes im Umherziehen die steuerliche Seite der Gesetzgebung wahrzunehmen, sollen neben der Gewerbe-Ordnung und zwar soweit in Kraft bleiben, daß nicht sowohl der von dieser erforderte Legitimationsschein den Gewerbeschein, sondern umgekehrt dieser jenen zu ersetzen und zu vertreten berechtigt ist.

Obwohl diese theils ganz allgemein für jeden Gewerbebetrieb, theils im Besondern für die im Umherziehen gültigen Vorschriften zur Fixirung der Stellung der Bundes-Gewerbe-Ordnung gegenüber den einzelnen Landes-Gesetzgebungen völlig genügend gewesen wären, hat jene dennoch mit fast peinlicher Aengstlichkeit im Tit. 10, betreffend die Strafbestimmungen, auf diese ihre Stellung ausdrücklich und wiederholt aufmerksam gemacht, im § 143 Abs. 2 diejenigen Ausnahmen von dem im Abs. 1 aufgestellten Grundsatze, welche durch die Steuergesetze begründet seien, so lange aufrecht erhalten, als diese Steuergesetze in Kraft verbleiben, im Schlußsatze des § 148 hervorgehoben, daß die von ihr in diesem § angedrohten Strafen ausgeschlossen seien, sobald die strafbare Handlung zugleich eine Zuwiderhandlung gegen die Steuergesetze enthalte, und im § 147 erklärt, daß, wenn die Handlung zugleich eine Zuwiderhandlung gegen die Steuergesetze involvire, nicht außer der von ihr angedrohten Strafe noch auf eine Steuerstrafe erkannt werden solle, vielmehr auf diese Konkurrenz bei Zumessung der Strafe Rücksicht zu nehmen sei. —

Es genügt für den hier nachzuweisenden Satz, aus allen diesen Vorschriften den einen Gedanken zu entnehmen, daß die Bundes-Gewerbe-Ordnung in die Steuergesetzgebung der einzelnen Bundesstaaten nicht eingegriffen hat, daß vielmehr durch sie nur die polizeiliche Seite des Gewerbebetriebs in einer für alle Staaten des Norddeutschen Bundes maßgebenden Weise hat geregelt werden sollen.

Diese Tendenz der Bundes-Gewerbe-Ordnung ist weder eine willkührliche, noch eine freiwillige, durch eine ausnahmsweise Berücksichtigung der Steuergesetzgebung der einzelnen Bundesstaaten bedingte, sondern vielmehr eine nothwendige, geboten durch das Staatsrecht und seine eigenthümliche Gestaltung, welche es durch die Verfassung des Norddeutschen Bundes erhalten hatte, eine Gestaltung, die beiläufig in Ansehung des hier maßgebenden Gesichtspunktes durch die Verfassungen des deutschen Bundes und des deutschen Reichs keine Aenderung erlitten hat. — Nach Art. 4 Nr. 2 der Verfassungs-Urkunde des Norddeutschen Bundes unterliegen nämlich der Beaufsichtigung und Gesetzgebung des Bundes nur die Zoll- und Handels-Gesetzgebung und die für B u n d e s z w e c k e zu verwendenden S t e u e r n. Welche Einnahmen überhaupt zu den Bundeszwecken dienen sollen, darüber disponirt Art. 70 ibid. und zwar dahin, daß zur Bestreitung aller gemeinschaftlichen Ausgaben zunächst die etwaigen Ueberschüsse der Vorjahre, sowie die aus den Zöllen, den gemeinschaftlichen V e r b r a u c h s s t e u e r n und aus dem Post- und Telegraphenwesen fließenden gemeinschaftlichen Einnahmen verwendet werden sollen, und daß dann, soweit durch sie die Ausgaben nicht gedeckt werden, Matrikularbeiträge zu erheben seien. Zu den gemeinschaftlichen „Verbrauchssteuern" endlich zählt Art. 35 ibid. die Steuern für den Verbrauch von einheimischem Zucker, Branntwein, Salz, Bier und Tabak (ein Artikel, welcher durch die späteren Verfassungs-Urkunden des deutschen Bundes und deutschen Reichs einigen Modificationen unterworfen worden ist). Zu den Bundes-Einnahmen gehören sonach n i c h t die in den einzelnen Bundesstaaten durch Gesetze eingeführten Steuern für den Gewerbebetrieb weder für den stehenden, noch für den im Umherziehen, und unterliegen diese daher auch weder der Beaufsichtigung noch der Gesetzgebung des Bundes. Da nun Art. 4 Nr. 1 ibid. die Bestimmungen über den Gewerbebetrieb selbst für eine Materie erklärt, über welche die Bundes-Gesetzgebung zu disponiren berufen sei, so waren für die auf diese Vorschrift sich stützende Bundes-Gewerbe-Ordnung die Grenzen bestimmt gezogen, und wird jedes Hinübertreten derselben auf das Gebiet der Steuer-Gesetzgebung als eine unzulässige Kompetenz-Ueberschreitung ausgeschlossen.

III.

In dem ganzen Geltungsbereiche der Bundes-Gewerbe-Ordnung, also namentlich auch in dem ganzen Gebiete des Preußischen Staates konkurrirt diese demgemäß nur mit denjenigen Gesetzen und Vorschriften, welche die Gewerbe-Polizei zum Gegenstande haben. Nur diese können durch sie außer Kraft gesetzt werden und zwar ohne Rücksicht darauf, ob sie zu besonderen, für sich bestehenden Gesetzen oder Verordnungen abgegrenzt, oder ob sie Theile eines Gesetzes beziehentlich einer Verordnung sind, welches außer der Gewerbe-Polizei noch andere Materien umfaßt.

Unberührt dagegen bleiben alle Gesetze und Vorschriften, welche sich auf die Gewerbesteuer beziehen. Es bedarf daher in jedem Falle vor der Anwendung eines Gewerbe-Gesetzes znnächst immer der Prüfung und Erörterung der Frage, ob dasselbe einen gewerbe-polizeilichen oder einen gewerbe-steuerlichen Charakter hat, eine Erörterung, welche nicht selten nicht auf der Hand liegt, und im ersteren Falle, da die Bundes-Gewerbe-Ordnung nicht angiebt, ja nicht einmal andeutet, welche Gesetze der einzelnen Bundesstaaten sie als aufgehoben oder modifizirt angesehen wissen will, der ferneren Erwägung, ob die Bestimmungen des Bundes-Gesetzes mit denen des Landes-Gesetzes in einen derartigen Gegensatz treten, daß ein Nebeneinander-Bestehen beider unmöglich ist und deshalb die letzteren den ersteren weichen müssen.

In diese Lage ist auch in Preußen die Gesetzgebung über den Betrieb des Gewerbes im Umherziehen gerathen. Auch hier ist für die Gewerbe-Polizei principaliter die Bundes-Gewerbe-Ordnung und für die Gewerbesteuer die Landes-Gesetzgebung, also das Gewerbesteuer-Gesetz vom 30. Mai 1820 und des Hausir-Regulativs vom 28. April 1824 nebst allen denjenigen Gesetzen und Verordnungen maßgebend, welche diese beiden Gesetze geändert und modifizirt haben.

Da jedoch das gedachte Regulativ und die späteren Gesetze nicht blos Steuergesetze sind, sondern gleichzeitig auch alle diejenigen gewerbe-polizeilichen Anordnungen enthalten, welche zur Regelung des Hausir-Gewerbebetriebes erforderlich waren, so hat auch auf sie die Bundes-Gewerbe-Ordnung eingewirkt, und ist daher auch bei ihnen die Prüfung nöthig, in welcher Weise beide Gesetzgebungen konkurriren, wo das Bereich der einen aufhört und das der anderen beginnt, und in welchen Vorschriften und Theilen das Leben der Landesgesetzgebung von dem Eingreifen des Bundesgesetzes unberührt geblieben ist. Diese Prüfung umfaßt in der Hauptsache und namentlich nach der Seite der Steuer zu folgende Fragen, deren Beantwortung aus den Quellen der Landesgesetze zu schöpfen, also für Preußen aus den Anordnungen des Hausir-Regulativs und den auf sie bezüglichen späteren Gesetzen zu entnehmen ist.

1) Was ist unter dem Gewerbebetrieb im Umherziehen zu verstehen? Nicht nach denjenigen Grundsätzen, nach welchen die Bundes-Gewerbe-Ordnung diese Frage entscheidet, sondern nach den Prinzipien, welche in den Landes-Gesetzen hierüber ausgesprochen sind, ist die Steuerpflichtigkeit des Betriebes festgesetzt worden. Die Pflicht der Steuerzahlung hat eine Aenderung nicht erlitten, und muß daher auch nach den letzteren die Frage gelöst werden, ob überhaupt im Einzelfalle der stattgehabte oder beabsichtigte Gewerbebetrieb als solcher anzusehen, der in den Landesgesetzen als Gewerbebetrieb im Umherziehen gekennzeichnet ist ohne Rücksicht darauf, ob die Bundes-Gewerbe-Ordnung ihn als solchen anerkennt oder nicht. Zur Entscheidung gelangt diese Frage z. B. bei dem Aufsuchen von Waarenbestellungen im Umherziehen, ein Gewerbebetrieb, den die Bundes-Gewerbe-Ordnung unter den Voraussetzungen des § 44 ibid. als einen Ausfluß des stehenden Gewerbes ansieht, das Preußische Landes-Gesetz als einen Hausir-Gewerbebetrieb, bei dem Musik-Gewerbe, welches, wenn im Umherziehen betrieben, von jener stets für ein Hausir-Gewerbe erachtet, von dieser dagegen bei einem Umherziehen innerhalb des zweimeiligen Umkreises des Wohnortes für gewerbscheinfrei erklärt wird — Kab.-Ord. vom 14. October 1833 —, welchem ferner jene die Qualität des Hausir-Gewerbes abspricht, wenn es außerhalb des Wohnorts n u r auf vorherige Bestellung ausgeübt wird, während dieses bei einem Hinausgehen über den zweimeiligen Umkreis diesem Umstande keine die Hausir-Qualität beseitigende Wirkung beilegt.

2) Welcher im Umherziehen stattfindende Gewerbebetrieb ist steuerfrei, und für welchen ist durch Lösung des Gewerbescheines eine Steuer zu entrichten? — Selbstredend kann zur Beantwortung dieser Frage Material aus der Bundes-Gewerbe-Ordnung nicht gewonnen werden, da sie mit ihren Bestimmungen der Steuerfrage überhaupt fern bleibt. Wenn auch im Allgemeinen die von ihr aufgestellten Bedingungen der Legitimationsscheinpflichtigkeit mit denen der Steuerpflichtigkeit zusammenfallen, so ist doch ein Rückschluß aus jener auf diese unstatthaft; denn gerade in diesem Punkte gehen beide Gesetzgebungen in einzelnen Fällen weit auseinander, indem die Bundes-Gesetzgebung bei gewissen Gegenständen den Gewerbebetrieb von jener Pflicht befreit, das Landes-Gesetz aber dennoch die Lösung eines Gewerbescheins fordert, und umgekehrt unter gewissen Voraussetzungen in dem Landes-Gesetz von der Gewerbscheinpflicht abgesehen wird, nicht aber auch in

der B.G.O. von der Verpflichtung des Besitzes eines Legitimationsscheins.

3) Welche Steuer ist von dem Gewerbebetriebe zu entrichten? — Nicht blos ob das Gewerbe überhaupt gewerbscheinpflichtig, sondern auch die Höhe der zu entrichtenden Steuer ist nach der Landesgesetzgebung zu bestimmen. Auch der Fall, in welchem zwar die Nachsuchung eines Gewerbescheins erfordert, eine besondere Steuer aber für denselben nicht erhoben wird, weil sie durch anderweitig entrichtete Gewerbesteuer gedeckt ist, muß nach den Anordnungen der Landes-Gesetzgebung beurtheilt und behandelt werden, da (namentlich auch in Preußen) auch in diesem Falle der Nichtbesitz eines Gewerbescheins mit Strafe bedroht wird, und diese nicht sowohl den Charakter einer Polizei- oder Ordnungsstrafe, als den einer Steuerstrafe trägt — cf. Allerh. Kab.-Ord. v. 31. Dec. 1836. —

4) Wer ist „Ausländer" im Sinne des Gewerbe-Gesetzes? — Wenn auch die Gründung des Norddeutschen Bundes und schließlich die des deutschen Reichs eine derartige politische Einigung der zum Reich gehörigen Staaten herbeigeführt hat, daß die Angehörigen derselben in keinem Theile des Reichsgebietes als „Ausländer" angesehen werden dürfen: so hat doch eine gleiche Einigung auf dem Steuergebiete noch nicht stattgefunden, und hat namentlich die Emanation der verschiedenen Verfassungs-Urkunden den Begriff des „Ausländers", wie er in den früheren Landesgesetzen enthalten ist, nicht geändert und zu Ungunsten der Steuereinnahmen nicht zu ändern vermocht. Der auch bei dem Gewerbebetrieb im Umherziehen vorhandene Unterschied zwischen In- und Ausländern in der Besteuerung ist daher unberührt geblieben. Kommt deshalb die Steuer resp. eine Verletzung des Steuergesetzes in Frage, so ist in jedem Falle der Begriff „Ausländer" nach den Prinzipien der Landes-Gesetzgebung zu bemessen: in Ansehung der Gewerbe-Polizei ist dagegen zu unterscheiden zwischen Ausländern und Inländern im Sinne der verschiedenen Verfassungs-Urkunden; bei diesen entscheidet das Bundes-Gesetz, bei jenen aber ist wiederum nur und allein das Landes-Gesetz maßgebend, da die Bundes-Gewerbe-Ordnung sich in Ansehung derselben jeder Vorschrift enthält, indem sie (nach den Motiven des Entwurfs) davon ausgeht, daß der ein Gewerbe im Umherziehen treibende Ausländer nicht mit demselben Maße gemessen werden dürfe, wie der Inländer.

5) Welche Strafe trifft denjenigen, der den gewerbsteuerlichen Vorschriften zuwiderhandelt? Auch die Bundes-Gewerbe-Ordnung enthält in den §§ 148, Nr. 6 und 7 und 149, Nr. 2 bis 5 be-

sondere Strafandrohungen für die Uebertretung ihrer das Gewerbe im Umherziehen betreffenden Anordnungen. Allein ihre Anwendung bleibt ausgeschlossen, sobald die Verletzung eines Steuer-Gesetzes konkurrirt. — § 148 ibid. in fine. — Wenn daher z. B. das Gewerbe ohne Gewerbschein und ohne Legitimationsschein betrieben wird, so greift unter Ausschluß des §. 148. der Bundes-Gewerbe-Ordnung diejenige Strafe Platz, welche die Landes-Gesetze androhen. Dagegen werden die Strafen des §. 149. ibid., welche nur Zuwiderhandlungen polizeilicher Natur bedrohen, denen der Landes-Gesetze vorgehen dann, wenn bei der Beurtheilung der zu strafenden That nicht die Vorschriften dieser, sondern die der Bundes-Gewerbe-Ordnung maßgebend sind.

Eine Ausnahme von dieser Regel macht der Fall, daß eine Uebertretung des Steuer-Gesetzes mit einer im § 147 der B.G.O. bedrohten That zusammen fällt. Es soll dann nach der ausdrücklichen Bestimmung der B.G.O. die Strafposition dieser und nicht außerdem noch die Steuerstrafe zur Anwendung kommen. Soll diese Anordnung nicht als eine Kompetenz-Ueberschreitung der Bundes-Gesetzgebung angesehen werden, so muß sie ihre Auslegung dahin finden, daß zwar bei dem Vorhandensein idealer Konkurrenz die schwerere, bis zu hundert Thalern gehende Geldstrafe der B.G.O. anzuwenden, das festzusetzende Maß der Strafe aber mindestens den Betrag derjenigen Strafe erreichen müsse, welche durch die Uebertretung der Steuergesetze verwirkt worden ist. — cf. Erk. des Ob.Trib. v. 21. Sept. 1870. Opp., Rechtspr. Bd. 11 S. 472.

6) Welcher Zeitraum ist erforderlich, um die strafrechtliche Verfolgung einer Verletzung der Gewerbe-Gesetze durch Verjährung auszuschließen? — Nicht die Anordnung des § 145 der Bundes-Gewerbe-Ordnung ist es, welche die Grundlage zur Entscheidung dieser Frage bieten kann, da sie sich nur auf die Strafandrohungen der B.G.O. bezieht. Es ist vielmehr auch hier zu unterscheiden zwischen den Handlungen, welche nur eine gewerbepolizeiliche und denjenigen, welche eine gewerbesteuerliche Vorschrift verletzen, und bei den ersteren zwischen solchen, die nach den Vorschriften des Bundes-Gesetzes und denen, die nach den Bestimmungen der Landes-Gesetze beurtheilt werden müssen. Nur da, wo bei Zuwiderhandlungen polizeilicher Natur das Bundes-Gesetz Anwendung findet, ist es auch in Ansehung der Verjährung maßgebend, in allen übrigen Fällen dagegen und stets bei den Verletzungen der Steuer-Gesetze die Landes-Gesetzgebung. —

7) Welches Verfahren endlich ist Behufs Verfolgung einer Uebertretung der für das Gewerbe im Umherziehen gegebenen Vor-

schriften einzuschlagen? — Bei diesem Punkte hat die Bundes-Gewerbe-Ordnung einen Eingriff in die Landes-Gesetzgebung nicht gethan, hat ein bestimmtes Verfahren als unbedingt nothwendig nicht vorgeschrieben und hat im § 143 indirekt der Landes-Gesetzgebung das Zugeständniß fernerer Gültigkeit gemacht, indem sie dort ebenso eine richterliche, wie eine administrative Entscheidung als möglich voraussetzt. Es bleibt daher das in den Landes-Gesetzen, also in Preußen das durch das Hausir-Regulativ, die ergänzenden Gesetze und die Verordnungen über das Verfahren in Steuersachen angeordnete Verfahren auch ferner und so lange maßgebend, als nicht durch ein allgemeines Bundes-Gesetz das Verfahren in Strafsachen überhaupt und das in Gewerbesteuer-Sachen insbesondere in einer für das ganze deutsche Reich bindenden Weise geregelt ist.

IV.

Durch den Einfluß der Bundes-Gewerbe-Ordnung auf die bestehenden Landes-Gesetzgebungen ist für diejenigen Staaten des deutschen Reichs, in welchen dieselbe als Reichs-Gesetz Geltung erlangt hat, ein gesetzlicher Zustand herbeigeführt worden, welcher für den Laien schwer verständlich und für den Sachverständigen ein Gegenstand ernsten Studiums ist, um sich aus den vielfach sich berührenden und kreuzenden Wegen der verschiedenen Bestimmungen richtig herauszufinden. Neben einander gehen die Bundes-Gewerbe-Ordnung und die Landes-Gesetzgebung, jene mit der Tendenz einer möglichst unbeschränkten Gewerbefreiheit und dem Streben ihrer Verwirklichung auch bei dem Gewerbebetriebe im Umherziehen, diese — namentlich in Preußen — von dem Gedanken ausgehend, daß die in diesem Gewerbebetriebe liegenden Gefahren für das Gemeinwohl und das Bestehen des Handels Gegenstand gesetzlicher Präventiv-Maßregeln und Veranlassung der größtmöglichsten Schranken sein müßten. — Ohne sich gegenseitig zu ergänzen, greifen beide Gesetzgebungen derartig in einander ein, daß bald die eine die andere verdrängt, bald ihr weichen muß, je nachdem das Steuer-Interesse bei der Anwendung des Gesetzes betheiligt ist oder nicht. Und wiederum bildet dieser Gesichtspunkt nicht den alleinigen Maßstab für das Prävaliren der einen oder andern Gesetzgebung. Nicht beherrscht die Landesgesetzung allein die mit der Steuerfrage zusammenhängende Seite des Gewerbebetriebes und die Bundesgesetzgebung das Gebiet der Gewerbepolizei, vielmehr greift jene auch vielfach in das letztere über, indem sie theils absichtlich gelassene Lücken des Bundes-Gesetzes ausfüllt, theils die unabsichtlich nicht durch besondere und ausdrückliche Bestimmungen derselben gedeckten Positionen behauptet. — Nach beiden Richtungen hin hat der Gewerbebetrieb sich zu schützen, nach den Vorschriften beider Gesetze sich zu richten und stets zu prüfen, daß er nicht die Scylla vermeidend der Charybdis anheimfällt. — Hierzu tritt noch, daß bei den Verschiedenheiten der Landes-Gesetzgebungen dieser gesetzliche Zustand sich nicht nur in jedem Bundesstaate wiederholt, sondern auch stets ein anderer und neuer ist, daß also statt der durch das Bundes-Gesetz intendirten Einheit die frühere Verschiedenheit der Gesetzgebung nicht nur nicht beseitigt, vielmehr innerhalb der Gränzen eines jeden Bundesstaats vermehrt worden ist.

Am Schwersten wirkt dieser Zustand auf den Gewerbebetrieb im Umherziehen ein. Die Freiheiten, welche die Bundes-Gesetzgebung diesem Gewerbe gewähren möchte, werden durch die Landes-Gesetzgebung gleichsam wieder genommen. Jeder einzelne Bundesstaat hat für dasselbe seine besondere Steuer-Gesetzgebung, welche einer starken Zollgränze nicht unähnlich ist; jeder verlangt von dem Gewerbtreibenden die Entrichtung der mehr oder weniger hohen Steuer, und je weiter der Betrieb sich ausdehnt, je mehr Bundesstaaten er umfaßt, desto mehr Abgaben hat er zu tragen, desto mehr Steuergesetzen sich zu unterwerfen. Sein Recht, als Angehöriger des deutschen Reichs in jedem Bundesstaate als Inländer behandelt zu werden, ist dem Gewerbtreibenden theils ohne Nutzen, theils ohnmächtig gegen die Kraft der bestehenden Landes-Gesetze. —

Wenn daher in der Sitzung des deutschen Reichstages vom 12. April 1871 der Antrag eingebracht und vertheidigt wurde, den Reichskanzler zu ersuchen, dem Reichstage einen Gesetzentwurf vorzulegen, wonach die vom Gewerbe im Umherziehen zu entrichtenden Abgaben im Bereiche der Gültigkeit der Bundes-Gewerbe-Ordnung nach einheitlicher Ordnung als Reichssteuer zu erheben sein würden, so sind allerdings die vom Ministertische dargelegten Schwierigkeiten zur Aus- und Durchführung dieses Antrags nicht zu verkennen, allein es ist andererseits die Hoffnung nicht aufzugeben, daß es der Bundesgesetzgebung gelingen wird, eine Formel aufzufinden, um die oben gedachte Lage der Gesetzgebung zu beseitigen und die auf dem politischen Gebiete erreichte Einheit auch auf das Gebiet der Gewerbe-Gesetzgebung zu übertragen. —

Gewerbe-Ordnung für den Norddeutschen Bund
vom 21. Juni 1869,
und
Regulativ über den Gewerbebetrieb im Umherziehen
und
insbesondere das Hausiren
vom 28. April 1824.

Kap. I. Was zum Gewerbebetrieb im Umherziehen gehört.

Gewerbe-Ordnung.

§ 55. **Wer außerhalb seines Wohnorts, ohne Begründung einer gewerblichen Niederlassung und ohne vorgängige Bestellung, in eigener Person:**

1) **Waaren irgend einer Art feilbieten,**
2) **Waaren irgend einer Art bei anderen Personen, als bei Kaufleuten oder an anderen Orten, als in offenen Verkaufsstellen zum Wiederverkauf ankaufen,**
3) **Waarenbestellungen aufsuchen, oder**
4) **gewerbliche oder künstlerische Leistungen oder Schaustellungen, bei welchen ein höheres wissenschaftliches oder Kunst-Interesse nicht obwaltet, feil bieten will,**

bedarf, vorbehaltlich der in den §§ 44 und 64 getroffenen Bestimmungen, eines Legitimationsscheines.

Ein Legitimationsschein ist nicht erforderlich zum Verkauf oder Ankauf roher Erzeugnisse der Land- und Forstwirthschaft, des Garten- und Obstbaues.

Hausir-Regulativ.

Bei der Anwendung der in dem Steuergesetze vom 30. Mai 1820 §§ 20 bis 24 einschließlich, §§ 37 Litt. b., 38 und 40 enthaltenen Bestimmungen über den Hausirhandel und die Gewerbe, welche im Umherziehen getrieben werden, und deren Verbindung mit den in den einzelnen Provinzen zur Zeit noch bestehenden, sehr verschiedenen gesetzlichen Vorschriften über diesen Gegenstand, sind so abweichende Ansichten und Gesichtspunkte verfolgt, daß das

Bedürfniß fühlbar geworden ist, das Verfahren durch vorläufige Vorschriften bis dahin zu regeln, daß bei der Revision der gewerbpolizeilichen Gesetzgebung auch dieser Zweig der Verwaltung feste und allgemeine Bestimmungen erhält. Deshalb haben die unterzeichneten Ministerien des Handels, des Innern und der Polizei und der Finanzen auf Allerhöchsten Befehl Seiner Majestät des Königs, nachstehendes Regulativ erlassen, nach welchem sich die Behörden und diejenigen Personen, welche es angeht, zu achten haben.

§ 1. Kaufleute, Fabrikanten und Handwerker, welche mit ihren Waaren Jahrmärkte beziehen und sie daselbst in offenen Laden oder Buden feilhalten; ingleichen Personen, welche auf die Wochenmärkte solche Erzeugnisse zum Verkauf bringen, die nach den deshalb geltenden besonderen Vorschriften oder nach der Orts-Observanz zu den Gegenständen gehören, womit auf diesen Märkten auch von andern als Ortseinwohnern Handel getrieben werden darf, sind für Personen, die ihr Gewerbe im Umherziehen betreiben, nicht zu achten, wohl aber diejenigen, welche eigene oder fremde Erzeugnisse von einem Orte zum andern zum Verkauf herumführen, und auf offenen Straßen, in Gasthöfen oder in Privathäusern umherziehend feilbieten.

§ 2. Wer Waaren ohne Bestellung an einen oder mehrere andere Orte außer seinem Wohnorte bringt, oder versendet, um solche daselbst außer den Märkten zu Zeiten (nicht fortdauernd) selbst zu verkaufen oder durch andere für seine Rechnung verkaufen oder öffentlich versteigern zu lassen, bedarf dazu eines Gewerbscheines. Dasselbe findet bei Pferde- und Viehhändlern statt, welche die Thiere an einen oder mehrere Orte hinbringen und zuweilen dieselben öffentlich versteigern lassen, oder, welche sich beim Durchführen derselben an einzelnen Orten, des Verkaufs wegen, eine Zeit lang verweilen.

§ 3. Das Umhertragen zum Verkauf oder der Ankauf von solchen Waaren, mit welchen der Verkehr im Umherziehen überhaupt statthaft ist, wird, wenn dies von dem Gewerbtreibenden selbst oder seinen Hausgenossen blos im Polizeibezirke des Wohnorts geschieht, für gewerbscheinpflichtig nicht geachtet, vielmehr bedarf es dazu nur der besonderen Erlaubniß der Orts-Polizeibehörde; doch bleibt es dem Ermessen der letztern überlassen, solche

Erlaubniß aus zureichenden, von der Persönlichkeit hergenommenen Gründen zu versagen; und ist sie nicht verpflichtet, diese Gründe dem Bittsteller anzugeben, sondern verbleibt demselben nur der Rekurs an die vorgesetzten Behörden.

§ 4. Selbstgewonnene Produkte und selbstverfertigte Waaren, welche zu denen gehören, die jedermann auf Wochenmärkten feil halten darf (§ 14 Nr. 1), kann jeder Inländer auch außer seinem Wohnorte (in der Umgegend desselben, welche erforderlichen Falls näher zu bestimmen, den Kreis-Polizeibehörden vorbehalten bleibt) zum feilen Verkaufe umhertragen oder schicken, ohne dazu eines Gewerbscheins zu bedürfen. Auch zu dem Verkehr mit selbstgewonnenen Waaren, welche (wie z. B. Holz, Kohlen, Torf, Heu, Obst u. s. w.) gewöhnlich zu Schiffe verfahren und auch außer der gewöhnlichen Marktzeit vom Schiffe aus verkauft zu werden pflegen, ist der Gewerbschein nicht erforderlich. Wenn aber solche Waaren nicht selbst gewonnen, sondern aufgekauft sind; so findet der § 2 darauf Anwendung.

§ 5. Zum Gewerbebetriebe im Umherziehen gehört ferner zwar auch das Geschäft derjenigen Personen, welche im Lande umherreisen, um in Privathäusern und Gasthöfen, oder auf offener Straße Waaren irgend einer Art zum Wiederverkauf zu erstehen, oder, um Waarenbestellungen zu suchen. Es gehört aber nicht dahin das Bereisen der Messen und Jahrmärkte, um daselbst Waaren zum Wiederverkauf einzuhandeln; auch bedürfen diejenigen Inländer, welche ein offenes Gewerbe treiben, und zu dessen Behuf umherreisen, um die Materialien zu ihrer eigenen Fabrikation aufzukaufen, keines Gewerbscheins, sondern blos einer polizeilichen Legitimation.

§ 6. Personen, welche ein stehendes Gewerbe treiben, dessen Betriebsart nach Landesgebrauch es mit sich bringt, unbestellte Arbeit in der Umgegend ihres Wohnorts zu suchen, als Glaser, Schornsteinfeger u. s. w., bedürfen dazu weder für sich noch für ihre Gesellen und Lehrlinge eines Gewerbscheins, sondern blos einer polizeilichen Legitimation, welche die nähere Bezeichnung, was zu der Umgegend ihres Wohnorts zu rechnen ist, mit ausdrücken muß. Welche Handwerker nach der gewöhnlichen Betriebsart in einzelnen Gegenden des Landes hieher zu rechnen sind, soll jede Regierung für ihren Bezirk bestimmen und diese Bestimmung durch das Amtsblatt bekannt machen. Andere Personen, welche Dienste oder Arbeiten im Umherziehen anbieten, oder in dieser Art Gegenstände zur Schau ausstellen (§§ 17 und 18), sind gewerbscheinpflichtig.

---

1. Die Bundes-Gewerbe-Ordnung, deren Vorschriften den Zweck verfolgen, die polizeilichen Verhältnisse des Gewerbebetriebes im Umherziehen zu ordnen und zu regeln, während sie die steuerliche Seite des Gewerbes ganz unberührt lassen (cf. Einleitung B. sub Nr. II.), ist es nicht allein, welche die Frage entscheidet, was im Sinne des Gesetzes zum Gewerbe im Umherziehen gehört. Ihre Definition ist nur soweit maßgebend, als die polizeilichen Interessen berührt werden. Da jedoch jeder Gewerbebetrieb auch einer Steuer unterworfen, sonach auch für die Gewerbesteuer von Interesse ist, so muß auch diejenige Definition ihre Kraft und Geltung behalten, welche die Landes-Gesetzgebung über das Gewerbe im Umherziehen aufgestellt hat. Soweit beide von einander abweichen, bleibt diese für die Bestimmung der Steuerpflichtigkeit, jene für die polizeiliche Zulässigkeit und die polizeilichen Schranken des Gewerbes allein maßgebend. — Verhältniß der B.G.O. zum H.R.

2. Die für den Norddeutschen Bund gegebene Gewerbe-Ordnung vom 21. Juni 1869 ist nach Art. 80 der Verfassung des deutschen Bundes, welcher nach § 2 des Gesetzes, betreffend die Verfassung des deutschen Reichs vom 16. April 1871 in Kraft verblieben, auch in Hessen südlich des Main, nicht aber in Baden, Württemberg und Bayern (cf. Gesetz v. 22. April 1871 — B.G.Bl. S. 87) als Reichsgesetz eingeführt und in Gültigkeit. —

3. Die sub 1. gedachte Landes-Gesetzgebung wird in Preußen vertreten durch das Hausir-Regulativ vom 28. April 1824 nebst den späteren, es modifizirenden Gesetzen (cf. Einleitung A.). Das Regulativ ist gleichzeitig mit der Allerh. Kab.Ord. vom 21. Mai 1824 — G.S. S. 125 — publizirt worden, welche unter der Ueberschrift: „Allerhöchste Sanktion des Regulativs vom 28. April d. J. den Hausirhandel und die Gewerbe betreffend" den Inhalt des Regulativs genehmigt und an die in der Einleitung des Regulativs gedachten drei Minister gerichtet, diese ermächtigt, das Regulativ durch die Gesetzsammlung zur allgemeinen Nachachtung bekannt machen zu lassen, nachdem sie noch besonders hervorgehoben, daß es dem Gutachten des Staatsraths gemäß befunden worden. — Es entspricht sonach die Entstehung und Publikation des Allerhöchst genehmigten Regulativs den Vorschriften der Verordnung über die veränderte Verfassung aller obersten Staatsbehörden vom 27. October 1810 — G.S. S. 3 — und der Verordnung über die Erscheinung und den Verkauf der Gesetzsammlung

vom 27. Octob. 1810 — G.S. S. 1 —, und muß es deshalb als Gesetz angesehen werden. —

4. Aus dem Nebeneinanderstellen des „Gewerbebetriebes im Umherziehen" und des „Hausirens" in der Ueberschrift des Regulativs darf nicht gefolgert werden, daß das Regulativ durch diese Ausdrücke zwei, ihrem Wesen nach verschiedene Gewerbshandlungen habe bezeichnen wollen, vielmehr ergiebt das Wort „insbesondere", daß das Hausiren nur eine besondere, hier ausdrücklich (und zum Ueberfluß) hervorgehobene Art des Gewerbebetriebes im Umherziehen darstellt. Es ist nämlich unter dem Hausiren der im § 136 des Gesetzes über die polizeilichen Verhältnisse der Gewerbe vom 7. Septbr. 1811 — G.S. S. 263 — gedachte Gewerbebetrieb umherziehender Krämer aller Art, welche eigene oder fremde Erzeugnisse außer ihrem gewöhnlichen Wohnorte von einem Ort zum andern zum feilen Verkauf herumführen, zu verstehen. —

5. Die Vorschriften des Regulativs, obwohl ausdrücklich nur als „vorläufige" eingeführt und publizirt, sind dennoch, da bei der in Aussicht gestellten und durch die allgemeine Gewerbe-Ordnung vom 17. Jan. 1845 und das Ergänzungs-Gesetz vom 22. Juni 1861 erfolgten Revision der gewerbepolizeilichen Gesetzgebung der Gewerbebetrieb im Umherziehen eine Berücksichtigung nicht gefunden hat, für Preußen definitive geworden, die zwar durch die spätere Gesetzgebung mancherlei Modification erfahren, eine erhebliche und umfassende Aenderung aber nicht erlitten haben. —

Marktverkehr.

Marktverkehr. 6. Zu dem Gewerbe im Umherziehen gehört nicht das Beziehen von Jahrmärkten und der Wochenmarktsverkehr. Entsprechend der Vorschrift im ersten Theile des § 1 des H.R., welcher das Beziehen von Jahrmärkten Behufs Feilhaltens von Waaren in offenen Laden und Buden und den Besuch von Wochenmärkten zum Verkauf von Wochenmarkts-Gegenständen von dem Begriffe des Hausir-Gewerbes ausschließt, verordnet § 64 der B.G.O.,

Der Besuch der Messen, Jahr- und Wochenmärkte, sowie der Kauf und Verkauf auf denselben steht einem Jeden mit gleichen Befugnissen frei.

Wo jedoch nach der bisherigen Ortsgewohnheit gewisse Handwerkerwaaren, welche nicht zu den im § 66 bezeichneten Gegenständen gehören, nur von Bewohnern des Marktortes auf dem Wochenmarkte verkauft werden durften, kann die höhere Verwaltungsbehörde, auf Antrag der Gemeindebehörde, den einheimischen Verkäufern die Fortsetzung des herkömmlichen Wochenmarktverkehrs mit jenen Handwerkerwaaren gestatten, ohne auswärtige Verkäufer derselben Waaren auf dem Wochenmarkte zuzulassen.

Es ist also nach § 1 H.R. das Beziehen von Jahr- und Wochenmärkten Behufs Feilbietens der betr. Waaren gewerbscheinfrei. Nach § 5 ibid. gehört auch das Bereisen der Messen und Jahrmärkte, „um daselbst Waaren zum Wiederverkauf einzuhandeln", nicht zum Gewerbe im Umherziehen. Durch das Minist. Reskript v. 11. Octob. 1826 — Hoffmann, S. 56 — ist diese Vorschrift auch auf die Wochenmärkte dahin ausgedehnt, daß auch das Bereisen dieser Behufs Einkaufs von Waaren zum Wiederverkauf der Gewerbscheinpflicht nicht unterworfen sein solle.

Es ist sonach das Bereisen von Messen, Jahr- und Wochenmärkten, sei es zum Verkauf oder zum Ankauf, weder legitimations- noch gewerbescheinpflichtig.

7. Die Steuergesetzgebung hat nirgends eine örtliche Begränzung innerhalb eines Marktortes als ein nothwendiges Merkmal im Begriffe des „Marktverkehrs" erfordert, und es daher dem Richter überlassen, den thatsächlichen Umfang des letzteren im Einzelfalle zu untersuchen. Dieser ist dabei nicht gebunden, den steuerfreien Handel mit Marktartikeln ausschließlich auf denjenigen Plätzen zu finden, welche die Ortsobrigkeit aus polizeilichen Rücksichten dafür angewiesen hat, und noch weniger, jeden einzelnen Verkauf eines Marktartikels zur Marktzeit außer jenen Plätzen für ein Hausiren zu erklären. Erk. des Ob.Trib. vom 2. September 1858 — Hartmann, die Strafgesetze, S. 122.

8. Ein den Begriff des Hausirhandels ausschließender Verkauf auf dem „Markte" ist nur da anzunehmen, wo durch die zuständige Behörde das Abhalten eines Marktes festgestellt war. Erk. des Ob.Trib. vom 6. October 1865 — Opp., Rechtspr. B. 6, S. 366. —

9. Das deusche Handels-Gesetzbuch definirt den Begriff „Kaufmann" im Art. 4 dahin, daß als solcher jeder anzusehen sei, der gewerbsmäßig die in den Art. 271 und 272 aufgeführten Handels-Geschäfte betreibt, und zählt zu den Kaufleuten im Art. 10 auch die Hausirer. Da nun § 1 des H.R. nur den Zweck hat, zu bestimmen, daß Kaufleute, Fabrikanten und Handwerker um deshalb, weil sie auch Jahrmärkte 2c. beziehen, nicht schon als Hausirer betrachtet und mit der Steuer für den Hausir-Handel belegt werden sollen, so darf aus dieser Vorschrift nicht gefolgert werden, daß jeder, der Jahrmärkte bezieht, auch als Kaufmann im Sinne des Handels-Gesetzbuchs anzusehen sei, oder daß er um deshalb nicht auch die Qualität eines Hausirers haben, d. h. ein Gewerbe im Umherziehen betreiben könne. — Es ist vielmehr die Vorschrift des H.R. für den Begriff eines Kaufmanns in keiner Weise

maßgebend. Erk. des Ob.Trib. vom 10. Mai 1867 — Opp., Rechtspr. B. 8, S. 312. —

10. Unter den Jahrmärkten, deren § 1 des H.R. nur gedenkt, sind auch die Messen und die sogen. Krammärkte einbegriffen. Es folgt dies in Ansehung der Messen aus dem Begriff derselben und aus ihrer Gleichstellung mit den Jahrmärkten im § 5, H.R., wo der Ankauf von Waaren zum Wiederverkauf auf Jahrmärkten und Messen gleich behandelt wird. — Das Wort „Krammarkt" ist nur eine andere Bezeichnung für den gesetzlichen Begriff des „Jahrmarkts".

11. Diejenigen Gewerbtreibenden, welche bereits an ihrem Wohnorte die Gewerbesteuer für den stehenden Handel entrichten, können auch außer ihrem Wohnorte an Kirchweih= und ähnlichen Volksfesten den Handel, jedoch nur mit Wochenmarkts=Gegenständen betreiben, ohne dafür einen Gewerbeschein lösen zu müssen. Das Feilhalten von Zuckerbäcker=Waaren, welche nicht zu jenen Gegenständen gehören, soll in solchen Fällen dem Handel mit Wochenmarkts=Gegenständen gleich stehen. Minist.=Reskr. v. 27. März 1828 — Hoffm., das H.R., S. 5. —

12. Was dem Verkehr der Schankwirthe betrifft, so kann diesen nicht gestattet werden, auswärtige Jahrmärkte zu beziehen, weil ein solcher Schankbetrieb dem Gewerbe im Umherziehen gleich stehen würde, als welches die Schankwirthschaft nicht betrieben werden soll (§ 56 B.G.O. — §§ 14, 15 H.R.). Dagegen kann den Schankwirthen der Verkauf des Branntweins und anderer Getränke in Buden, Zelten, an Schanktischen u. s. w. bei Schützenfesten, Kirchweihen und anderen Volksbelustigungen, größeren Truppenzusammenziehungen und dergleichen besonderen Gelegenheiten, wenn nach dem pflichtmäßigen Ermessen der Polizei ein Bedürfniß dazu vorhanden ist, innerhalb der Gränzen der Gewerbesteuer=Abtheilung, zu welcher der Schänker gehört, gestattet werden. Min.=Reskr. v. 28. Febr. 1835. — Hoffm. a. a. O. S. 7. —

Wochenmarkts=verkehr.

13. Gegenstände des Wochenmarktverkehrs sind nach §§ 66 der B.G.O.

1) **rohe Naturerzeugnisse mit Ausschluß des größeren Vieh's;**
2) **Fabrikate, deren Erzeugung mit der Land- und Forstwirthschaft, dem Garten- und Obstbau oder der Fischerei in unmittelbarer Verbindung steht, oder zu den Nebenbeschäftigungen der Landleute der Gegend gehört, oder durch Tagelöhnerarbeit bewirkt wird, mit Ausschluß der geistigen Getränke;**
3) **frische Lebensmittel aller Art.**

Der An= und Verkauf dieser Gegenstände auf Wochenmärkten soll als Hausirhandel im Sinne des Gesetzes nicht angesehen werden; der Betrieb eines derartigen Gewerbes ist daher nicht legitimationsscheinpflichtig. — In Ansehung der Gewerbscheinpflichtigkeit desselben ordnet

§ 1 H.R. an, daß der Verkauf nur solcher Erzeugnisse frei ist, die nach den deshalb geltenden besonderen Vorschriften oder nach der Orts-observanz zu den Gegenständen gehören, womit auf den Wochenmärkten auch von anderen, als Ortseinwohnern Handel getrieben werden darf. In Ermangelung von Orts-Observanzen, Marktordnungen u. dergl. greift § 14 Nr. 1 H.R. Platz, welcher zu den Wochenmarkts-Gegenständen jedoch nur beispielsweise zählt: frische Lebensmittel aller Art und andere Produkte des Bodens, der Land- und Forstwirthschaft, der Jagd und der Fischerei, trockene Mühlenfabrikate zum Genusse, Citronen, Pomeranzen, Apfelsienen, überhaupt frisches und gedörrtes Obst und Gemüse aller Art, Milch, Eier, Federvieh, frische, gesalzene, gedörrte und geräucherte Fische, gesalzenes, gedörrtes und geräuchertes Fleisch, wogegen der Hausirhandel mit frischem Fleisch nur besonders zuverlässigen Personen und auch nur für die nächste in dem Gewerbeschein zu bezeichnende Umgegend des Wohnorts gestattet werden soll, ferner Theer, Pech, Kienruß, Besen, Sämereien, Hopfen und ähnliche Gegenstände.

Es ergiebt eine Vergleichung beider gesetzlichen Vorschriften, daß die Auffassung über den Begriff der „Wochenmarkts-Gegenstände" in ihnen nicht ganz gleich ist und deshalb die Legitimations- und Gewerbscheinfreiheit bei dem gewerbsmäßigen Handel mit diesen Gegenständen sich nicht decken. Wenn nun auch die zur B.G.O. ergangene Min.-Verfügung vom 4. September 1869 angeordnet hat, daß in diesem Punkte die Gewerbescheinfreiheit überall da eintreten soll, wo die B.G.O. die Legitimationsscheinfreiheit zugesteht, daß also für den Begriff der Wochenmarkts-Gegenstände die Definition der B.G.O. maßgebend sein soll, so darf doch aus dieser Verfügung nicht der Schluß gezogen werden, daß überall da, wo die Legitimationsscheinpflicht eintritt, auch die Gewerbscheinpflicht gegeben sei; da nämlich dem Ministerium zwar das Recht des Steuererlasses (Regulativ vom 4. Decemb. 1836) zusteht, nicht aber auch das der Steuerauflegung, so muß die Gewerbscheinfreiheit aus dem § 14 Nr. 1 H.R. geprüft werden. —

Demgemäß steht die Sache so: legitimations- und gewerbscheinfrei ist der Wochenmarktsverkehr mit den im § 66 der B.G.O. bezeichneten Gegenständen, legitimationsscheinpflichtig, jedoch gewerbscheinfrei mit denjenigen, welche der § 14 Nr. 1 des H.R. aufzählt, und welche nicht unter die drei Rubriken des § 66 der B.G.O. subsumirt werden können. —

14. Im Anschluß an die §§ 136 bis 139 des Gesetzes vom 7. September 1811 über die polizeilichen Verhältnisse der Gewerbe — G.S. S. 263 — und die §§ 21 Litt. a. und 38 des Gesetzes vom 30. Mai 1820 wegen Entrichtung der Gewerbesteuer — G.S. S. 147 — unterscheidet das H.R. in den §§ 1 bis 6 vier Arten des Be- Arten des Hausir-Gewerbes.

triebes solcher Personen, die umherziehend ein Gewerbe treiben und daher der Regel nach (§ 7) zur Lösung eines Gewerbescheins verpflichtet sind, nämlich 1) den Gewerbebetrieb zum Waaren-Verkauf, 2) den zum Aufkauf oder Sammeln, 3) den zu Dienstverrichtungen, und 4) den zu Schaustellungen. Entsprechend den §§ 136, 137 des Gesetzes vom 7. September 1811 handeln die §§ 1 bis 5 von den beiden ersten Arten, von den eigentlichen Hausirern, welche Waaren und Producte zum feilen Verkauf herumführen — §§ 1 bis 4 — und von den umherziehenden Aufkäufern und Sammlern, zu welchen insbesondere noch diejenigen gerechnet werden, die im Lande umherziehen, um Waarenbestellungen zu suchen. — § 5 — Der Schlußsatz des § 6 dagegen betrifft die beiden andern Arten, die Dienstleistungen und die Schaustellungen herumreisender Personen — §§ 138, 139 Ges. vom 7. Sept. 1811 —, indem er diejenigen für gewerbscheinpflichtig erklärt, welche 1) Dienste oder Arbeiten im Umherziehen anbieten, oder 2) in dieser Weise Gegenstände zur Schau stellen. Auf die beiden ersten Arten haben dann die §§ 14 bis 16 Bezug, worin bestimmt wird, für welche Waaren zum Verkauf oder Aufkauf der Gewerbeschein ertheilt werden darf; auf die beiden anderen beziehen sich die §§ 17 und 18, die angeben, welchen Personen der Gewerbeschein zur Anbietung von Diensten oder Schaustellungen verabfolgt werden kann. — Pl. Beschl. des Ob.Trib. v. 18. Februar 1839 — Entsch. B. 5, S. 143. —

Dieselben vier Arten des Gewerbebetriebes im Umherziehen finden sich auch in der B.G.O., indem diese im § 55 den Gewerbebetrieb derjenigen für legitimationsscheinpflichtig erklärt, welche 1) Waaren irgend einer Art feilbieten — die eigentlichen Hausirer §§ 1 bis 4, H.R. —, 2) Waaren irgend einer Art ankaufen — Aufkäufer und Sammler § 5, H.R. — 3) gewerbliche oder künstlerische Leistungen anbieten — das Anbieten von Dienstleistungen § 6, H.R. —, 4) Schaustellungen, bei welchen ein höheres wissenschaftliches oder Kunst-Interesse nicht obwaltet, feilbieten. — Anbieten von Schaustellungen § 6, H.R. — Das von dem H.R. zur zweiten Art gezählte Aufsuchen von Waarenbestellungen ist unter einer besonderen Nummer der zweiten Art angereiht.

Eine wesentliche Erweiterung hat die dritte Art in der B.G.O. dadurch erfahren, daß auch künstlerische Leistungen, wenn im Umherziehen angeboten, der Legitimationsscheinpflicht unterworfen worden sind, während das H.R. dieselben nicht zu denjenigen Diensten und Arbeiten zählt, deren Anbieten im Umherziehen den Thatbestand des Hausir-Gewerbes darstellt.

Wenn sonach im Allgemeinen die Arten des Gewerbebetriebes im Umherziehen sowohl in steuerlicher, wie in polizeilicher Beziehung dieselben sind, machen die künstlerischen Leistungen eine Ausnahme; ihr Anbieten im Umherziehen bedarf zwar des Legitimationsscheins, nicht aber des Gewerbescheins, und kann dessen Mangel nicht durch eine Steuerstrafe, sondern nur durch die von der B.G.O. § 148 Nr. 7 — angedrohte Strafe geahndet werden.

15. Als die zum Thatbestande eines Gewerbebetriebes im Umherziehen erforderlichen Voraussetzungen bezeichnet die B.G.O. vier Punkte, nämlich 1) den Betrieb des Gewerbes außerhalb des Wohnorts des Gewerbtreibenden, 2) ohne Begründung einer gewerblichen Niederlassung, 3) ohne vorgängige Bestellung und 4) in eigener Person. — Liegen diese Voraussetzungen vor, so tritt für den Gewerbtreibenden die Verpflichtung zur Führung eines Legitimationsscheins ein.

Requisite des Gewerbebetriebes im Umherziehen.

Nicht ganz gleich sind die Voraussetzungen, unter welchen nach den Vorschriften des H.R. der Gewerbebetrieb gewerbscheinpflichtig wird. Die §§ 1 und 2, H.R., erfordern nämlich 1) ein Herumführen von Waaren von einem Ort zum andern und ein Feilbieten auf offenen Straßen, in Gasthöfen oder in Privathäusern, 2) einen zeitweisen (nicht fortdauernden) Betrieb außerhalb der Marktzeiten, 3) einen Betrieb ohne vorgängige Bestellung, 4) endlich einen Betrieb durch den Gewerbtreibenden selbst oder durch Andere für seine Rechnung, welchem ein öffentliches Versteigern-Lassen durch Andere für seine Rechnung gleich gestellt ist.

Die Verschiedenheit beider Gesetze liegt in den Requisiten ad 1 und 4. Während die B.G.O. nach ihrem Wortlaute das Betreten jeder Räumlichkeit Behufs Ausübung des Gewerbes für legitimationsscheinpflichtig erklärt, dem Gewerbtreibenden jedoch eine Stellvertretung seiner Person nicht gestattet, während sie also beim ersteren Punkt auch das Eintreten in öffentliche Läden Behufs Ausübung des Gewerbes als ein Hausiren ansieht, zählt das H.R. nur das Feilbieten auf offenen Straßen, in Gasthöfen oder Privathäusern zum Hausiren, zählt mithin den Gewerbebetrieb an anderen Orten nicht zu dem gewerbscheinpflichtigen Hausiren, und gesteht dem Hausirer eine Stellvertretung zu. Wer also umherziehend z. B. nur bei Kaufleuten Waaren feilbieten oder zum Wiederverkauf ankaufen will (§ 5, H.R.), bedarf zwar eines Legitimationsscheins, nicht aber eines Gewerbescheins.

16. Nur dasjenige Gewerbe ist steuerpflichtig, welches an und für sich erlaubt ist. Wer also z. B. mit Fischen oder Wild, welche er durch unbefugte Ausübung der Fischerei oder Jagd erlangt hat, einen Hausirhandel treibt, kann nur wegen gewerbsmäßiger unbefugter Ausübung der Fischerei oder Jagd, nicht aber wegen einer Zuwiderhandlung gegen die Gewerbesteuer-Gesetze gestraft werden. Erk. des Ob.Trib. vom 14. Decemb. 1835, G.A., B. 4, S. 236. — Dadurch jedoch, daß mit einem Gegenstande das Gewerbe betrieben wird, welcher nach dem Gesetz

Unerlaubtes Gewerbe.

nicht Gegenstand eines Hausir-Handels sein darf (§ 56 B.G.O.), wird das Gewerbe nicht zu einem an sich unerlaubten, sobald jener Gegenstand überhaupt nur nicht von jedem Gewerbebetriebe, also auch von dem stehenden ausgeschlossen ist. -- Dasselbe gilt auch von der Legitimationsscheinpflichtigkeit des Gewerbes. —

Außerhalb des Wohnorts: I. Requisit.

17. Der Betrieb eines Gewerbes im Umherziehen verlangt ein Herumführen von Waaren von einem Ort zum andern. Es setzt daher der Thatbestand im Allgemeinen ein Wandern von Ort zu Ort zum Zwecke der gewerblichen Thätigkeit voraus. Erk. des Ob.Trib. vom 13. September 1866. — Opp., Rechtspr. B. 7, S. 458. — Allein auch dann findet schon ein Gewerbebetrieb im Umherziehen statt, sobald dabei die Gränzen des Polizeibezirks des Wohnorts überschritten werden. Erk. des Ob.Trib. v. 29. October 1868 — ibid. B. 9, S. 595. — Die Entscheidung führt aus, daß der Gewerbebetrieb im Umherziehen den Gegensatz zu dem stehenden Gewerbe bilde, überall also da vorliege, wo das Gebiet des stehenden Gewerbes mit Ausschluß der gesetzlichen Ausnahmsfälle übertreten werde, daß, wie aus einer Zusammenstellung der §§ 1, 2, 4 und 6 d. H.R. folge, die Gränzen des Wohnorts zugleich als diejenigen gelten müssen, innerhalb deren sich das stehende Gewerbe zu halten habe, und daß daher schon die Umgegend desselben, außer den im Gesetz statuirten Ausnahmefällen, zum Zweck des Gewerbebetriebes ohne Bestellung nicht betreten werden dürfe.

18. Das Hinausgehen über den Bezirk des Wohnorts, resp. das Wandern von einem Orte zum andern, muß in der Absicht geschehen, ein Gewerbe auszuüben; die Handlung muß also den Charakter der Gewerbsmäßigkeit, d. h. einer fortgesetzten, auf Erzielung eines Gewinns abzweckenden Beschäftigung (cf. Erk. des Ob.Trib. v. 9. Juli 1863 — Opp., Rechtspr. Bd. 3, S. 557) haben. Es ist jedoch nicht erforderlich, daß das Hinausgehen über die Gränzen des Polizeibezirks des Wohnorts mehrmals stattgehabt haben müsse, um die Gewerbsmäßigkeit zu konstatiren, vielmehr kann schon ein einmaliges unbefugtes Handeln, vorgenommen in der Absicht, das Gewerbe zu betreiben, die Strafverhängung rechtfertigen. Erk. des Ob.Trib. vom 29. October 1868 — ibid. B. 9, S. 595. —

19. Unter dem „Orte" ist in den §§ 1 und 2 H.R. nur derjenige Platz zu verstehen, welcher außerhalb des Polizeibezirks des Wohnorts belegen ist, nicht also auch ein anderes Haus oder ein anderer Platz an dem Wohnorte selbst. Dagegen ist es gleichgültig, ob dieser Ort ein Dorf, eine Stadt, ein freier Platz oder ein einzeln gelegenes Haus ist.

20. Der Begriff des Gewerbebetriebes im Umherziehen ist nicht auf die Fälle beschränkt, wo ein Wandern von Haus zu Haus stattfindet,

liegt vielmehr auch dann vor, wenn der Gewerbtreibende an dem außerhalb seines Wohnorts belegenen Orte auch nur ein Haus Behufs Ausübung seines Gewerbes betritt. Erk. des Ob.Trib. v. 7. Decemb. 1865 — Opp., Rechtspr. B. 6, S. 529. — Ebensowenig ist es erforderlich, daß ein Umherziehen von einem Orte zum andern stattgehabt habe, vielmehr ist ein Gewerbebetrieb im Umherziehen auch da anzunehmen, wo Jemand wiederholt Waaren zum Verkauf an einen und denselben anderen (d. h. außerhalb seines Wohnorts belegenen) Ort gebracht hat. Erk. d. Ob.Trib. v. 6. Octob. 1865 — ibid. B. 6, S. 374. —

21. Der (zur Zeit noch wesentliche cf. Nr. 15) Ausdruck „Privathäuser", welcher in den §§ 1, 5 und 25 H.R. vorkommt, hat überall eine ganz gleiche Bedeutung, und sind darunter die Wohnungen der „Handeltreibenden", auch wenn sie keinen offenen Laden haben, nicht zu verstehen. Erk. des Ob.Trib. vom 16. November 1866 — G.A. B. 15, S. 69 — vom 3. März 1869 — ibid. B. 17, S. 351. — Den Gegensatz zu den Privathäusern bilden nicht „öffentliche Häuser" im Allgemeinen, sondern die Häuser der Handeltreibenden, welche dem Publikum offen stehen.

Privathäuser.

22. Es bedarf daher derjenige, welcher Waaren im Umherziehen nur an Handeltreibende in deren Geschäftslokalen oder (in Ermangelung solcher) in deren Wohnungen verkauft oder zum Verkauf anbietet, oder einkauft, dazu keines Gewerbescheins. Erk. des Ob.Trib. v. 3. März 1869 — Opp., Rechtspr. B. 10, S. 115. —

23. Die Gewerbeschein- sowohl, wie die Legitimationsscheinpflichtigkeit hört auf, sobald das Hinschaffen der nicht bestellten Waaren nach dem „andern Orte" zu dem Zwecke geschieht, dieselben dort während der Messe, des Jahr- oder Wochenmarkts (im letzten Falle vorausgesetzt, daß die Waaren zu den Wochenmarkts-Gegenständen gehören), oder „fortdauernd" zu verkaufen, resp. feil zu bieten. Schon nach der Gewerbe-Ordnung vom 17. Jan. 1845 und dem Ergänzungs-Gesetze vom 22. Juni 1861 war es gestattet, ein stehendes Gewerbe an verschiedenen Orten zu betreiben, und hatte der Betreffende dabei nur für jeden Ort der Vorschrift der §§. 22, 23 ibid. zu genügen. Diesen Fall hat § 2 H.R. im Auge und drückt ihn durch die Worte „zu Zeiten (nicht fortdauernd)" aus. Es soll also als ein Gewerbebetrieb im Umherziehen nicht angesehen werden, wenn ein Gewerbtreibender Waaren nach einem anderen Orte schafft, um dort ein stehendes Gewerbe zu begründen und einen stehenden Handel mit den Waaren zu treiben. Dagegen muß auch Behufs Ausschließung des Thatbestandes des Gewerbebetriebes im Umherziehen diese Absicht zur Ausführung gelangen. Ob dies geschehen, ist eine Frage thatsächlicher Natur, welche allein durch den Nachweis nicht erwiesen werden kann, daß den Erfordernissen, welche das Gesetz

ohne Begründung einer gewerblichen Niederlassung: II. Requisit.

an die **Begründung** eines stehenden Gewerbes stellt, genügt worden sei.

Von gleichen Gesichtspunkten ausgehend hat das Ob.Trib. in dem Erk. vom 8. December 1869 — Opp., Rechtspr. B. 10, S. 773 — ausgeführt, daß die Strafbarkeit desjenigen, welcher ohne vorherige Erwerbung eines Gewerbescheins von dem Orte, wo er wohnt und ein stehendes Gewerbe betreibt, Waaren ohne Bestellung an einen anderen Ort bringt, um sie dort zu verkaufen, dadurch nicht ausgeschlossen wird, daß er an dem letzteren Orte sein Gewerbe (als ein stehendes) angemeldet und dort auch die erforderliche Gewerbesteuer bezahlt hatte.

In dieser Auffassung hat die B.G.O. nichts geändert. Das den Begriff des Hausir-Gewerbes ausschließende Requisit der Begründung einer gewerblichen Niederlassung außerhalb des Wohnorts des Gewerbtreibenden, sei es einer selbständigen oder einer Zweigniederlassung, wird nicht erfüllt durch die Beobachtung der gesetzlichen Formalien Behufs Begründung dieser Niederlassung, also durch die Anmeldung des Gewerbes (§ 14 der B.G.O.) und die Entrichtung der Steuer, sondern nur durch die Ausführung einer derartigen Niederlassung. Es ist daher nicht zulässig, den Ausdruck „Begründung" im § 55, B.G.O., als gleichbedeutend mit dem Worte „Gründung" aufzufassen; er ist vielmehr dahin zu verstehen, daß mit der Gründung der Niederlassung auch der Betrieb des stehenden Gewerbes verbunden sein muß.

ohne vorgängige Bestellung: III. Requisit.

24. Eine Zuwiderhandlung gegen die gesetzlichen Vorschriften über den Gewerbebetrieb im Umherziehen liegt nicht vor, wenn Jemand **auf Bestellung** Waaren zum Verkauf an einen anderen Ort bringt, ohne im Besitz eines Gewerbe- und eines Legitimationsscheins zu sein. Es verletzt daher der Instanzrichter das Gesetz, wenn er den Einwand des Angeschuldigten, daß er nur auf besondere Bestellung die Waaren an den Besteller gebracht habe, um deshalb für unerheblich erachtet, weil der Nichtbesitz eines Gewerbe- (resp. Legitimationsscheins) eingeräumt sei. — Erk. des Ob.Trib. vom 20. April 1868 — Opp., Rechtspr. B. 9, S. 283. —

25. Unter „Bestellung" ist die Aufforderung zu verstehen, dem Bestellenden eine Waare zu bringen oder zu senden (resp. zur Verrichtung gewisser Dienste, Darbietung bestimmter Schaustellung an den anderen, außerhalb des Wohnortes belegenen Ort zu kommen), insofern nur die Waaren dabei so individuell bezeichnet sind, daß sie von anderen Gegenständen gleicher Art unterschieden werden können. Es läßt sich **nicht** behaupten, daß eine Bestellung nur da vorliege, wo es nur noch einer genehmigenden Erklärung des **Verkäufers** bedürfe, um den Kauf perfekt zu machen. — Erk. des Ob.Trib. vom 7. Novbr. 1860 — Opp., Rechtspr. B. 1, S. 40. —

26. Die ganz allgemein gehaltene Aufforderung eines Abnehmers an einen Kaufmann, ihm, wenn er an seinen Wohnort komme, Waaren mitzubringen, ist nicht eine den Thatbestand des Hausirens ausschließende Bestellung. — Erk. des Ob.Trib. v. 29. Juni 1868 — Opp., Rechtspr. B. 9, S. 414. —

Das Gleiche gilt von einer Aufforderung, welche zwar die Art der mitzubringenden Waaren angiebt, deren Abnahme dagegen von vornherein von dem zur Zeit des Eintreffens des Verkäufers vielleicht vorhandenen Bedürfnisse abhängig macht. —

27. Es genügt nicht, um die Gewerbe- und Legitimationsschein-pflichtigkeit auszuschließen, daß die Waaren auf besondere vorgängige Bestellung an den anderen Ort gebracht sind, sie müssen vielmehr auch an den Besteller und nur an diesen veräußert werden. Es liegt daher auch dann die Verpflichtung zur Lösung eines Legitimations- und Gewerbescheins und eine thatsächliche Ausübung des Gewerbebetriebes im Umherziehen vor, wenn Jemand Waaren, welche er auf Bestellung an einen anderen Ort gebracht hat, hier deshalb gewerbsmäßig an Andere feil bietet, weil der Besteller die Abnahme verweigert. — Erk. des Ob. Trib. v. 5. Juli 1867 — Opp., Rechtspr. B. 8, S. 451. —

28. Ebenso darf derjenige, welcher Waaren auf Bestellung an einen anderen Ort gebracht hat, dieselben, wenn sie vom Besteller nicht abgenommen werden, nicht von dort aus im Lande umherreisend zum Kauf anbieten, ohne im Besitz eines (Legitimations- und) Gewerbescheins zu sein. — Erk. des Ob.Trib. vom 3. März 1864 — Opp., Rechtspr. B. 4, S. 414. —

29. Dieselben Grundsätze kommen auch dann zur Anwendung, wenn ein mit einem Gewerbeschein versehener Gewerbtreibender andere, als im Gewerbeschein benannte Waaren auf Bestellung an einen anderen Ort bringt.

30. Die B.G.O. gestattet bei der Ausübung des Gewerbes im Umherziehen eine Stellvertretung im Allgemeinen nicht — § 62 ibid. — und stellt daher als Erforderniß des Begriffs auf, daß der Betrieb in eigener Person geschehen müsse. IV. Requisit: in eigener Person.

Anders das H.R., welches im § 2 auch dann den Thatbestand des „Hausirens“ für vorliegend ansieht, wenn der Betrieb des Gewerbes für Rechnung des Gewerbtreibenden durch Andere erfolgt. Da den Zuwiderhandelnden, also denjenigen Gewerbtreibenden, welcher, ohne im Besitz eines Gewerbescheins zu sein, das Gewerbe im Umherziehen durch Andere für seine Rechnung betreiben läßt (z. B. Gehülfen, Gesellen u. dergl.) die Steuerstrafe trifft, so hat die B.G.O. an dieser Vorschrift der Landes-Gesetzgebung nichts geändert, dieselbe muß vielmehr auch jetzt noch zur Anwendung gelangen.

Erste Art des Betriebes: **Feilbieten von Waaren**. — B.G.O. § 55, Nr. 1 — H.R. §§ 2 bis 4. —

Waaren. 31. Sowohl die B.G.O., wie § 2 des H.R. bedienen sich des Ausdrucks „Waaren", ohne den Begriff desselben näher zu bestimmen. Es wird deshalb der Thatbestand des Hausir-Handels dadurch nicht ausgeschlossen, daß es sich von selbstverfertigten Waaren handelt, welche ohne vorherige Bestellung an einen fremden Ort gebracht sind und dort feil gehalten werden. — Erk. des Ob.Trib. v. 31. Mai 1862 — Opp., Rechtspr. B. 2, S. 440. — Der § 4 des H.R. steht dieser Auffassung nicht entgegen, da er einerseits die Art der selbstverfertigten Waaren auf solche beschränkt, welche Jedermann auf Wochenmärkten feil halten darf, andererseits den Verkaufsbezirk nur auf die Umgegend des Wohnortes ausdehnt. Ein Hinausgehen über diese im § 4 näher bestimmte Umgegend macht daher den Gewerbebetrieb auch mit selbstverfertigten Waaren zu einem gewerbscheinpflichtigen.

32. Ein Feilbieten von Waaren, welche zu den „verbotenen" gehören, wird dadurch nicht frei, daß für einen Gewerbebetrieb mit derartigen Waaren weder ein Legitimations-, noch ein Gewerbeschein ertheilt werden kann. Vielmehr tritt gemäß §§ 7 und 26 H.R. für denselben unter Ausschluß der Strafandrohungen der B.G.O. die durch § 26 cit. angedrohte Steuerstrafe ein; diese Strafe trifft Jeden, der umherziehend ein Gewerbe betreibt, wenn auch für dasselbe ein Gewerbeschein nicht ertheilt werden konnte. — Erk. des Ob.Trib. v. 9. Mai 1867 — Opp., Rechtspr. B. 8, S. 306. —

33. Welche Waaren von dem Hausir-Handel ausgeschlossen sind, darüber cf. Kap. 5, Nr. 2 ff.

Feilbieten. 34. Der Begriff des „Feilbietens" verlangt, daß der Inhaber der Waaren durch Worte, verständliche Zeichen, oder ein die Aufmerksamkeit der Käufer absichtlich erregendes Benehmen dieselben zur Abnahme der Waaren auffordern muß. Das bloße Feilhaben auf vorangehende Anfrage der Käufer ist kein Feilbieten im Sinne des Gesetzes. Erk. des Ob.Trib. v. 11. Nov. 1858 — G.A. B. 7, S. 85. —

35. Das Min.-Rescr. vom 11. März 1850. — Schimmelfennig S. 590, Nr. 381 — erachtete es für ein „Feilbieten", wenn das Gewerbe in der Art betrieben wird, daß der Gewerbtreibende außerhalb seines Wohnorts ein Lager seiner Waaren in Gasthöfen oder sonstigen Lokalen aufstellt und das Publikum durch Uebersendung von Karten, öffentliche Anschläge, Anzeige in den Zeitungen u. dergl., oder durch Boten u. s. w. zum Besuch dieser Lokale einladet.

Bringen und Versenden. 36. Nicht jedes Feilbieten von Waaren an einem fremden, außerhalb des Wohnortes, belegenen Orte, stellt einen steuerpflichtigen Gewerbebetrieb dar, vielmehr verlangt § 2 H.R., daß die Waaren nach dem anderen Orte gebracht sein müssen, um sie daselbst feil zu bieten. — Wer daher dieselben an jenem Verkaufsorte selbst zum Zweck des Wiederverkaufs angekauft hatte, bedarf keines Gewerbescheins, da er ein Gewerbe im Umherziehen nicht betreibt. — Erk. des Ob.Trib. vom 17. Sept. 1869 — Opp., Rechtspr. B. 10, S. 575. —

37. Ebenso begeht derjenige, nicht im Besitze eines Gewerbescheins befindliche Handelsmann, welcher Waaren an einen Ort bringt, nicht um sie dort zu verkaufen, sondern um sie durchzuführen, noch keine Hausir-Kontravention, wenn er dort gelegentlich einzelne dieser Waaren außerhalb der Marktzeit verkauft. — Erk. des Ob.Trib. v. 20. März 1867 — Opp., Rechtspr. B. 8, S. 187. —

38. Das Herumtragen von Lotterieloosen, oder das Anbieten derselben bei Gelegenheit einer Reise Seitens des Lotterie-Einnehmers ist als ein Hausir-Handel nicht anzusehen. Allerh. Kab.-Ord. v. 5. August 1829 — Hartmann S. 124. — Die B.G.O. verbietet — § 56 — zwar den Hausir-Handel mit Lotterieloosen, beeinträchtigt jedoch die Gültigkeit der K.O. nicht, weil diese in dem von ihr gedachten Thatbestand den Begriff eines steuerpflichtigen Hausir-Handels negirt.

39. Die Strafe der Hausirsteuer-Umgehung trifft auch denjenigen, welcher ohne vorherige Lösung eines Gewerbescheins für den Betrieb des Gewerbes im Umherziehen Waaren versendet, um sie am anderen Orte zu verkaufen oder verkaufen zu lassen. — Erk. des Ob.Trib. vom 23. Nov. 1866 — Opp., Rechtspr. B. 7, S. 662. —

40. Ein Min.-Rescr. vom 12. August 1825 — Hoffm., S. 12 — führt aus, daß der Versender der Waaren eines Gewerbescheins dann nicht bedürfe, wenn der Auftrag zum Verkauf an Personen gerichtet ist, die am Verkaufsorte zum Handel berechtigt sind, daß anderenfalls aber auch der Beauftragte nur dann steuerfrei sei, wenn er nur in einem einzelnen Falle aus Gefälligkeit handele. Mache dagegen der Beauftragte aus der Uebernahme solcher Aufträge ein Gewerbe, so habe er ohne Rücksicht darauf, ob der Auftraggeber einen Gewerbeschein besitze oder nicht, die Gewerbesteuer zu entrichten, sobald er die überkommenen Waaren an seinem Orte verkaufe und einen Gewerbeschein zu lösen, wenn er sie im Umherziehen feilbiete.

41. Den gleichen Gesichtspunkt macht das Min.-Rescr. v. 24. März 1840 — Schimmelfennig S. 591, Nr. 383 — geltend, indem es bestimmt, daß derjenige, für dessen Rechnung Waaren außerhalb seines Wohnortes öffentlich versteigert werden, hierzu dann eines Gewerbescheins nicht bedürfe, wenn die Versteigerung durch eine am Versteigerungsorte in der Handelsklasse A. oder B. zur Gewerbesteuer veranlagte, zum gewöhnlichen stehenden Handel oder zum Abhalten von Versteigerungen berechtigte Person bewirkt werde. Ob die zu versteigernden Waa-

ren dem Versteigerer unmittelbar zugesendet oder ihm durch einen am Versteigerungsorte ansässigen Handeltreibenden übergeben würden, und ob der Versteigerer als solcher öffentlich bestellt sei oder nicht, mache in Ansehung der Gewerbescheinpflichtigkeit des Versenders keinen Unterschied.

Anfang des Betriebes.

42. Zum Thatbestande des Hausirens ist es nicht erforderlich, daß die zum Zwecke des Hausir-Handels mitgeführten Waaren wirklich feil geboten worden sind. — Erk. des Ob.Trib. vom 30. Sept. 1864 — Opp., Rechtspr. B. 5, S. 141. — Dagegen setzt die Anwendung des § 2 H.R. voraus, daß mit dem beabsichtigten unbefugten Gewerbebetriebe im Umherziehen wenigstens ein Anfang gemacht ist (gleichgültig, welche Thatsachen der Richter zur thatsächlichen Feststellung des gemachten Anfangs für genügend erachtet). — Erk. des Ob.Trib. v. 3. März 1869 — G.A. B. 17, S. 352. —

43. Das Erk. des Ob.App.Ger. vom 15. Sept. 1869 — Opp., Rechtspr. B. 10, S. 558 — erachtete das Hinschaffen der Waaren nach dem anderen Orte schon als einen Anfang des Gewerbebetriebes und stellt demgemäß den Satz auf, daß es zum Thatbestande des unbefugten Gewerbebetriebes im Umherziehen genüge, wenn Jemand gewerbsmäßig eine unbestellte Waare zum Zweck der Veräußerung an einen anderen Ort schaffe. —

Pferde- und Vieh-Handel.

44. Eine Ausnahme von diesen Grundsätzen macht der Pferde- und Vieh-Handel im Umherziehen, von welchem § 2 H.R. besonders handelt. Im Allgemeinen ist dieser Handel denselben Bedingungen unterworfen, wie jeder andere Hausir-Handel. — Die weitere Bestimmung über denselben im § 2 will die Begriffs-Bestimmung des Hausir-Handels nicht abändern, sondern ausdehnen und zwar dahin, daß nicht blos der Verkauf an demjenigen Orte, an welcher das Vieh zu dem Zweck hingebracht worden, sondern auch schon der Verkauf an demjenigen, durch welchen es nur durchgeführt werden sollte, als ein gewerbscheinpflichtiger Gewerbebetrieb angesehen werden soll. — Erk. des Ob.Trib. v. 6. Okt. 1865 — Opp., Rechtspr. B. 6, S. 366. —

45. Aus § 6 des Gewerbesteuer-Gesetzes vom 30. Mai 1820, welcher vorschreibt, daß als Victualienhändler der zu besteuern sei, welcher gewerbsweise Vieh von erkauftem Futter unterhält, um es zum Verkauf zu mästen, ergiebt sich, daß das Mästen erkauften Viehes zum Verkauf überhaupt nicht als Handel zu besteuern ist, wenn das Vieh nicht mit erkauftem, sondern dem vom Viehzüchter selbst gewonnenen Futter unterhalten wird. Wenn daher der Ein- und Verkauf solchen Viehs blos auf Viehmärkten und nicht wirklich im Umherziehen betrieben wird, liegt ein gewerbscheinpflichtiger Gewerbebetrieb nicht vor. — Min.-Rescr. v. 23. Juli 1830 — Hoffm., S. 18. —

46. Von der Gewerbescheinpflichtigkeit dieser Art des Gewerbebetriebes im Umherziehen macht das H.R. in den §§ 3 und 4 zwei Ausnahmen, indem es einestheils den Gewerbebetrieb innerhalb des Polizeibezirks des Wohnorts, anderntheils mit gewissen Gegenständen von der Steuerverpflichtung ausnimmt. Es setzen die §§ 3 und 4 Fälle voraus, in welchen zwar ein Gewerbebetrieb im Umherziehen angenommen wird, in denen jedoch die §§ einen Gegensatz zu § 2 insofern bilden, als bei ihnen zu dem Gewerbebetriebe im Umherziehen kein Gewerbeschein erforderlich ist, während ein solcher bei dem Falle des § 2 nachgesucht werden muß. — Erk. des Ob.Trib. vom 13. Febr. 1857 — J.M.Bl. S. 131. — Ausn. des § 3 H.R. Gewerbebetrieb innerhalb des Polizeibezirks.

47. Das Min.-Rescr. vom 12. Sept. 1828 — Hoffmann S. 23 — erachtet den im § 3 H.R. gedachten Fall des Gewerbebetriebes innerhalb des Polizeibezirks für einen eigentlichen Hausir-Handel nicht, sondern ordnet an, daß ein solcher Handel als ein stehender angesehen und behandelt werden solle. —

48. Unter dem „Polizeibezirke" ist derjenige Bezirk zu verstehen, auf welchen die Polizeigewalt einer und derselben Behörde beschränkt ist und zwar derjenigen, welche an dem Wohnorte des Gewerbtreibenden die Ortspolizei-Obrigkeit bildet. — Min.-Rescr. v. 24. Jan. 1838 — Hoffmann S. 20. —

In Städten ist unter dem Polizeibezirke der Bürgermeisterei-Bezirk zu verstehen. Min.-Rescr. v. 28. Juni 1830 — Schimmelfennig S. 596, Nr. 389. —

49. Zu den „statthaften" Waaren gehören auch selbstverfertigte, z. B. Back- und Konditor-Waaren. — Erk. des Ob.Trib. v. 13. Febr. 1857 — J.M.Bl. S. 131. — Welche Waaren überhaupt zu den „statthaften" zu rechnen sind, und welche vom Gewerbebetriebe im Umherziehen ausgeschlossen, darüber cf. Kap. V.

50. Werden Waaren zum Verkauf innerhalb des Polizeibezirks des Wohnorts des Gewerbetreibenden umhergetragen oder aufgekauft, mit welchen der Verkehr im Umherziehen überhaupt nicht statthaft ist, so liegt dennoch eine Hinterziehung der Hausir-Gewerbesteuer nicht vor, da diese gemäß §§ 1 und 2 H.R. nur von einem solchen Gewerbebetriebe erhoben werden soll, der außerhalb des Wohnorts des Gewerbtreibenden stattfindet. Dagegen kommt einem derartigen Handel die Ausnahme-Bestimmung des § 3 H.R. nicht zu Gute und trifft ihn daher die Strafe des § 30 H.R. —

Einen anderen Gesichtspunkt vertritt das Min.-Rescr. v. 24. Febr. 1839 — Hoffmann S. 23 —, welches unter Reprobirung der Schlußfolgerung aus dem Wortlaut des § 3, daß jede Art des Verkehrs innerhalb des Polizeibezirks des Wohnorts, also auch das Umhertragen zum Verkauf, oder der Ankauf unstatthafter Waaren gestattet sei, ausführt, daß wenn ein solcher Verkehr, der nicht statthaft ist, dennoch betrieben worden, dieser immer nur als ein stehender, nicht als ein gewerbscheinpflichtiger anzusehen und demgemäß zu ahnden sei, so daß der Betreffende, wenn er die vorgeschriebene Anmeldung unterlassen, die Strafe für diese Unterlassung verwirkt habe. Außerdem würde, sofern nicht etwa die Ortspolizei-Behörde ihm vorschriftswidrig die polizeiliche Erlaubniß ertheilt haben sollte, die in § 30 H.R. angeordnete Polizei-Strafe wider ihn zur Anwendung kommen. — cf. Schimmelfennig S. 593 Nr. 386 — Die Anwendbarkeit des § 30 H.R. auf diesen Fall hat auch das Ob.Trib. in dem Erk. vom 13. Febr. 1857 — J.M.Bl. S. 131 — angenommen. —

51. Die „besondere Erlaubniß der Ortspolizei-Behörde", welche der § 3 HR. für den Betrieb dieser Gewerbs-Art innerhalb des Polizeibezirks des Wohnorts durch den Gewerbtreibenden selbst oder seine Hausgenossen erfordert, ist durch die Vorschriften der G.O. beseitigt. Da nämlich ein Fehlen gegen diese Vorschrift des H.R., also ein Gewerbebetrieb ohne jene Erlaubniß niemals die Steuerstrafe der §§ 26 bis 28 H.R., sondern nur die Ordnungsstrafe des § 30 ibid. nach sich zog, somit in der Vorschrift nicht sowohl das Interesse der Steuer, als vielmehr das der Polizei vertreten ist, so unterliegt sie den Einwirkungen der G.O. und darf ihr nur dann noch fernere Gültigkeit zugesprochen werden, wenn sie neben den Satzungen der G.O. und, ohne mit ihnen in einen unlösbaren Widerspruch zu gerathen, bestehen kann.

Diese unterscheiden einen stehenden Gewerbebetrieb (Tit. II.) und einen solchen im Umherziehen (Tit. III.) und kennen für den ersteren, wenn das Erforderniß einer besonderen Genehmigung zur Begründung — § 16 ff. — nicht vorliegt, eine Beschränkung des Gewerbebetriebes durch eine einzuholende Erlaubniß der Ortspolizei-Behörde nur im § 43 bei dem öffentlichen Verkauf ꝛc. von Druckschriften, andern Schriften oder Bildwerken. Im Uebrigen ist der stehende Gewerbebetrieb von jeder Beschränkung befreit, und im § 42 ausdrücklich vorgeschrieben, daß die Befugniß zum selbständigen Betriebe eines stehenden Gewerbes auch die Ermächtigung zur unbeschränkten Ausübung desselben am Orte der Niederlassung enthalte. Der Gewerbebetrieb im Umherziehen ist nur an den Besitz des Legitimationsscheins geknüpft und kennt andere Erlaubnißscheine (mit Ausnahme des § 59 G.O.) nicht.

Da nun nach diesen Vorschriften der Legitimationsschein einen Handelsbetrieb außerhalb des Wohnorts voraussetzt, sonach das Umhertragen von Waaren zum Verkauf und der Ankauf von Waaren innerhalb des Polizeibezirks des Wohnorts als zum stehenden Gewerbe gehörig und als ein berechtigter Ausfluß desselben angesehen werden muß, welcher irgend einer polizeilichen Beschränkung nicht unterworfen, die Vorschrift des § 3 H.R. aber mit der des § 42 B.G.O. nicht vereinbar ist, so muß diese Auffassung der Bundes-Gesetzgebung der der Landes-Gesetzgebung vorgehen, und § 3 H.R. insofern als aufgehoben angesehen werden, als der in ihm gedachte Verkehr einer besonderen polizeilichen Erlaubniß nicht ferner bedarf.

Es steht mithin die Sache folgend: Wird der Verkauf oder Ankauf von Waaren innerhalb des Polizeibezirks des Wohnorts, von einem Gewerbtreibenden oder seinen Angehörigen betrieben, welcher ein stehendes Gewerbe betreibt und angemeldet hat (§ 14 B.G.O.), so ist er mit Ausnahme des im § 43 B.G.O. gedachten Falles völlig frei: hatte der Gewerbtreibende ein stehendes Gewerbe nicht angemeldet, so muß er den Gewerbebetrieb anmelden, widrigenfalls er in die von der B.G.O. gesetzte Strafe verfällt, oder, wenn das Gewerbe ein an sich steuerpflichtiges ist, die angemessene Steuerstrafe zu tragen hat. — Die Frage, ob die betreffenden Waaren zu den „gestatteten" gehören, oder nicht, wird gleichgültig, da das stehende Gewerbe in Ansehung der Waaren denselben Beschränkungen, wie das Hausir-Gewerbe nicht unterworfen ist. —

Ausn. des § 4 H.R. Verkehr mit Wochenmarkts-Gegenständen und Verkehr mit selbstgewonnenen Produkten zu Schiffe.

52. Eine zweite Ausnahme von der Regel der allgemeinen Gewerbesteuer-Pflichtigkeit macht § 4 H.R. Er zerfällt in zwei Theile, von welchen der erstere sich auf den Handel (Verkauf) mit selbstgewonnenen oder selbstverfertigten Wochenmarkts-Gegenständen, der andere auf den Verkehr mit solchen selbstgewonnenen Waaren bezieht, die gewöhnlich zu Schiffe verfahren zu werden pflegen. Jener Handel wird nur für die Umgegend des Wohnorts, dieser dagegen ohne jede lokale Beschränkung von der Gewerbescheinpflicht befreit. Dagegen hört die Steuerfreiheit in beiden Fällen wieder auf, 1. sobald die betreffenden Waaren nicht selbstgewonnene oder selbstverfertigte, sondern aufgekaufte sind. — Erk. des Ob.Trib. vom 9. März 1863 J.M.Bl. S. 113 — oder 2. wenn der Gewerbtreibende kein Inländer, d. h. kein Angehöriger des Preußischen Staates ist.

Es beruht diese Ausnahme einerseits auf der Geringfügigkeit des Werthes der Verkehrs-Gegenstände, andererseits auf der Erwägung, durch die Erleichterung des Handels-Betriebes den täglichen Bedürfnissen des Publikums entgegenzukommen.

Von gleichen Gesichtspunkten geleitet, hat auch die B.G.O. den Verkehr mit derartigen Gegenständen erleichtert, indem sie im § 55 den Verkauf oder Ankauf roher Erzeugnisse der Land- und Forstwirthschaft, des Garten- und Obstbaues von der Legitimationsscheins-Verpflichtung ganz ausnimmt und im § 58 den Aufkauf und Verkauf selbstgewonnener Erzeugnisse der Jagd und des Fischfangs und den Verkauf selbstverfertigter Waaren, welche zu den Gegenständen des Wochenmarktverkehrs gehören, sobald er auf eine bestimmte Umgegend des Wohnorts des Gewerbtreibenden beschränkt ist, an den Besitz eines Legitimationsscheins II. Klasse bindet. (Ueber den Unterschied des Legitimationsscheins I. und II. Klasse, cf. Kap. II. Nr. 6).

53. Diese Ausnahms-Bestimmungen beider Gesetzgebungen decken sich nicht vollständig, und gedenkt z. B. die B.G.O. der zweiten Ausnahme des H.R., betreffend den Verkehr mit Waaren, welche gewöhnlich „zu Schiffe verfahren zu werden pflegen", gar nicht. Es kann daher nicht als Regel aufgestellt werden, daß mit der Legitimationsscheinsfreiheit oder mit der Verpflichtung der Führung eines Legitimationsscheins II. Klasse stets auch die Gewerbescheinfreiheit verbunden sei: es bedarf vielmehr einer genaueren Unterscheidung beider Gesetzgebungen, bei welcher der Satz maßgebend bleiben muß, daß „auch in denjenigen Fällen, in welchen durch die Bundes-Gewerbe-Ordnung früher geltende gewerbepolizeiliche Beschränkungen aufgehoben worden sind, doch die Steuerfreiheit oder Steuerpflichtigkeit des Gewerbes, wenn sie vorhanden war, bestehen geblieben ist, und daß die Bundes-Gewerbe-Ordnung auch in solchen Fällen an der Steuerpflichtigkeit nichts geändert hat". — Erk. des Ob.Trib. v. 18. Nov. 1870 — Opp., Rechtspr. B. 11 S. 558.

H.R. 54. Die Voraussetzungen, durch welche im ersten Ausnahmefall des H.R. die Gewerbescheinfreiheit bedingt wird, sind folgende vier:

a) der Gegenstand des Gewerbebetriebes muß zu denjenigen Produkten und Waaren gehören, die Jedermann auf Wochenmärkten feil halten darf, und muß vom Gewerbtreibenden selbst gewonnen oder selbst gefertigt sein;
b) der Verkehrsbezirk darf nicht über einen, von der Kreis-Polizei-Behörde näher zu bestimmenden Umkreis des Wohnorts hinausgehen;
c) der Gewerbtreibende muß den Gegenstand zum feilen Verkauf umhertragen oder schicken;
d) der Gewerbtreibende muß ein Inländer d. h. ein Angehöriger des Preußischen Staats sein.

55. ad a. Welche Sachen zu den Wochenmarkts-Gegenständen gehören, soll nach der Vorschrift des H.R. aus § 14, Nr. 1 ibid. entschieden werden. Die Min.-Instruktion zur B.G.O. vom 4. Sept. 1869 ordnet an, daß auch hier die Bestimmung der B.G.O. im § 66 maßgebend sein solle. Allein beide Gesetze stimmen nicht genau mit einander überein (cf. Nr. 13 oben); das erstere erscheint von weiterem Umfange, als das letztere. Eine Vergleichung beider ergiebt in dieser Beziehung, daß das H.R. zu den Wochenmarkts-Gegenständen zählt: Theer, Pech, Kienruß, Besen und ähnliche Gegenstände, welche nicht unbedingt zu den-

jenigen im § 66 sub 2 B.G.O. gedachten Fabrikaten gerechnet werden können, deren Erzeugung mit der Land- und Forstwirthschaft, dem Garten- und Obstbau oder der Fischerei in unmittelbarer Verbindung steht, oder zu den Nebenbeschäftigungen der Landleute der Gegend gehört, oder durch Tagelöhnerarbeit bewirkt wird.

Wenn daher auch im Allgemeinen die Begriffsbestimmung der B.G.O. genügt, wird doch in den betr. zweifelhaften Fällen auf die Vorschrift des § 14 Nr. 1 H.R. zurückzugehen und diese für die maßgebende Behufs Festsetzung der Steuerfreiheit zu erachten sein. —

56. Zu den „rohen Naturerzeugnissen" (Nr. 1 des § 66) gehören auch die wild wachsenden Beeren und Früchte. Sind diese von dem Verkäufer selbst gesammelt, so ist ihr Verkauf innerhalb des Umkreises des Wohnorts des Verkäufers gewerbescheinfrei. cf. Min.-Rescr. v. 7. Febr. 1828 — Schimmelfennig S. 579, Nr. 363. —

57. Wenn auch nach § 6 des Gewerbesteuer-Gesetzes v. 30. Mai 1820 derjenige als Viktualienhändler zu besteuern ist, der das Obst eines Gartens, einer Allee, Plantage u. dgl. zum Gewerbsbetriebe pachtet und gewerbsweise Vieh von erkauftem Futter unterhält, um mit der Milch zu handeln, so bleiben doch in diesem Falle die Milch, in jenem das Obst selbstgewonnene Produkte, für deren Absatz im Umherziehen innerhalb des bestimmten Umkreises ein Gewerbeschein nicht erforderlich ist. Min.-Reskr. v. 4. Januar 1825 — Hoffmann S. 32. —

58. Unter „selbstgewonnenen Produkten des Bodens" sind nicht blos die zu verstehen, welche der Eigenthümer vermöge seines Eigenthumsrechts unmittelbar dem Boden entnimmt, sondern auch die, welche vermöge einer Berechtigung zur Benutzung des Bodens und seiner Produkte der Berechtigte an der Stelle des Eigenthümers unmittelbar sich anzueignen befugt ist. Erk. des Ob.Trib. vom 10. Februar 1840 — Hartmann S. 125. —

59. Ob Backwaaren zu den von den Bäckern selbstverfertigten Waaren gehören, welche auf die Vergünstigung des § 4 H.R. Anspruch haben, richtet sich darnach, ob in der betreffenden Gegend diese Waaren Gegenstand des gewerbsteuer (also nicht auch mahlsteuer) -freien Wochenmarktverkehrs sind. —

60. Trockne Mühlenfabrikate können Landleute (nicht Müller) zwar gemäß § 1 H.R. auf Wochenmärkten steuerfrei feil bieten, nicht aber im Umherziehen verkaufen, weil sie, wenn auch den Stoff selbst gewonnen, doch das Fabrikat nicht selbst gefertigt, sonach keinen Anspruch auf die Ausnahme des § 4 H.R. haben. Min.-Reskr. v. 18. Mai 1825 — Hoffmann S. 30.

61. ad b. Aus der Vorschrift, daß die Kreis-Polizeibehörden den Umkreis näher zu bestimmen ermächtigt sein sollten, haben verschiedene

Min.-Reskripte vom 14. August 1827 — 22. Juli 1830 und 19. October 1837 — Hoffmann S. 28—31 — gefolgert, daß überhaupt zum Betriebe dieses gewerbscheinfreien Handels eine polizeiliche Genehmigung erforderlich sei, und hat das Ob.Trib. dieser Schlußfolgerung sich angeschlossen und in dem Erk. v. 27. Januar 1859 — G.A. B. 7 S. 532 — ausgeführt, daß der Gewerbebetrieb ohne solche Genehmigung der Strafe des § 30 H.R. verfallen sei.

Das Erforderniß einer derartigen polizeilichen Genehmigung ist durch die B.G.O. beseitigt und wird theils durch einen Legitimationsschein II. Klasse vertreten, theils bedarf der Gewerbebetrieb gar keiner Genehmigung.

62. Durch die Min.-Resk. vom 19. Januar 1828 und 22. Juli 1830 — Hoffmann S. 29 u. 30 — ist angeordnet worden, daß bei der Bestimmung des Umfangs der Umgegend des Wohnorts die Kreis-Polizeibehörden eine zweimeilige Entfernung von dem Wohnorte des Gewerbtreibenden als äußerste Grenze annehmen sollten. Nach dem Min.-Reskr. vom 25. August 1842 — Schimmelfennig S. 598 Str. 398 — soll der zweimeilige Umkreis auch dann als Umgegend des Wohnorts angesehen werden, selbst wenn er Theile verschiedener Kreise und Regierungsbezirke in sich begreift.

63. ad c. Das im § 4 H.R. auch ohne Gewerbeschein gestattete „Umhertragen" oder „Schicken" selbstverfertigter Waaren zum feilen Verkauf in der Umgegend des Wohnorts ist auf ein durch die eigene Körperkraft des Gewerbtreibenden oder seiner Hausgenossen bewirktes Tragen zu beschränken und daher auf ein Umherfahren nicht auszudehnen. Erk. des Ob.Trib. vom 9. März 1863 — Opp.,Rechtspr. B. 3 S. 331 — Entsch. B. 49 S. 49 — J.M.Bl. S. 111 — Der Satz wird gerechtfertigt durch die Hinweisung auf die Verschiedenheit der Ausdrücke in den §§ 1 und 2 „Herumführen", „Bringen", „Versenden", welche alle von weiterem Inhalt seien als der Ausdruck „Herumtragen"; durch die weitere Deduktion, daß unter dem „Schicken" nach dem Zusammenhange, Zwecke und Grunde des Gesetzes auch nur ein durch persönliche Körperkraft einer Mittelsperson, bei deren Auswahl der Gewerbtreibende nicht auf seine Hausgenossen beschränkt ist, stattfindendes Umhertragenlassen verstanden werden könne; und endlich durch die Heranziehung der Min.-Reskr. v. 31. Mai 1824 und v. 17. Decemb. 1825 — v. Kamptz Annalen-B. 8 S. 587 und B. 8 S. 1024, in welchen ausgesprochen wird, daß der § 4 nur von einem kleineren Verkehr zu verstehen sei, bei welchem der Transport nicht durch Fuhrwerk erfolge.

Es wird also durch den Gebrauch eines Fuhrwerks, auf dessen Bespannung es nicht ankommt, die Gewerbscheinfreiheit des Betriebes ausgeschlossen. Dieselbe Auffassung und Auslegung des Gesetzes hat auch das Min.-Reskr. v. 19. Juli 1846 — Schimmelfennig S. 604 S. 404.

64. Ebendasselbe gilt auch von dem Umhertragen oder Schicken selbstgewonnener Produkte, welche Jedermann auf Wochenmärkten feil bieten darf. Sie dürfen im zweimeiligen Umkreise des Wohnorts zum feilen (unbestellten) Verkauf umhergetragen, nicht aber umhergefahren werden. Erk. des Ob.Trib. v. 12. April 1861 — Opp., Rechtspr. B. 1 S. 340 — v. 9. Mai 1866 — ebend B. 7 S. 283. —

65. Der § 4 des H.R. gedenkt nur des Umhertragens oder Schickens zum feilen Verkaufe, nicht auch des Ankaufs, welcher in den Bestimmungen der §§ 3 und 5 dem Verkaufe gleich gestellt wird. Es ist daher durch das Min.-Reskr. vom 19. Januar 1828 angeordnet, daß auch der Ankauf innerhalb der Umgegend des Wohnorts Inländern unter den im § 4 festgesetzten Gränzen gestattet werden könne, ohne daß sie dazu einen Gewerbeschein zu lösen haben. — Hoffmann S. 29. —

66. ad d. Zu den „Inländern" gehören nur die Angehörigen des Preuß. Staates, und hat auf die Auslegung dieses Begriffs hier die neue Gestaltung des Staatsrechts keinen Einfluß ausgeübt, weil es sich um eine ausnahmsweise bewilligte Steuerfreiheit handelt und die das Steuerinteresse behandelnden Fragen nicht Gegenstand einer gemeinsamen Gesetzgebung geworden, vielmehr dem Landesrecht vorbehalten geblieben sind. Es ist mithin nicht zulässig, an den Ausdruck „Inländer" denjenigen Begriff anzulegen, welchen die Verfassungs-Urkunde theils des Norddeutschen Bundes, theils des Deutschen Reichs bieten.

67. Als Bedingungen völliger Legitimationsscheinfreiheit stellt der B.G.O.
§ 55 der B.G.O. folgende auf:

a) der Gegenstand des Verkehrs muß zu den rohen Erzeugnissen der Land- und Forstwirthschaft, des Garten- und Obstbaues gehören;
b) der Verkehr kann sowohl im Verkauf wie im Ankauf bestehen;
c) der Gewerbtreibende muß ein Inländer, d. h. ein Angehöriger eines derjenigen deutschen Bundesstaaten sein, in welchen die BGO. als Reichsgesetz gilt

Es ist also diese Ausnahme der Legitimationsscheinpflicht nicht, wie die der Gewerbscheinpflicht, ausgedehnt auf alle Wochenmarktsgegenstände, vielmehr aus ihnen nur ein kleiner Theil der sub Nr. 1 des § 66 gedachten rohen Naturerzeugnisse derartig herausgegriffen, daß z. B. der Verkehr mit wildwachsenden Beeren, Pilzen, Kräutern u. s. w. nicht zu ihm gehört; sie ist dagegen andererseits nicht auf die Selbstgewinnung beschränkt, unterscheidet vielmehr nicht zwischen selbstgewonnenen und aufgekauften Gegenständen. — In Ansehung des Verkehrsbezirks und der Art der Ausübung des Gewerbebetriebes sind die Schranken fortgefallen, welche die Gewerbscheinfreiheit voraussetzt, und im Betreff der Person des Gewerbetreibenden entspricht der Begriff „Inländer" nicht sowohl dem Landes- als dem Bundesrecht.

Es gehen mithin die Requisite der Legitimationsschein- und der Gewerbescheinfreiheit weit auseinander, und ist die Folge dieses Unterschiedes, daß in vielen Fällen der Gewerbebetrieb zwar nicht des Legitimationsscheins, wohl aber des Gewerbescheins bedarf.

68. Die Voraussetzungen, unter welchen für den Gewerbebetrieb im Umherziehen ein Legitimationsschein II. Klasse genügt, sind nach § 58:

a) der Gegenstand muß zu denen des Wochenmarktverkehrs gehören (auch Erzeugnisse der Jagd und des Fischfangs sind rohe Naturerzeugnisse § 66 Nr. 1) und muß selbstgewonnen oder selbstverfertigt sein, also nicht aufgekauft;

b) der Verkehrsbezirk ist nur für die Erzeugnisse der Jagd und des Fischfangs unbeschränkt, im Uebrigen aber an die von der Polizeibehörde näher zu bestimmende Umgegend des Wohnorts gebunden, eine Umgegend, welche durch die Min.-Instruktion zum Tit. III. der B.G.O. für Preußen auf einen zweimeiligen Umkreis als Maximum festgesetzt worden ist;

c) bei den Erzeugnissen der Jagd und des Fischfangs ist sowohl der Aufkauf, wie der Verkauf, bei den übrigen Gegenständen nur der Verkauf ohne Beschränkuug auf eine bestimmte Art des Gewerbebetriebes gestattet, kann also auch unter Benutzung eines Fuhrwerks ausgeübt werden;

d) der Gewerbtreibende muß ein Inländer d. h. hier der Angehörige eines derjenigen deutschen Bundesländer sein, in welchen die B.G.O. als Reichsgesetz gilt.

Wiewohl diese Voraussetzungen sich denen nähern, welche nach dem H.R. die Steuerfreiheit bedingen, sind sie ihnen doch nicht völlig gleich. —

H.R., betreffend den Verkehr zu Schiffe.

69. Zu diesen Verschiedenheiten der beiden Gesetzgebungen tritt noch der im § 4 H.R. gedachte weitere Fall einer Gewerbescheinfreiheit dessen die B.G.O. gar nicht gedenkt, nämlich der Verkehr mit solchen selbstgewonnenen Waaren, welche gewöhnlich zu Schiffe verfahren und vom Schiffe aus verkauft zu werden pflegen. — Diese Waaren dürfen ohne Gewerbeschein nicht blos in der Umgegend des Wohnorts, sondern überall verkauft werden. Jedoch steht eine solche Befugniß blos den Inländern d. h. den Angehörigen des Preuß. Staates zu. Erk. des Ob.Trib. v. 23. November 1866 — Opp., Rechtspr. B. 7 S. 662.

70. Aus dem Schlußsatz des § 4 H.R. und der dort enthaltenen Hinweisung auf den § 2 ibid. darf nicht gefolgert werden, daß der Handel, welcher vom Schiffe aus zu geschehen pflegt, erst dann als ein Gewerbebetrieb im Umherziehen anzusehen ist, wenn die Waaren nicht selbst gewonnene, sondern zum Zwecke des Handels aufgekaufte sind. Vielmehr ist dieser Handel seinem Wesen nach ein Hausirhandel, und wird durch den Schlußsatz nur angeordnet, daß in dem dort gedachten

Falle die ausnahmsweise gewährte Steuerfreiheit fortfallen solle. Andernfalls würde ein derartiger Handel mit selbstgewonnenen Waaren auch für den Ausländer nicht gewerbescheinpflichtig sein. Erk. des Ob.Trib. v. 9. März 1863 — J.M.Bl. S. 115. —

71. Da nun beide Gesetzgebungen, die des Bundes und die Preußens, nebeneinander bestehen, jene für die gewerbepolizeiliche, diese für die gewerbesteuerliche Seite des Gewerbebetriebes im Umherziehen maßgebend ist, so steht die Sache jetzt so: *Resultat beider Gesetze und jetziger Stand des Gewerbebetriebs.*

I. In Ansehung der Angehörigen des Preußischen Staates:

1) Der im Umherziehen betriebene Verkauf und Ankauf (cf. oben No. 65) roher Erzeugnisse der Land- und Forstwirthschaft, des Garten- und des Obstbaues ist nur dann gewerbescheinfrei, wenn der Betrieb a) nicht über einen zweimeiligen Umkreis des Wohnorts des Gewerbtreibenden hinausgeht, b) nur selbstgewonnene Erzeugnisse zum Gegenstand hat, c) auf eigener Körperkraft des Gewerbtreibenden beruht, also ohne Benutzung eines Fuhrwerks erfolgt. Fehlt eine dieser drei Bedingungen, so tritt die Steuerpflichtigkeit ein, während im anderen Falle eine den Umfang des Betriebsbezirks festsetzende, an sonstige Bedingungen jedoch nicht geknüpfte Genehmigung der Kreis-Polizeibehörde genügt.

Da die B.G.O. dieser Art des Gewerbebetriebs irgend welche Beschränkungen nicht auferlegt, und deshalb auch die nur zur Feststellung des Bezirksbetriebes erforderliche polizeiliche Genehmigung nicht beseitigt hat, so bedarf es weiterer Bedingungen zur Ausübung des Gewerbes nicht. Der Mangel des Gewerbescheins, wo er erforderlich, enthält einer Hinterziehung der Steuer und zieht daher die Strafe des § 26 H.R. nach sich, wogegen der Mangel der polizeilichen Genehmigung durch die Strafe des § 30 ibid. geahndet wird.

2) Der Aufkauf und Verkauf der Erzeugnisse der Jagd und Fischerei ist steuerfrei, wenn a) es sich um selbstgewonnene handelt, b) der Betrieb nicht über den zweimeiligen Umkreis hinausgeht, c) er ohne Benutzung eines Fuhrwerks betrieben wird. Fehlt eine dieser Bedingungen, so tritt die Steuerpflicht ein. Nach der B.G.O. bedarf er eines Legitimationsscheins II. Klasse, wenn die Erzeugnisse selbstgewonnene sind, andernfalls eines solchen I. Klasse. Die Bedingungen ad b und c des H.R. sind nicht berücksichtigt.

Ist also der Gewerbebetrieb steuerfrei, so ist dennoch ein Legitimationsschein II. Klasse erforderlich; ist er nicht steuerfrei, so muß zu dem Gewerbeschein noch ein Legitimationsschein II. Klasse treten, wenn der Handel zwar selbstgewonnene Erzeugnisse zum

Gegenstand hat, der Betrieb aber über den zweimeiligen Umkreis hinausgeht, oder mit einem Fuhrwerk geschieht; sind dagegen die Erzeugnisse nicht selbstgewonnene, so muß der Gewerbeschein mit einem Legitimationsschein I. Klasse verbunden werden.

Zur Vereinfachung dieser Sachlage hat die zur Ausführung des Tit. III. der B.G.O. erschienene Min.-Instruktion angeordnet, daß für die Zukunft der An- und Verkauf selbstgewonnener Erzeugnisse der Jagd und des Fischfangs im Umherziehen ohne jede Beschränkung steuerfrei*) zu gestatten sei, so daß zur Zeit nur zu unterscheiden ist, ob der Gewerbebetrieb selbstgewonnene Erzeugnisse betrifft, oder nicht; im ersteren Falle ist nur ein Legitimationsschein II. Klasse, im andern ein Gewerbeschein und ein Legitimationsschein I. Klasse erforderlich; in jenem Falle verfällt der Zuwiderhandelnde in die Strafe des § 148 No. 7 der B.G.O., in diesem in die des § 26 H.R.

3) Der Verkauf selbstgewonnener, resp. selbstverfertigter Wochenmarkts-Gegenstände ist innerhalb des zweimeiligen Umkreises steuerfrei, wenn nicht zum Betriebe des Gewerbes ein Fuhrwerk benutzt wird. Das Gleiche gilt vom Ankauf (cf. oben No. 65). An den Besitz eines Legitimationsscheins II. Klasse ist der Verkauf solcher Gegenstände gebunden, wenn er im zweimeiligen Umkreise erfolgt, nicht auch der Ankauf, der im Falle der Gewerbsmäßigkeit eines Legitimationsscheins I. Klasse bedarf.

Beruht sonach der Gewerbebetrieb auf den drei Bedingungen a) der selbstgewonnenen 2c. Erzeugnisse, b) des auf einen zweimeiligen Umkreis beschränkten Betriebsbezirks, c) der Ausführung ohne Benutzung eines Fuhrwerks, so bedarf der Verkauf nur eines Legitimationsscheins II. Klasse, der Ankauf eines solchen I. Klasse; fehlt eine dieser drei Bedingungen, so ist ein Gewerbeschein erforderlich, der mit einem Legitimationsschein II. Klasse**) konkurrirt, wenn nur die Bedingung ad c wegfällt, in allen übrigen Fällen aber mit einem Legitimationsschein I. Klasse verbunden wird. Auch hier hat der Vereinfachung wegen die Min.-Instr.

*) Die Berechtigung des Ministers, auf die Gewerbscheinpflichtigkeit dieser Art des Gewerbetriebs zu verzichten, beruht auf § 7 des Regulativs v. 4. December 1836.

**) Die Minist.-Instruktion zum Tit. III. der B.G.O. hält das Zusammentreffen eines Gewerbe- und eines Legitimationsscheins II. Klasse nicht für möglich, scheint aber dabei die Bedingung zu übersehen, welche das H.R. der Steuerfreiheit setzt, daß der Verkehr nur im Herumtragen stattfinden darf.

zum Titel III. der B.G.O. auf die Steuerpflichtigkeit des mittelst Fuhrwerks ausgeübten Gewerbebetriebes verzichtet, so daß bei dem Erforderniß eines Legitimationsscheins II. Klasse ein Gewerbeschein nicht mehr nöthig ist. —

4) Steuerfrei ist der Verkauf solcher selbstgewonnenen Waaren, welche zu Schiffe verfahren und vom Schiffe aus verkauft zu werden pflegen.

Da die B.G.O. dieses Verkehrs nicht gedenkt, so kommt es darauf an, ob im Einzelfalle die Waaren zu denjenigen gehören, deren Verkauf legitimationsscheinfrei ist, oder ob er eines Legitimationsscheines bedarf. Da jedoch die Legitimationsscheinfreiheit nicht blos, wie der § 4 des H.R. selbstgewonnene, sondern auch aufgekaufte Waaren umfaßt, so ist der Verkehr im Umherziehen mit den zu Schiffe verfahrenen Waaren:

a) steuer- und legitimationsscheinfrei, wenn die Waaren selbstgewonnene rohe Erzeugnisse der Land- und Forstwirthschaft, des Garten- und Obstbaues sind;

b) steuerpflichtig, aber legitimationsscheinfrei, wenn diese Erzeugnisse nicht selbstgewonnen, sondern aufgekauft sind;

c) steuerfrei, aber legitimationsscheinpflichtig, wenn jene Waaren zu einer andern, im § 4 H.R. gestatteten Kategorie gehören, ohne unter den Begriff der Erzeugnisse der Land- und Forstwirthschaft, des Garten- und Obstbaues zu fallen;

d) steuer- und legitimationsscheinpflichtig, wenn die ad c. gedachten Waaren nicht selbstgewonnen, sondern aufgekauft sind.

Ueberall da, wo ein Gewerbeschein erforderlich ist, zieht das Fehlen desselben die Steuerstrafe des § 26 H.R. nach sich, während bei bloßer Legitimationsscheinpflichtigkeit des Gewerbebetriebs der Mangel dieses Scheins durch die in der B.G.O. augedrohte Strafe gerügt wird.

II. In Ansehung der Angehörigen derjenigen deutschen Bundesstaaten, in welchen die B.G.O. als Reichsgesetz gilt.

Da die Ausnahme des § 4 H.R. nur den Angehörigen des preuß. Staates das Recht auf Steuerfreiheit gewährt, bei den Angehörigen jedes anderen Staates aber die allgemeine Regel des § 7 H.R., daß kein Gewerbe im Umherziehen ohne einen Gewerbeschein betrieben werden darf, in Kraft tritt, für die Angehörigen der Staaten des früheren nordd. Bundes und Hessens außerdem die Legitimationsscheinpflicht angeordnet ist, so wird der Verkehr im Umherziehen

a) gewerbescheinpflichtig und legitimationsscheinfrei, wenn er rohe Erzeugnisse der Land- und Forstwirthschaft, des Garten- und Obstbaues zum Gegenstande hat und zwar ohne Rücksicht darauf, ob die Erzeugnisse selbstgewonnene sind oder nicht, und ob der Betriebsbezirk groß oder innerhalb eines zweimeiligen Umkreises vom Wohnorte das Gebiet des preuß. Staates berührt;

b) gewerbe= und legitimationsscheinpflichtig, wenn er andere Waaren zum Gegenstande hat; ob der Legitimationsschein ein solcher I. oder nur II. Klasse sein muß, richtet sich darnach, ob die Waaren zu den im §. 58 sub Nr. 1 und 2 B.G.O. gedachten gehören oder nicht.

III. In Ansehung der Ausländer, zu denen auch die Angehörigen derjenigen deutschen Bundesstaaten gehören, in welchen die B.G.O. nicht Geltung hat (also Bayern, Württemberg und Baden).

Für sie gilt weder die Ausnahme des § 4 HR. noch die Legitimationsscheinpflicht der B.G.O. — Sie bedürfen daher zum Betriebe des Gewerbes im Umherziehen, auch wenn dasselbe die im H.R. von der Steuerpflicht und im § 55 der B.G.O. von der Legitimationsscheinpflicht befreiten Gegenstände umfaßt, dennoch stets des Gewerbescheins.

Zweite Art des Betriebs: **Ankauf von Waaren und Aufsuchen von Waaren=Bestellungen.** B.G.O. § 55 Nr. 2 und 3 H.R. § 5.

Im Allgemeinen. 72. Die beiden Formen, in welchen diese Art des Gewerbebetriebes im Umherziehen auftritt, werden von der B.G.O., wie dem H.R. in gleicher Weise dahin charakterisirt, daß

1) das Aufkaufen von Waaren irgend einer Art zum Wiederverkauf stattgehabt haben müsse in Privathäusern und Gasthöfen oder auf offener Straße (H.R.), daß also der Ankauf derselben bei Kaufleuten oder in offenen Verkaufslokalen (B.G.O.) nicht als ein Gewerbebetrieb im Umherziehen angesehen werden soll;

2) das Suchen von Waarenbestellungen in jeder Form und an jedem Orte als ein solcher Gewerbebetrieb gilt.

Es ist also im Allgemeinen mit Ausschluß der unter sub Nr. 80 ff. gedachten Ausnahmen diese Art des Betriebes an den Besitz sowohl eines Gewerbescheines, wie eines Legitimationsscheins I. Klasse gebunden. —

73. In Ansehung des Aufsuchens von Waaren=Bestellungen hat jedoch die Allerh. Kab.Ord. vom 8. December 1843 — G.S. pro 1844 S. 15 — eine erhebliche Beschränkung eingeführt, indem sie bestimmt hat,

1) daß Waarenbestellungen auch auf Grund nachgesuchter und ertheilter Gewerbescheine nur bei Gewerbtreibenden gesucht werden dürfen und zwar bei Handeltreibenden ohne Beschränkung, bei anderen Gewerbtreibenden aber, sie mögen Gegenstände ihres Gewerbes verkaufen oder nicht, nur auf solche Sachen, welche zu dem von ihnen ausgeübten Gewerbe als Fabrikmaterialien, Werkzeuge oder sonst in Beziehung stehen;

2) daß Bestellungen auf Wein von dieser Beschränkung befreit sein sollen;

3) daß der Behufs Aufkaufs von Waaren zum Wiederverkauf oder Behufs Aufsuchens von Waarenbestellungen Umherreisende trotz des Besitzes eines Gewerbescheins nur Proben oder Muster, nicht aber Waaren irgend einer Art mit sich führen dürfe;

4) daß den diesen Vorschriften Zuwiderhandelnden eine Geldstrafe von achtundvierzig Thalern und Konfiskation der betreffenden Gegenstände treffen soll.

74. In Auslegung dieser Vorschriften hat das Erk. des Ob.Trib. v. 28. Juni 1867 — Opp., Rechtspr. B. 8 S. 430 — den Satz aufgestellt, daß das im Umherziehen betriebene Aufsuchen von Waaren-Bestellungen bei **Kaufleuten** nicht gewerbescheinpflichtig und deshalb, wenn ohne Gewerbeschein betrieben, deshalb noch nicht straffällig sei. — Der Satz kann als richtig **nicht** anerkannt werden. Er beruht auf der Erwägung, daß die Worte des § 5 H.R. „in Privathäusern und Gasthöfen, oder auf offener Straße" nicht blos auf den Waarenankauf, sondern auch auf das Aufsuchen von Waarenbestellungen zu beziehen sei, und daß die K.O. vom 8. December 1843 dieser Auffassung nicht entgegenstehe; denn schon **vor** ihrem Erscheinen habe der Thatbestand einer Hausir-Defraudation vorgelegen, wenn Jemand ohne Gewerbeschein bei andern Personen als Handeltreibenden oder solchen Gewerbtreibenden Waarenbestellungen gesucht, deren Gewerbe mit der Bestellung in keiner Beziehung gestanden: dieses in Betreff der mit Gewerbescheinen nicht versehenen Personen schon bestehende Verbot habe die K.O. auch auf diejenigen ausgedehnt, welche einen Gewerbeschein besitzen, ohne für die anderen etwas Neues anzuordnen. —

Diese Auslegung sowohl des § 5 H.R., wie der K.O. v. 8. Dec. 1843 ist eine gezwungene. Der § 5 H.R. faßt zwei verschiedene Vorschriften zusammen, nämlich in Ansehung des Waaren-Ankaufs die des § 137 Gesetzes v. 7. September 1811 und in Ansehung des Aufsuchens von Waarenbestellungen die des § 21a des Gewerbesteuer-Gesetzes vom 30. Mai 1820; die erstere enthält den beschränkenden Zusatz, die andere dagegen lautet dahin, daß Personen, welche von Ort zu Ort umherreisen, um Waarenbestellungen zu suchen, mit einem Gewerbeschein versehen sein müssen, nimmt also auf den § 137 cit. in keiner Weise Bezug. Hätte der § 5 H.R. bei der Reproduktion dieser Bestimmungen eine so schwer wiegende Aenderung treffen wollen, so hätte es bei der letzteren Vorschrift irgend eines Zusatzes bedurft, durch welchen die Bezugnahme auf jene Beschränkung angedeutet wurde. — Eine Heranziehung des § 1 H.R., nach welchem der im Umherziehen betriebene Waaren-Verkauf kein Hausir-Gewerbe im Sinne des Gesetzes ist, sobald er **nur** bei Kaufleuten gesucht wird, erscheint nicht gestattet, weil das H.R. das Aufsuchen von Waaren=Bestellungen nicht als eine Anbahnung resp. Vorbereitung jener Verkaufs=Geschäfte, sondern als eine Art des Ankaufs resp. Sammeln's ansieht und nicht im § 1, sondern § 5 behandelt. — Die K.O. vom 8. December 1843 endlich zieht dem Gewerbebetrieb die Schranke, daß er nur bei Gewerbtreibenden, nicht also in Privathäusern und Gasthöfen oder auf offener Straße, ausgeübt werden darf, und unterwirft dieser Schranke auch (sogar) diejenigen, welche zum Zweck des Aufsuchens von Waaren=Bestellungen einen Gewerbeschein besitzen. Es soll also der Besitz des Gewerbescheins keine Ausnahme begründen. Demgemäß existirt ein gesetzlich zulässiger Gewerbebetrieb im Umherziehen, soweit er das Aufsuchen von Waaren=Bestellungen betrifft, überhaupt nur in dem von der K.O. gebotenen Umfange, daß nämlich die Bestellungen nur bei Gewerbtreibenden gesucht werden dürfen. Jede Ueberschreitung dieser Gränze wird strafbar.

Wäre nun die Ausführung des Erkenntnisses vom 28. Juni 1867 richtig, fiele also diese Art des Gewerbebetriebes, sobald die Waaren=Bestellungen bei Gewerbtreibenden gesucht werden, gar nicht unter den Begriff des Hausir=Gewerbes, so würde einerseits die Vorschrift der K.O. vom 8. December 1843, da sie das Suchen von Waaren=Bestellungen bei jeder anderen Person verbietet und mit Strafe bedroht, überhaupt diese ganze Art des Gewerbebetriebes als unstatthaft untersagen, andererseits aber dabei von der Voraussetzung ausgehen, daß trotz der Unstatthaftigkeit dennoch Gewerbescheine für den Betrieb gelöst und ertheilt werden dürfen. —

Aus allen diesen Erwägungen ergiebt sich der entgegengesetzte Satz, daß das im Umherziehen betriebene Aufsuchen von Waaren=Bestellungen, trotzdem es nur bei Gewerbtreibenden stattfinden darf, dennoch zum Hausir=Gewerbe gehört und gewerbescheinpflichtig ist, ein Satz, welchen auch die zur B.G.O. ergangene Min.Verf. vom 4. September 1869 als richtig annimmt.

75. Es ist nicht erforderlich, daß diese Art des Hausirens (Aufkauf zum Wiederverkauf und Aufsuchung von Waaren=Bestellungen) als ein dauerndes Gewerbe betrieben werde; es genügt überhaupt ein gewerbsmäßiges, d. h. ein auf Gewinn gerichtetes Handeln. Unter dieser Voraussetzung kann auch ein einziger festgestellter Fall zur Anwendung der Strafe ausreichend sein. Erk. des Ob.Trib. v. 30. September 1864 — Opp., Rechtspr. B. 5 S. 141. —

76. Zum Begriff des Hausir=Gewerbes gehört ein Umherziehen; ein solches kann zwar auch da angenommen werden, wo nur ein einziger Fall der Aufforderung zu einer Waaren=Bestellung vorliegt, dann aber muß die Reise an den betreffenden Ort zum Zwecke dieser Aufforderung

gemacht sein. Wo dies nicht geschehen, die Aufforderung vielmehr nur gelegentlich bei einer anderweiten Anwesenheit an einem fremden Orte erfolgte, kann der Thatbestand eines Gewerbebetriebes im Umherziehen nicht angenommen werden. Erk. des Ob.Trib. v. 21. März 1861. — Opp., Rechtspr. B. 1 S. 309. — Ebensowenig dann, wenn das Aufsuchen von Waaren-Bestellungen im Wohnorte und im Polizeibezirke des Wohnorts des Gewerbtreibenden geschieht. Erk. des Ob.Trib. vom 3. Mai 1860 — Hartmann S. 127. —

77. Wer durch einen Gewerbeschein die Befugniß erlangt hat, Waaren-Bestellungen zu suchen, ist nicht berechtigt, Privatpersonen mündlich oder schriftlich oder durch gedruckte Anzeigen, Karten, durch Boten u. s. w. direkt oder indirekt einzuladen, bei ihm an einem Orte außerhalb seines Wohnorts Waaren-Bestellungen zu machen, und solche Bestellungen an jenem Orte in Gasthöfen, Privatgelassen oder sonst wo entgegen zu nehmen. Min.Reskr. v. 5. April 1844 — Schimmelfennig S. 335. —

78. Das Sammeln von Subskribenten auf Schriften oder Kunstwerke, wenn es mittelst Umherreisens zu diesem Zwecke geschieht, ist nach der Bestimmung im § 5 H.R. als ein gewerbesteuerpflichtiges Geschäft anzusehen, und darf nur auf Grund eines besonderen Gewerbescheins betrieben werden. Allerh. Kab.Ord. v. 9. März 1835 — Schimmelfennig S. 312. — Dieses Sammeln ist sonach als ein Aufsuchen von Waaren-Bestellungen zu betrachten, unterliegt den Beschränkungen der K.O. vom 8. December 1843 und ist gewerbscheinpflichtig. Dies gilt auch dann, wenn das zur Subskription gestellte Werk erst noch herausgegeben werden soll. Denn das zum Verkauf bestimmte schriftstellerische Werk ist ein Gegenstand des Handels; daß dasselbe zur Zeit der Subskribenten-Sammlung noch nicht existirt, schließt die Anwendung des H.R. nicht aus, da der Sammler nicht als Schriftsteller zur Lösung des Gewerbescheins verpflichtet ist, sondern weil er ein gewerbescheinpflichtiges Mittel wählt, um sich den Absatz zu sichern. Der Umstand, daß ihm ein Gewerbeschein verweigert worden, würde ihn zur Unterlassung der Sammlung verpflichten, nicht aber zum steuerfreien Sammeln berechtigen. Erk. des Ob.Trib. v. 30. November 1855 — G.A. B. 4 S. 234. — v. 7. Mai 1864 — Opp., Rechtspr. B. 4 S. 502 — v. 26. September 1866 — ebend. B. 7 S. 496. —

79. Beim Ankauf von Waaren zum Wiederverkauf kann als ein „Umherreisen" auch der Besuch verschiedener Privathäuser an demselben (außerhalb des Wohnorts belegenen) Orte angesehen werden, nicht aber der Besuch verschiedener offener Läden, oder verschiedener Kaufleute, da der Ankauf bei diesen nicht steuerpflichtig ist. Erk. des Ob.Trib. v. 11. Mai 1865 — Opp., Rechtspr. B. 6. S. 110. — Ebenso ist es kein steuer-

pflichtiger Gewerbebetrieb im Umherziehen, wenn Jemand „umherreisend" Waaren zum Wiederverkauf bei Fabrikanten aufkauft, sollten diese auch keinen offenen Laden haben. Erk. des Ob.Trib. v. 16. November 1866 — Opp., Rechtspr. B. 7 S. 637. —

bei Kaufleuten als Gewerbtreibenden.

80. Eine besondere Gestaltung erhält diese Art des Gewerbebetriebes sowohl in gewerbesteuerlicher, wie gewerbepolizeilicher Beziehung, wenn der Gewerbtreibende ein Kaufmann ist. In Ansehung der Gewerbesteuer sind ergangen

a) die K.O. vom 12. Februar 1831 — G.S. S. 5 —, welche bestimmt, daß von Kaufleuten und den ihnen gleichstehenden Fabrikanten neben der Gewerbesteuer, welche sie nach dem Gesetz wegen Entrichtung der Gewerbesteuer vom 30. Mai 1820 für ihr kaufmännisches Gewerbe überhaupt entrichten, eine besondere Steuer für die Gewerbescheine künftig nicht erhoben werden soll, deren sie für ihre Person oder für die ausschließlich in ihrem Dienst stehenden Handlungsgehülfen bedürfen, wenn sie im Umherreisen Waaren-Bestellungen suchen oder zum Behuf des Wiederverkaufs Waaren aufkaufen, welche sie nicht mit sich führen, sondern frachtweise befördern lassen.

b) das Gesetz vom 19. Juli 1861, — G.S. S. 697 —, dessen § 20 im zweiten Absatz anordnet, daß die K.O. v. 12. Februar 1831 wegen Ertheilung steuerfreier Gewerbescheine an Kaufleute und Fabrikanten, zum Aufsuchen von Waaren-Bestellungen oder zum Ankauf frachtweise zu befördernder Waaren, fortan ohne Unterschied je nach der Veranlagung in der Handelsklasse A I oder A II (§ 2 Nr. 1 und 2 desselben Gesetzes) auf alle Kaufleute und Fabrikanten, hinsichtlich deren die übrigen vorgeschriebenen Erfordernisse vorhanden sind, und zwar mit der Maßgabe Anwendung finden solle, daß sofern die bei Berechnung von 12 Thlrn. für jeden ertheilten Gewerbeschein sich ergebende Summe die vom stehenden Gewerbe veranlagte Jahressteuer übersteigt, der überschießende Steuerbetrag erlegt werden müsse.

c) das Gesetz vom 13. September 1865 — G.S. S. 1031 —, welches unter Modifizirung der Vorschriften der K.O. v. 12. Febr. 1831 — v. 8. December 1843 Nr. 2 und § 20 Gesetzes v. 19. Juli 1861 gestattet, daß die Gewerbtreibenden und Gewerbsgehülfen, welche einen gewerbscheinpflichtigen (wenn auch steuerfreien) Verkehr zum Zweck des Aufkaufs von Gegenständen zum Wiederverkauf betreiben, die aufgekauften Gegenstände Behufs deren Beförderung nach dem Bestimmungsorte nicht blos frachtweise befördern, sondern auch mit sich führen dürfen.

d) die K.O. vom 31. December 1836 — G.S. pro 1837. S. 13 —,

welche sub Nr. 2 vorschreibt, daß, wenn auf eine Steuerstrafe zu erkennen, in denjenigen Fällen, in welchen der Gewerbeschein steuerfrei hätte ertheilt werden können, zur Abmessung der Strafe ein Steuersatz von zwei Thalern angenommen werden solle.

Das Resultat dieser Modifikationen geht demgemäß dahin: Gewerbscheinpflichtig bleibt der Gewerbebetrieb im Umherziehen, wenn er betrifft:

1) den Ankauf von Waaren zum Wiederverkauf, und dieser Ankauf in Privathäusern, Gasthöfen oder auf offener Straße geschieht.
2) das Aufsuchen von Waaren-Bestellungen, das jedoch in jedem Falle nur bei Gewerbtreibenden und in deren Verkaufslokalen stattfinden darf mit Ausnahme der Bestellungen auf Wein (K.O. v. 8. December 1843 Nr. 1).

Dagegen soll der betreffende Gewerbeschein steuerfrei ertheilt werden allen in der Handelskasse A. I und A. II veranlagten Kaufleuten und Fabrikanten und deren Gehülfen unter der im § 20 Gesetzes vom 19. Juli 1861 gedachten Bedingung, jedoch einestheils mit der Verpflichtung, beim Aufsuchen von Waaren-Bestellungen nur Proben und Muster bei sich zu führen (K.O. v. 8. December 1843 Nr. 2) und anderentheils mit der Berechtigung, beim Ankauf von Waaren die gekauften Waaren Behufs ihrer Beförderung an den Bestimmungsort mit sich zu führen.

81. Von einem anderen, ganz verschiedenen Gesichtspunkte geht die B.G.O. aus. Sie scheidet diese Art des Gewerbebetriebes, wenn von Personen betrieben, die ein stehendes Gewerbe haben, aus dem Begriffe des Hausir-Gewerbes ganz aus, sieht sie als den berechtigten Ausfluß des stehenden Gewerbes an, und befreit sie deshalb von den Beschränkungen des Gewerbebetriebes im Umherziehen, namentlich auch von der Bedingung des Legitimationsscheins. Sie verordnet demgemäß im § 44 Tit. II (über das stehende Gewerbe):

Kaufleute, Fabrikanten und andere Personen, welche ein stehendes Gewerbe betreiben, sind befugt, außerhalb des Ortes ihrer gewerblichen Niederlassung persönlich oder durch in ihren Diensten stehende Reisende Waaren aufzukaufen und Bestellungen auf Waaren zu suchen.

Sie bedürfen dazu eines Legitimationsscheines, welcher von der unteren Verwaltungsbehörde ausgestellt wird und für das Kalenderjahr gilt. Dieses Legitimationsscheins bedarf es nicht, wenn die betreffenden Gewerbtreibenden durch die nach den Zollvereinsverträgen erforderliche Gewerbe-Legitimationskarte bereits für das Gesammtgebiet des Zollvereins legitimirt sind.

Der Inhaber eines solchen Legitimationsscheins darf aufgekaufte Waaren nur Behufs deren Beförderung nach dem Be-

stimmungsorte und von den Waaren, auf welche er Bestellungen sucht, nur Proben oder Muster mit sich führen.

Der hier gedachte Legitimationsschein ist mit dem in den §§ 55, 60 erwähnten nicht identisch und nicht an die für diesen maßgebenden, Inhalt und Form betreffenden Vorschriften gebunden.

82. Diese dem Geiste der Preuß. Landes-Gesetzgebung direkt entgegenstehende Auffassung der B.G.O. hat nur auf die gewerbepolizeiliche Seite, nicht aber auf die der Gewerbesteuer eine Einwirkung. — Denn auch in denjenigen Fällen, in welchen durch die B.G.O. früher geltende gewerbepolizeiliche Beschränkungen aufgehoben worden sind, ist doch die Steuerpflichtigkeit des Gewerbes, wenn sie vorhanden war, bestehen geblieben; es hat die B.G.O. auch in solchen Fällen an der Steuerpflichtigkeit nichts geändert. Erk. des Ob.Trib. vom 18. November 1870 — Opp., Rechtspr. B. 11 S. 558. —

In Betreff der Gewerbe-Polizei hatte schon die Allerh. Kab.-Ordre vom 11. Juni 1826 — G.S. S. 61 — angeordnet, daß die Gewerbescheine, wenn die Inhaber zu solchen Kaufleuten, deren Gehülfen und reisenden Dienern gehören, denen der Gewerbeschein ertheilt ist, um im Umherziehen Waaren-Bestellungen zu suchen, oder Waaren zu erstehen, für den ganzen Umfang der Monarchie, die Grenzzollbezirke nicht ausgenommen, gültig und auch von den übrigen Beschränkungen der §§ 22 bis 24 H.R. befreit sein sollten. Alle sonstigen Beschränkungen aber, welche auf dem Gewerbebetriebe im Umherziehen lasteten, trafen auch die Kaufleute und deren Gehülfen. Diese Schranken sind durch die B.G.O. beseitigt, und an ihre Stelle die Anordnungen des § 44 der B.G.O. getreten. Hiernach bedürfen

a) die Angehörigen des preuß. Staates
außer dem relativ steuerfrei (§ 20 Gesetzes v. 19. Juli 1861) oder steuerpflichtig (wenn der Gewerbtreibende nicht zur Handelsklasse A. I oder A. II veranlagt ist) zu ertheilenden Gewerbescheine zum Betriebe dieser Art von Geschäften des Handels-Legitimationsscheins;

b) die Angehörigen anderer deutschen Staaten, in welchen die B.G.O. als Gesetz gilt,
neben dem je nach den bestehenden Staats-Verträgen zwischen ihren Heimaths-Staaten und Preußen steuerpflichtig oder frei auszufertigenden Gewerbescheine des Handels-Legitimationsscheins aus § 44 B.G.O. —

c) die Angehörigen anderer zum Zollverein gehörigen Staaten
neben dem Gewerbescheine der in den Zollvereins-Verträgen gestatteten Gewerbe-Legitimationskarte;

d) die Ausländer
nur des steuerpflichtigen Gewerbescheins.

Für alle aber sind die durch die B.G.O. nicht beseitigten Vorschriften der K.O. vom 8. December 1843 maßgebend, so daß auch jetzt in Preußen das Aufsuchen von Waaren-Bestellungen bei Anderen als Gewerbtreibenden, sei es daß es von den Kaufleuten, oder deren Reisenden geschieht, zur Vermeidung der in Nr. 3 der K.O. angedrohten Steuerstrafe verboten ist. Die nämlich dort gesetzte Strafe von 48 Thlrn. ist nichts Anderes, als die im § 26 H.R. angeordnete unter Zugrundelegung der damaligen Höhe der Jahressteuer von 12 Thlr.

In diesem Sinne hat sich auch das Ob.Trib. ausgesprochen und ausgeführt, daß das gewerbscheinlose Aufsuchen von Waarenbestellungen bei Nicht-Gewerbtreibenden durch die Verkündung der B.G.O. nicht straflos geworden sei. — Erk. vom 12. Januar 1871 — Opp., Rechtspr. B. 12 S. 28. —

83. Derselben Auffassung folgt die Min.-Instruktion zur B.G.O. vom 4. September 1869. Nachdem sie aus dem Inhalte des § 44 B.G.O. gefolgert, daß der Geschäfts-Betrieb der s. g. Handlungsreisenden an die Beschränkungen der Landes-Gesetzgebungen nicht mehr gebunden, insbesondere von einem bestimmten Alter nicht mehr abhängig, auf den Besuch von Gewerbtreibenden nicht mehr beschränkt*) und durch die Vorschrift, daß der Reisende nur für einen Geschäftsherrn nicht für mehrere zugleich reisen dürfe, nicht mehr eingeengt sei, gelangt sie zu dem Satze, daß die Anschauung der B.G.O., wonach der Betrieb nur ein Ausfluß des stehenden Gewerbes sei, auf die Anschauung der Landes-Gesetzgebung in Betreff der Steuerpflichtigkeit ohne Einfluß sei. In dieser Beziehung sei auch fernerhin der Betrieb als ein im Umherziehen ausgeübter anzusehen, und demgemäß an den Besitz eines Gewerbescheins gebunden. In welcher Weise in solchen Fällen der Gewerbeschein zu ertheilen cf. Kap. II, Nr. 6 I, 5*.

84. Wollen Angehörige des preußischen Staates das Gewerbe nicht in Preußen betreiben, so fällt mit der Rücksicht auf die Steuer auch das Erforderniß des Gewerbescheins fort und genügt für diejenigen Staaten des deutschen Reichs, in welchen die B.G.O. Reichsgesetz ist, ein auf Grund des § 44 der B.G.O. ausgestellter Legitimationsschein

*) Bei diesem Punkte ist der Instruktion nicht beizutreten. Die Allerh. K.O. v. 8. Decbr. 1843 ist durch die Vorschriften der B.G.O. nicht beseitigt. Da die Zuwiderhandlungen gegen ihre Anordnungen, also das Aufsuchen von Waarenbestellungen bei Anderen als Gewerbtreibenden, ganz allgemein und ohne Ausschließung der ein stehendes Gewerbe betreibenden Kaufleute in Nr. 3 ibid. nicht mit einer Ordnungs- oder Polizeistrafe, sondern mit der Steuerstrafe bedroht werden, so ist die K.O. als ein das Steuer-Interesse vertretendes Gesetz anzusehen, auf dessen Geltung die B.G.O. keinen Einfluß ausübt.

oder eine Legitimationskarte, für andere zum Zollverein gehörige Staaten (auch für Oesterreich und die Schweiz) die letztere. — Min.Instruktion v. 4. September 1869. — Selbstredend bleiben die betreffenden Gewerbtreibenden außerdem den Steuergesetzen der zum Betriebs-Bezirke ausersehenen Staaten unterworfen. —

Ausnahme: Bereisen von Messen und Jahrmärkten.

85. Zwei Ausnahmen macht die Landes-Gesetzgebung im § 5 H.R. von der Steuerpflichtigkeit dieser Art des Gewerbebetriebes im Umherziehen, von welchen die eine das Bereisen der Messen und Jahrmärkte Behufs Einkauf von Waaren betrifft. In dieser Form ist der Gewerbebetrieb an den Besitz eines Gewerbescheins nicht gebunden.

86. Obwohl der § 5 H.R. nur der Messen und Jahrmärkte gedenkt, so sind doch auch die Wochenmärkte ihnen gleichzustellen. Es soll daher auch das Bereisen der Wochenmärkte Behufs Einkaufs von Waaren zum Wiederverkauf als ein Gewerbebetrieb im Umherziehen nicht angesehen, d. h. von dem Besitz eines Gewerbescheins abhängig nicht erachtet werden. Min.Reskr. v. 11. Oktober 1826 — Hoffmann S. 56.

87. Auch in gewerbepolizeilicher Beziehung ist diese Form des Geschäftsbetriebes von jeder Beschränkung befreit, indem die B.G.O. im §. 64 bestimmt:

> **Der Besuch der Messen, Jahr- und Wochenmärkte, sowie der Kauf und Verkauf auf denselben, steht einem Jeden mit gleichen Befugnissen frei.**

Es bedarf daher dieser Gewerbebetrieb weder eines Gewerbe- noch irgend eines Legitimationsscheins, weder eines solchen aus § 55 B.G.O., noch aus § 44 ibid. Ausländer stehen den Inländern gleich. —

Ausnahme. Aufkauf von Materialien zur eigenen Fabrikation.

88. Die zweite Ausnahme betrifft das Umherziehen derjenigen Personen, welche Materialien zur eigenen Fabrikation aufkaufen. Es soll ein derartiger Gewerbebetrieb im Umherziehen steuerfrei geübt werden dürfen von denjenigen Inländern, welche ein offenes Gewerbe haben, an die Stelle des Gewerbescheins aber eine polizeiliche Legitimation treten.

Schon die Allerh. Kab.Ord. vom 27. März 1828 — G.S. S. 49 — erweiterte diese Ausnahme dahin, daß auch die Gewerbsgehülfen und Angehörigen der ein offenes Gewerbe betreibenden Inländer zum Aufkauf der zur eigenen Fabrikation erforderlichen Materialien nicht eines besonderen Gewerbescheins sondern, wie die Gewerbtreibenden selbst, nur einer polizeilichen Legitimation bedürfen sollten, in welcher ihr Verhältniß zu dem Gewerbtreibenden, für den sie den Ankauf besorgen, zu bescheinigen sei. —

89. Die B.G.O. kennt diese Ausnahme nicht; soweit ihr Thatbestand daher nicht unter den Gesichtspunkt des § 44 B.G.O. fällt, bedarf der Aufkäufer des Legitimationsscheins I. Klasse. Der § 44 cit. zählt nämlich auch das Aufkaufen von Waaren durch die ein stehendes

Gewerbe treibenden Kaufleute ꝛc. oder ihre Reisenden (nicht aber auch ihre Angehörigen) zu den berechtigten Befugnissen des stehenden Gewerbes, ohne auszuschließen, daß die aufgekauften Waaren nicht auch zur Fabrikation benutzt werden können.

Es ist sonach das im Umherziehen betriebene Aufkaufen von Waaren, sobald sie von Personen, die ein offenes Gewerbe haben, zur eigenen Fabrikation benutzt werden sollen, nicht an den Besitz eines steuerpflichtigen Gewerbescheins, wohl aber an den eines Legitimationsscheins und zwar je nach der Person des Gewerbtreibenden eines aus § 55, oder aus § 44 der B.G.O. geknüpft. Die nach § 5 H.R. erforderliche polizeiliche Legitimation fällt fort. — Min.-Instr. v. 4. September 1869. —

90. Dagegen bedarf jeder Aufkäufer, welcher Materialien nicht zur eigenen Verarbeitung, sondern für die Verarbeitung eines Dritten, zu dem er nicht in dem Verhältniß eines Gewerbsgehülfen (Reisenden) oder Angehörigen steht, umherziehend aufkauft, dazu eines Gewerbescheins. Erk. des Ob.Trib. v. 24. Oktober 1843. — Hartmann S. 125 — v. 6. November 1863. — Opp., Rechtsp. B. 4 S. 160.

91. Die den Inländern gewährte Vergünstigung des steuerfreien und gewerbescheinlosen Ankaufs von Materialien zur eigenen Fabrikation ist auf Ausländer, d. h. auf Angehörige eines anderen als des preußischen Staats, selbst dann nicht auszudehnen, wenn sie auf Grund eines Staatsvertrages ihrerseits Abgabenfreiheit beanspruchen können; sie müssen die Ertheilung eines gewerbesteuerfreien Gewerbescheins nachsuchen. Erk. des Ob.Trib. vom 3. März 1864. — Opp. Rechtsp. B. 4 S. 401. — Als Ausländer in diesem Sinne gelten ebensowohl die Angehörigen der außerdeutschen, wie die der deutschen Staaten, soweit sie nicht zum engeren Staate Preußen gehören. —

Dritte Art des Betriebes: **Anbieten von Diensten oder Arbeiten.**

92. Während § 6 H.R. im Anschluß an den § 138 Gesetzes vom 7. September 1811 sich auf Dienste und Arbeiten beschränkt und das gewerbsmäßige Anbieten derselben im Umherziehen für gewerbescheinpflichtig erachtet, geht die B.G.O. weiter und rechnet zu dieser Art des Hausir-Gewerbes neben dem Feilbieten der gewerblichen, auch das der künstlerischen Leistungen, soweit bei ihnen nicht ein höheres Kunst-Interesse obwaltet. Es sind daher der Verpflichtung, einen Legitimationsschein I. Klasse zu führen, nicht blos diejenigen Gewerbtreibenden unterworfen, welche wegen des gewerbsmäßigen Anbietens von Diensten und Arbeiten zur Lösung eines Gewerbescheins verbunden sind, sondern auch diejenigen, die das gewerbescheinfreie Feilbieten künstlerischer Leistungen betreiben.

93. Was Gegenstand der „Dienste oder Leistungen" sein kann, und

in welcher Weise die G.O. das Feld dieser Gegenstände auch in Ansehung der Steuerpflichtigkeit erweitert hat, darüber cf. Kap. VI. Nr. 1 ff.

94. Unter dem „Anbieten" (Feilbieten: G.O.) ist nicht sowohl ein bloßes Aufsuchen von Bestellungen auf eine Arbeit zu verstehen, vielmehr setzt das Gesetz voraus, daß die Personen die von ihnen angebotenen Dienste und Arbeiten an dem Orte, wo das Anerbieten geschieht, auch wirklich verrichten, somit das Gewerbe im Umherziehen betreiben, Pl.Beschl. des Ob.Trib. vom 18. Februar 1839 — Entsch. B. 5 S. 143 — J.M.Bl. S. 108. — Die Entscheidung weist darauf hin, daß die Verschiedenheit des Eingangssatzes des § 6 H.R. und seines Schlußsatzes nicht in der verschiedenen Art des Anbietens der Arbeit liege, sondern in der verschiedenen Betriebsart der einzelnen Gewerbe. Der Eingangssatz gedenke derjenigen Personen, die zwar ihr Gewerbe an einem bestimmten Wohnorte betreiben, solches aber nebenher auch außer demselben verrichten, während der Schlußsatz diesen solche Personen gegenüberstelle, die ihr Gewerbe überhaupt nicht an einem bestimmten Wohnorte, sondern nur außerhalb des letzteren im Umherziehen betreiben da, wo man ihrer Arbeit oder Dienste bedarf. —

95. Demgemäß ist das im Umherziehen betriebene Aufsuchen von Bestellungen zur gewerbsmäßigen Anfertigung von Schriftsätzen nicht gewerbescheinpflichtig, wenn die Arbeiten nicht im Umherziehen, sondern am eigenen Wohnorte des Umherziehenden angefertigt werden. Dabei macht es keinen Unterschied, wenn jene Schriften von den Bestellern erst an ihrem Wohnorte unterzeichnet werden. Erk. des Ob.Trib. vom 16. September 1870 — Opp., Rechtsp, B. 11 S. 458. — Denn, führt das Erkenntniß aus, das Anbieten allein genügt nicht zur Begründung der Gewerbescheinspflicht, sondern nur die wirkliche Verrichtung der Arbeit im Umherziehen, und das Wesentliche des Gewerbebetriebs eines Konzipienten liegt allein in dem Anfertigen des Schriftsatzes für einen Anderen, nicht auch darin, dafür zu sorgen, daß er von dem Interessenten unterschrieben werde.

96. Tanzlehrer, auch wenn sie ihr Gewerbe im Umherziehen betreiben, sind, da der Unterricht in Künsten und Wissenschaften überhaupt nicht gewerbesteuerpflichtig ist, zur Lösung eines Gewerbescheins nicht verpflichtet. Min.Reskr. v. 18. Oktober 1825 — Schimmelfennig S. 581 Nr. 366. — Dagegen bedürfen sie nach § 55 Nr. 4 der G.O. eines Legitimationsscheins I. Klasse. —

97. Dasselbe gilt von Zahnärzten, weil sie als solche eine Kunst und kein Gewerbe betreiben, sonach den Vorschriften des H.R. nicht unterliegen. Min.Reskr. v. 20. März 1839 — Schimmelfennig S. 582 Nr. 368. —

98. Ebenso bei Thierärzten. Sie sind, auch wenn sie ihre Praxis

im Umherziehen ausüben, zur Entrichtung einer Gewerbesteuer nicht verpflichtet und bedürfen eines Gewerbescheins selbst dann nicht, wenn sie bei ihren Kuren die Medikamente selbst verabreichen. Erk. des Ob.Trib. v. 19. Oktober 1864 — Opp., Rechtsp. B. 5 S. 179. — Wenn sie dagegen das Gewerbe eines gewöhnlichen Vieh-Kastrirers im Umherziehen betreiben, tritt ihre Verpflichtung zur Lösung eines Gewerbescheins ein, ein Erforderniß, von welchem jedoch abzusehen ist, sobald sie zur Bewirkung der Kastration von einem Viehbesitzer bestellt, an dem Orte, wohin sie bestellt worden, auch das von anderen Personen, von denen eine Bestellung nicht ausgegangen, ihnen gelegentlich ihrer Anwesenheit vorgeführte Vieh kastriren. Min.Reskr. v. 23. August 1840 — Schimmelfennig S. 382 — Nr. 369. —

99. Aerzte, welche sich auf Grund der ihnen ertheilten Erlaubniß mit dem Selbstdispensiren homöopathischer Arzneien befassen, sind deshalb nicht zur Gewerbesteuer heranzuziehen, da es sich dabei nur um die Ausübung der ärztlichen Kunst und keines Gewerbes handelt. Min. Reskr. v. 14. November 1852 — Schimmelfennig S. 583, Nr. 370.

100. In allen den Fällen, in welchen neben dem Legitimationsschein I. Klasse ein Gewerbeschein zum Betriebe des Gewerbes erforderlich ist, hat der Mangel des letzteren ohne Rücksicht auf das Vorhandensein eines Legitimationsscheins die Steuerstrafe des § 26 H.R. zur Folge, während da, wo nur ein Legitimationsschein I. Klasse den Gewerbebetrieb bedingt (also bei allen künstlerischen Leistungen), das Fehlen desselben durch die in § 148 Nr. 7 der B.G.O. angedrohte Strafe geahndet wird.

101. Von der Gewerbescheinpflicht sind nach § 6 H.R. ausgenommen, diejenigen Personen, welche ein stehendes Gewerbe betreiben, dessen Betriebsart nach Landesgebrauch es mit sich bringt, unbestellte Arbeit in der Umgegend des Wohnorts zu suchen. — Sie sollen weder für sich, noch für ihre Gesellen und Lehrlinge zum Aufsuchen der Arbeit in dem, nicht über zwei Meilen zu bestimmenden Umkreise ihres Wohnorts nicht sowohl eines Gewerbescheins, als vielmehr nur einer polizeilichen Legitimation bedürfen. An die Stelle dieser Legitimation ist nach der B.G.O. ein Legitimationsschein II. Klasse getreten. Es bestimmt nämlich § 58 der B.G.O., daß die Ertheilung des Legitimationsscheins für „das nach Landesgebrauch hergebrachte Anbieten gewerblicher Leistungen innerhalb der von der Polizeibehörde näher zu bestimmenden Umgegend des Wohnorts durch die Unterbehörde, welche für den Ort, wo der Gewerbtreibende seinen Wohnsitz hat, zuständig ist, erfolgen soll." Durch die Min.Instr. zum Tit. III der B.G.O. ist festgesetzt, daß die Umgegend des Wohnorts nicht über einen zweimeiligen Umkreis hinaus bestimmt werden dürfe. —

Es bezieht sich sonach diese Ausnahme sowohl in Ansehung des Gewerbescheins, wie des Legitimationsscheins nur auf gewerbliche, nicht auch auf künstlerische Leistungen; während letztere in jedem Falle den Besitz eines Legitimationsscheins I. Klasse erfordern, genügt bei jenen, soweit sie unter die Ausnahme des § 6 H.R. fallen und nur innerhalb des zweimeiligen Umkreises ausgeübt werden, ein Legitimationsschein II. Klasse. — Ein Hinausgehen über diesen Umkreis macht den Gewerbebetrieb steuerpflichtig und zieht deshalb die Strafe des § 26 H.R. nach sich. — (Der im § 149 Nr. 3 B.G.O. gedachte Fall bezieht sich nur auf die im § 59 ibid. gedachten Gewerbe, nicht auf eine Verletzung des Legitimationsscheins II. Klasse.)

Vierte Art des Betriebes: **Feilbieten von Schaustellungen.**

102. Diese Art des Gewerbebetriebes im Umherziehen ist der Regel nach gemäß § 6 H.R. gewerbescheinpflichtig mit Ausnahme des zu derselben gehörigen öffentlichen Musikmachens, welches nach der K.O. vom 14. December 1833 innerhalb eines zweimeiligen Umkreises vom Wohnorte des Gewerbetreibenden von der Steuerpflicht befreit ist. In polizeilicher Beziehung hat die B.G.O. im § 59 diesem Zweige des Hausir-Gewerbes ausnahmsweise Beschränkungen auferlegt, indem sie nicht allein den Besitz eines Legitimationsscheins I. Klasse fordert, sondern auch

1) die Ertheilung dieses Scheins mit der Bedürfnißfrage in Verbindung bringt und eine Verweigerung desselben beim Mangel eines Bedürfnisses gestattet,
2) den Betriebsbezirk auf das Gebiet einer höheren Verwaltungsbehörde beschränkt,
3) außerdem noch die thatsächliche Ausübung des Gewerbes von einer ausdrücklichen Genehmigung der Polizeibehörde desjenigen Ortes abhängig macht, an welchem die Leistung stattfinden soll.

103. Eine Ausnahme sowohl von der Steuerpflicht, wie von der Legitimationsscheins-Verpflichtung, machen diejenigen Schaustellungen (Musikaufführungen u. s. w.), bei welchen ein höheres wissenschaftliches oder Kunst-Interesse obwaltet. Sie sind von jeder Steuer- und Polizei-Beschränkung befreit. —

104. Vergl. über diese Art des Gewerbebetriebes noch besonders Kap. VI. Nr. 12 ff.

Kap. II. Ertheilung und Form der Legitimations- und Gewerbescheine.

B.G.O. § 57 in fine.

Die Behörde muß innerhalb vierzehn Tagen dem Nachsuchenden entweder den Legitimationsschein ertheilen oder unter Angabe des gesetzlichen Hinderungsgrundes schriftlich versagen. Gegen die Versagung steht der Recurs zu. Wegen des Verfahrens und der Behörden gelten die Vorschriften der §§ 20 und 21.

§ 58. Die Ertheilung des Legitimationsscheins erfolgt:

1) Für den Aufkauf und Verkauf selbstgewonnener Erzeugnisse der Jagd und des Fischfanges,
2) für den Verkauf selbstverfertigter Waaren, welche zu den Gegenständen des Wochenmarktverkehrs gehören, und für das nach Landesgebrauch hergebrachte Anbieten gewerblicher Leistungen innerhalb der von der Polizeibehörde näher zu bestimmenden Umgegend des Wohnortes

durch die Unterbehörde, welche für den Ort, wo der Gewerbetreibende seinen Wohnsitz hat, zuständig ist,

für alle anderen Arten des Gewerbebetriebes im Umherziehen durch die höhere Verwaltungsbehörde.

In den Fällen, für welche die Gesetze die Ausstellung eines Gewerbescheines nothwendig machen, kann dieser zugleich auch den Legitimationsschein ersetzen.

§ 59. Wer auf Straßen oder sonst im Umherziehen oder an einem Orte vorübergehend und ohne Begründung eines stehenden Gewerbes öffentlich Musik aufführen, Schaustellungen, theatralische Vorstellungen oder sonstige Lustbarkeiten öffentlich darbieten will, ohne daß ein höheres Interesse der Kunst oder Wissenschaft dabei obwaltet, bedarf, außer den übrigen Erfordernissen, der vorhergehenden Erlaubniß durch die Behörde des Ortes, an welchem die Leistung beabsichtigt wird.

Die Ertheilung von Legitimationsscheinen für diese Gewerbe wird versagt, sobald der, den Verhältnissen des Verwaltungsbezirkes der höheren Verwaltungsbehörde entsprechenden Anzahl von Personen Legitimationsscheine ertheilt sind.

Umherziehenden Schauspieler-Gesellschaften wird der Legitimationsschein nur dann ertheilt, wenn der Unternehmer die im § 32 vorgeschriebene Erlaubniß besitzt.

§ 60. Der Legitimationsschein enthält das Signalement des Inhabers und die nähere Bezeichnung des von demselben beabsichtigten Gewerbebetriebes. Er ist nur für das Kalenderjahr gültig. Seine

Erneuerung darf nicht versagt werden, so lange die im § 57 bezeichneten Erfordernisse vorhanden sind.

Hausir-Regulativ § 7.

Ueberhaupt soll, die vorstehend bezeichneten Fälle der Ausnahme abgerechnet, Niemand ohne den Besitz eines Gewerbscheins (Gewerbsteuergesetz vom 30. Mai 1820 § 20 a) irgend ein Gewerbe umherziehend betreiben.

§ 8. Ein solcher Gewerbschein, das ist Konzession zu einem Gewerbe, welches im Umherziehen getrieben wird, muß das vollständige Signalement des Inhabers, die Zeit und die Oertlichkeit, worauf sich sein Gewerbsbetrieb erstrecken soll, den Gegenstand, worauf sich solcher beziehet, mit Benennung der zu führenden Waaren oder der Dienstleistungen und Schaustellungen, enthalten. Bei Bezeichnung der zu führenden Waare muß aber darauf gesehen werden, daß die Bestimmung nicht zu eng gestellt, sondern wenigstens eine ganze Kathegorie von Waaren ähnlicher Art (§ 14) umfaßt werde; und wenn hierbei zuweilen nach Gewohnheit des Landes oder örtlichen Bedürfnisse, Verbindungen von Waaren zu einem Verkehr vorkommen, die sonst nicht gewöhnlich sind, so werden die Ministerien des Handels und der Finanzen, auf die desfallsigen Anträge der Regierungen, dergleichen Verbindungen ein für allemal genehmigen, und wird solches von den Regierungen durch die Amtsblätter besonders bekannt gemacht werden.

§ 9. Der Gewerbschein wird von jedem Gewerbtreibenden dieser Art bei der Polizeibehörde seines Wohnorts nachgesucht und auf deren gutachtlichen Bericht über die Erfordernisse nach § 11 von der Regierung bewilligt und ausgefertigt. Ausländer müssen, wenn sie in dem Falle sind, einen Gewerbschein erhalten zu können (§ 12), ihr Gesuch an die Regierung richten, welche die Zulässigkeit selbst zu beurtheilen und dies den Kreisbehörden in keinem Falle zu überlassen hat. General-Konzessionen sollen nur ausnahmsweise und können nur von den Ministerien des Handels, des Innern und der Polizei und der Finanzen gemeinschaftlich ertheilt werden.

§ 10. Da jeder Gewerbschein nur für das Kalenderjahr, auf welches er ertheilt worden, gültig ist, so muß von den Personen, welche ein Gewerbe im Umherziehen fortdauernd betreiben, die Erneuerung ihrer Gewerbscheine für das nächstfolgende Jahr wenigstens drei Monate vor Ablauf des Jahres bei der Polizeibehörde ihres Wohnorts nachgesucht werden.

1. Als allgemeine Regel gilt, daß jeder Gewerbebetrieb im Umherziehen mit Ausnahme der im Kapitel I. gedachten besonderen Fälle an den Besitz eines Legitimations- und eines Gewerbescheins (§ 7 H.R.) gebunden ist. Wenn nun das Gesetz eine Reihe von Gegenständen kennt, für welche weder ein Legitimations- noch ein Gewerbeschein Behufs Betriebs des Gewerbes mit ihnen ertheilt werden darf, so ist aus jener Regel nicht zu folgern, daß der Gewerbebetrieb mit solchen Gegenständen legitimations- und gewerbscheinfrei sei. Vielmehr ist ein solcher Betrieb ebenso unbefugt und mit derselben Strafe bedroht, wie der zwar mit statthaften Gegenständen, aber ohne Gewerbeschein betriebene. Demgemäß gedenkt auch der die Steuerstrafe androhende § 20 H.R. dieses Falles, indem er im Abs. 2 die Strafe der Steuerdefraudation demjenigen in Aussicht stellt, welcher „Waaren bei sich führt, auf welche ein Gewerbeschein nicht hätte ertheilt werden dürfen." — Dieselbe Ausführung enthalten die Erk. des Ob.Trib. v. 25. Februar 1864 — Opp., Rechtspr. B. 4 S. 391 — v. 9. Mai 1867 — ebend B. 8 S. 306. —

2. Für die Ausfertigung und Ertheilung eines Legitimationsscheins, sei es I. oder II. Klasse, ist eine Steuer oder Abgabe nicht zu entrichten, wohl aber für die des Gewerbescheins. Ueber die Höhe dieser Steuer hat die preußische Gesetzgebung mehrfach gewechselt. Das Steuergesetz vom 30. Mai 1820 führte sub Litt. L zwei Sätze ein, welche je nach dem Umfang und der Bedeutung des Gewerbebetriebs zur Anwendung gelangen sollten, und fixirte den einen auf den Betrag von 2 bis 4 Thalern, den andern auf den von 12 Thalern. Das Regulativ vom 4. December 1836 modifizirte den ersteren, indem es ihm eine weitere Ausdehnung gab, behielt dagegen, ebenso wie die Kab.Ord. v. 8. December 1843 den letzteren bei, während § 20 Gesetzes v. 19. Juli 1861 jenen unberührt lassend, diesen einer Erhöhung unterwarf. Sonach sind zur Zeit das Regulativ v. 4. December 1836 und das Gesetz v. 19. Juli 1861 maßgebend, und demgemäß zu unterscheiden: Gewerbesteuer.

a) die Fälle des Regulativs v. 4. December 1836,*) welches im

---

*) Regulativ v. 4. Decbr. 1836. G.S. pro 1837 S. 14.

§ 1. Die Regierungen können fortan

1. außer den unter dem Buchstaben L. der Beilage B. zum Gesetze v. 30. Mai 1820 genannten Sammlern von Garn, Lumpen, Asche, Federn, Borsten auch Sammlern (Aufkäufern) von Heede, Flachs, Werg, Glasscherben, Leimleder, Tuchleisten, altem Eisen, Blei, Zinn, Kupfer, Messing, Haaren, Knochen, Klauen, Hörnern und von anderen

§ 1 für eine Anzahl von Gegenständen, sobald sie Objekte eines im Umherziehen betriebenen **Ankaufs** werden und für bestimmte Dienstleistungen, welche im Umherziehen angeboten werden, einen Steuersatz von 2 bis 4 Thalern, im § 2 für eine Musikgesellschaft einen vom Vorsteher zu entrichtenden Satz von 12, für jedes andere Mitglied der Gesellschaft aber von 8, 6 oder 4 Thalern und ebenso für eine Schauspielergesellschaft, in § 3 endlich für eine Anzahl zum **Verkauf** bestimmter Lebensmittel und Waaren einen Satz von 8, 6 oder 4 Thalern festsetzt und außerdem den

---

Abgängen von geringem Werthe in der Haus- oder Landwirthschaft, jedoch mit der im § 14 Nr. 2 H.R. (alte Kleider und Betten, Bruchgold und Bruchsilber) angegebenen Ausnahme;

2. außer Topfbindern, Kesselflickern und Scheerenschleifern, auch Zinn- und Löffelgießern, Siebmachern, Leinsaatsiebern, Personen, die sich umherziehend mit Schärfen von Bohrern, Sägen und sonstigen Instrumenten, mit Ausbessern von Holzuhren, Spinnrädern oder Hausgeräthen beschäftigen, — Gewerbescheine zu dem Jahressatze von zwei oder vier Thalern ertheilen.

§ 2. In Ansehung der Equilibristen, Seiltänzer, Kunstreiter verbleibt es bei der Vorschrift der Beilage B. zu dem Steuergesetze. Außerdem sind die Regierungen ermächtigt, Musikern, welche unter einem Vorsteher, der für die übrigen haftet, in einer aus wenigstens vier unverdächtigen geschickten Personen bestehenden Gesellschaft ihr Gewerbe betreiben, eine Steuerermäßigung in der Art zu bewilligen, daß nur für den Vorsteher 12 Thaler, für jede andere Person aber 8, 6 oder 4 Thaler jährlich entrichtet werden. Ein Gleiches gilt von Schauspielern.

§ 3. Zum Hausirhandel

1. mit Brod, Semmel, anderen Backwaaren, Hefe, trockenen Mühlenfabrikaten zum Genusse, Hirse, Buchwaizen, Gemüsen aller Art, mit frischem und gedörrtem Obst, mit Milch, Butter, Käse, Honig, Eiern, Federvieh, mit frischen, geräucherten, gedörrten, gesalzenen Fischen und anderen Lebensmitteln von geringem Werthe;

2. mit Feuersteinen, Schleifsteinen, Feuerschwamm, Wachs, Federposen, Fellen und rohen Häuten, Hopfen, Sämereien, Torf, Holz- und Steinkohlen, Besen, groben Decken aus Schilf oder Stroh, Dachsplitten, Theer, Pech, Kienruß, Kienöl, mit Sieben, Hecheln, Kratzen, Webeblättern, Nadlerwaaren, groben hölzernen Waaren, Schaufeln, Sensen, Beilen, Nägeln und andern groben Waaren aus geschmiedetem Eisen, mit Seiler- und groben Bürstenbinderwaaren, mit ordinairem irdenen Geschirr, ordinairem Steingut, ordinairer Fayence, ordinairen Glaswaaren, mit Zwirn, Strickgarn, Band aus Leinen und Wolle und mit wollenen gestrickten Waaren — können die Regierungen fortan Gewerbescheine gegen eine Steuer nach Umständen von 8, 6 oder 4 Thalern jährlich ertheilen.

Finanzminister ermächtigt, je nach dem Bedürfniß für andere, den aufgezählten Waaren und Dienstleistungen ähnliche Gegenstände gleiche Steuermäßigungen zu gewähren;

b) die unter die Ausnahme des Regulativs v. 4. December 1836 nicht gehörenden Fälle, in welchen nach der im § 20 Gesetzes v. 19. Juli 1861 aufgestellten allgemeinen Regel der jährliche Steuersatz von 16 Thalern Platz greift;

c) die für Kaufleute 2c. im § 20 Gesetzes v. 19. Juli 1861 gegebene Ausnahme-Bestimmung über die steuerfrei zu ertheilenden Gewerbescheine und die Bezahlung des Ueberschusses der bei Berechnung von 12 Thalern für jeden ertheilten Gewerbeschein sich ergebenden Summe über die vom stehenden Gewerbe entrichtete Jahressteuer;

d) die Fälle des Gewerbebetriebs mit solchen Gegenständen, für welche ein Gewerbeschein nicht ertheilt werden darf, Fälle, in welchen bei der Strafberechnung und Feststellung der höchste Steuersatz, also der von 16 Thalern für das Kalenderjahr angenommen werden soll.

3. In diese, für die Bestimmung der Steuer des Gewerbebetriebs im Umherziehen maßgebenden Vorschriften haben zwei Anordnungen der B.G.O. einige Modifikationen hineingetragen. Die eine derselben ist die, daß die Legitimationsscheine I. Klasse und diejenigen II. Klasse, welche den Aufkauf und Verkauf selbstgewonnener Erzeugnisse der Jagd und des Fischfangs betreffen (§ 58 Nr. 1), für das ganze Bundesgebiet, also für alle diejenige Theile des deutschen Reichs, in welchen die B.G.O. Reichsgesetz ist, gültig sind, eine Vorschrift, welche mit der im § 21 H.R. gezogenen, und der Steuerbestimmung bisher als Grundlage gegebenen Gränze der Gültigkeit der Gewerbescheine in Widerspruch tritt. Die andere ist die des § 56 B.G.O., durch welche eine ganze Reihe von Gegenständen und Dienstleistungen zum Gewerbebetriebe im Umherziehen zugelassen wird, die nach der preußischen Gesetzgebung davon ausgeschlossen waren. Wenn von diesen Bestimmungen diese das Gebiet des Hausir-Gewerbes, jene den Bezirk des Betriebes erweitert, so kann diese Aenderung nicht ohne Einfluß bleiben einestheils auf die Höhe der festzusetzenden Steuer, da mit dem Umfange des Betriebskreises auch die Wichtigkeit und Erheblichkeit des Gewerbes wächst, anderntheils auf die Ausdehnung der bestehenden Steuersätze auf die neu geschaffenen Betriebsarten.

Diesem Gedankengange folgend hat die Min.Instr. zum Tit. III. der B.G.O. sub Nr. 12 angeordnet, daß:

1) wenn nach der Art des Gewerbebetriebs der räumliche Umfang desselben sich voraussichtlich über mehr als einen Regierungsbezirk

ausdehnt, im Falle der Zulässigkeit einer Steuermäßigung nach Anordnung des Regulativs v. 4. December 1836 ein entsprechender höherer Steuersatz zu veranlagen sei;

2) für die zugelassenen neuen Arten des Gewerbebetriebs im Umherziehen der Regel nach der volle Steuersatz von 16 Thalern pro anno in Ansatz gebracht werden müsse, daß jedoch die höheren Verwaltungsbehörden (Regierungen) ermächtigt sein sollen:

a) für den Handel mit Zeugen aus Wolle oder Baumwolle, so wie in denjenigen Fällen, in welchen nach der Natur oder nach dem geringen Umfange des Gewerbebetriebs die Veranlagung zum Steuersatze von 16 Thalern zu einer unverhältnißmäßigen Belastung führen würde, einen Satz von 12 Thalern;

b) für den Handel mit selbstverfertigten, gestrickten baumwollenen Waaren, mit selbstverfertigten Schuhmacher-, Klempner- und Sattlerwaaren, mit selbstverfertigten Kleidungsstücken, Tuchmützen, Frauenhauben und leinenen Spitzen, mit Lederschmiere, Cichorien, Salz, Papier so wie für den Gewerbebetrieb solcher Handwerker, welche sich umherziehend mit der Ausbesserung von Sachen oder mit der Anfertigung von Gegenständen ihres Gewerbes, zu welchen die Stoffe von den Arbeitsgebern geliefert werden, beschäftigen, einen Satz von 4, 6 oder 8 Thalern festzusetzen.

4. Ueber die Grundsätze, nach welchen die Höhe der Steuer für die an Kaufleute der Handelsklasse A I. oder A II. oder deren Reisende zu ertheilenden Gewerbescheine festzusetzen ist, cf. unten sub Nr. 6 I. 5*).

Erforderniß des Legitimations- und Gewerbescheins.

5. Nach dem Schlußsatz des § 58 der B.G.O. soll in denjenigen Fällen, in welchen neben dem Legitimationsscheine ein Gewerbeschein erforderlich ist, dieser jenen ersetzen können, daher zugleich als Legitimationsschein angesehen werden dürfen. Von dieser Genehmigung ist in Preußen kein Gebrauch gemacht worden, vielmehr soll eine Vereinigung beider Scheine eintreten. Demgemäß steht hier die Sache folgend:

a) In den Fällen des § 58 der B.G.O., in welchen ein Legitimationsschein II. Klasse (von der Unterbehörde ausgestellt) erforderlich ist, bedarf es, da auf die Steuerpflichtigkeit des Gewerbebetriebs mit selbstgewonnenen Erzeugnissen der Jagd und des Fischfangs ausdrücklich und auf die des Gewerbebetriebs mit selbstverfertigten Wochenmarkts-Gegenständen (§ 4 H.R.) im Falle des Gebrauchs eines Fuhrwerks stillschweigend — cf. Min.Instr. zum Titel III der B.G.O. — verzichtet ist, für die Angehörigen des preußischen

Staates der Ausfertigung eines Gewerbescheins nicht. Wird dagegen eine solche Ausfertigung nöthig — z. B. wenn der betr. Gewerbtreibende der Angehörige eines anderen deutschen Bundesstaats ist, in welchem die B.G.O. Reichsgesetz ist, — so erfolgt sie neben dem Legitimationsscheine.

b) Wo für den Gewerbebetrieb ein Legitimationsschein I. Klasse erforderlich ist, ein Fall, in welchem stets auch die Gewerbscheinpflichtigkeit vorliegt, soll der Gewerbeschein neben dem Legitimationsscheine ausgefertigt, derselbe jedoch mit diesem untrennbar verbunden werden. In den Gewerbeschein ist von der Steuerveranlagungs-Behörde der Steuersatz einzutragen, und er nur gegen die Entrichtung der Steuer ausgehändigt werden. Die übrigen durch § 8 H.R. geforderten Requisite müssen, wenn sie nicht bereits im Legitimationsscheine aufgeführt stehen, beachtet werden.

c) Insoweit in solchen (ad b) Fällen der Betrieb des Hausirgewerbes ausnahmsweise steuerfrei gestattet ist, wie z. B. für die Musiker nach der K.O. vom 14. October 1833, behält es bei der Steuerfreiheit zwar sein Bewenden, der Gewerbtreibende aber bedarf dennoch außer dem Legitimationsscheine eines damit verbundenen Gewerbescheins, in welchem die Steuerveranlagungs-Behörde die Steuerfreiheit zu vermerken hat.

d) In denjenigen Fällen, in welchen der legitimationsscheinfreie An- und Verkauf roher Erzeugnisse der Land- und Forstwirthschaft, des Garten- und Obstbaues steuerpflichtig wird (Kap. I. No. 71), ist ein Gewerbeschein zu lösen, welcher den Erfordernissen des § 8 H.R. entsprechen und von der Steuerverwaltungsbehörde ausgefertigt werden muß.

e) Die früher unstatthaften, nach der B.G.O. aber zuläßigen Arten des Hausir-Gewerbebetriebs (cf. Kap. V. Nr. 1 Kap. VI. Nr. 2) sind in Betreff der Lösung eines Gewerbescheins ebenso zu behandeln, wie die schon früher statthaft gewesenen Arten. Es kommt also bei ihnen darauf an, ob sie legitimationsscheinfrei sind oder eines Legitimationsscheins I. oder II. Klasse bedürfen, und sind je nach dieser ihrer Qualität die Regeln sub a bis d auf sie zur Anwendung zu bringen.

cf. ad a bis e. Min.Instr. zur Ausführung des Tit. III. der B.G.O.

f) Bei Kaufleuten, Fabrikanten und denjenigen Personen, welche ein stehendes Gewerbe betreiben, sowie deren Reisenden ist zwar zum Ankauf von Waaren oder Aufsuchen von Waaren-Bestellungen im Umherziehen ein Legitimationsschein nicht erforderlich, wohl aber ein Gewerbeschein und gemäß § 44 der B.G.O. ein einfacher Legitimationsschein *) oder eine Gewerbe-Legitimationskarte. Bei preußischen Gewerbtreibenden soll nun für Reisen im Inlande der Gewerbeschein mit den ihnen zu ertheilenden einfachen Legitimationsscheinen derartig verbunden werden, daß der Gewerbtreibende sich durch den Besitz des Legitimationsscheins jederzeit auch über die Erfüllung der gesetzlichen Steuerverpflichtung auszuweisen vermöge. Diese Verbindung beider Scheine muß auch dann stattfinden, wenn für den Gewerbeschein eine besondere Steuer nicht zu entrichten ist (§ 20 Gesetzes vom 19. Juli 1861); es hat dann die Behörde die Steuerfreiheit in dem Gewerbescheine zu vermerken. Min.Instr. vom 4. September 1869 Nr. 18. —

g) Eine derartige Verbindung beider Scheine ist nur für die Angehörigen des preußischen Staates zulässig. In Ansehung der Angehörigen anderer deutscher Bundesstaaten und der Ausländer bewendet es in Betreff des Gewerbescheins bei den Vorschriften der Landesgesetzgebung. Sie bedürfen ohne Rücksicht darauf, ob sie mit einem gemäß § 44 der B.G.O. ausgestellten Legitimationsscheine oder einer nach den Bestimmungen der Zollvereinsverträge genügenden Legitimationskarte versehen sind oder nicht, eines besonderen, von der Regierung auszufertigenden Gewerbescheins, und richtet sich die Höhe der zu zahlenden Steuer resp. die in dem Gewerbeschein zu vermerkende Steuerfreiheit nach den Zollvereins- oder besonderen Staatsverträgen oder nach der die Ausländer treffenden K.O. vom 22. Mai 1843 — cf. unten Nr. 6 sub II. und III.

h) Wollen Angehörige des preußischen Staats das Gewerbe nicht in Preußen betreiben, so fällt mit der Rücksicht auf die Steuer auch das Erforderniß des Gewerbescheins, und genügt für diejenigen Staaten des deutschen Reichs, in welchen die B.G.O. Reichsgesetz ist, ein auf Grund des § 44 B.G.O. ausgestellter Legitimationsschein oder eine Legitimationskarte, für andere zum Zollverein gehörige Staaten die letztere. — Min.-Instruktion v. 4. September 1869. —

Nachsuchung und Ertheilung des Legitimations- und Gewerbescheins.

6. Der das Verfahren bei der Nachsuchung von Gewerbscheinen regelnde § 9 H.R. beruht auf dem Princip, den Gewerbtreibenden zu nöthigen,

---

*) Es unterscheidet sich dieser Legitimationsschein von dem Hausir-Legitimationsschein (§ 55 B.G.O.) dadurch, daß er von persönlichen Eigenschaften des Bewerbers nicht abhängig ist (cf. Motive bei Höinghaus S. 76 ff.), daß er demjenigen, der ein stehendes Gewerbe betreibt, nicht verweigert werden darf, und daß er nur das gesetzliche Bestehen des stehenden Gewerbes bescheinigt, somit den Vorschriften der §§ 57 und 60 B.G.O. nicht unterworfen ist.

jedes Jahr seine Heimath von Neuem zu bekunden und dadurch die Heimathslosigkeit als eine Folge des Hausir-Gewerbes auszuschließen. Min.Reskr. vom 2. April 1830 — Hoffmann S. 74. — Dieses Prinzip hat das Min.Reskr. vom 8. April 1831 — Hoffmann S. 75 — auch auf die Behandlung der Ausländer ausgedehnt und angeordnet, daß der einen Gewerbeschein nachsuchende Ausländer seine Heimath durch ein Anerkenntniß seiner vaterländischen Behörde beurkunden müsse.

Die B.G.O. enthält keine Vorschrift darüber, bei welcher Behörde der Antrag auf Ertheilung eines Legitimationsscheins angebracht werden müsse, sondern bezeichnet nur im § 58 die Behörden, welche ihn zu ertheilen haben, und benennt als solche für die Legitimationsscheine II. Klasse die Unterbehörde des Wohnorts des Gewerbtreibenden, für die I. Klasse die höhere Verwaltungsbehörde.

Da nun in Preußen der Besitz des Legitimationsscheins als nothwendige Bedingung des Gewerbebetriebs aufgestellt und demgemäß eine Verbindung des Gewerbescheins mit diesem angeordnet ist, so hat die Min.Instr. zum Titel III. der B.G.O. folgende Regeln für die Anträge auf Ertheilung der Legitimations- und Gewerbescheine und für das Verfahren bei der Ertheilung derselben aufgestellt:

I. wenn der Antragsteller ein Angehöriger des preußischen Staates ist.

1) Handelt es sich um einen Legitimationsschein II. Klasse, mit welchem ein Gewerbeschein nicht zu verbinden ist, so ist der Antrag an die Polizeibehörde des Wohnorts des Gewerbtreibenden zu richten, welche zu prüfen hat, ob einer derjenigen Gründe vorhanden ist, wegen deren zufolge § 57 B.G.O. der Legitimationsschein versagt werden darf. Nach erfolgter Prüfung reicht die Orts-Polizeibehörde den Antrag mit ihrem Bericht unmittelbar der Unterbehörde des Wohnorts (nämlich dem Landrath, Amtshauptmann, Oberamtmann oder der städtischen oder königlichen Polizeibehörde) ein, wenn beide Behörden nicht identisch sind. Diese befindet über die Ertheilung des Legitimationsscheins. Wird er versagt, so ist die versagende Verfügung schriftlich zu erlassen, mit Gründen und einer Belehrung über das zuständige Rechtsmittel zu versehen und dem Antragsteller gegen Behändigungsschein zuzustellen. Gegen diese Verfügung ist der Recurs zulässig und an die Regierung (Landdrostei) — in Berlin an die erste Abtheilung des Polizei-Präsidiums — zu richten.

Diese Behörden entscheiden über den Rekurs auf Grund einer mündlichen Verhandlung, zu welcher der Rekurrent zu laden ist. Sie sind befugt, zuvor diejenigen Erhebungen anstellen zu lassen, welche für die Beurtheilung der Sache nothwendig erscheinen. Der Rekurs ist innerhalb 14 Tagen nach der Zustellung der Verfügung einzulegen und zu rechtfertigen und bei der ersten oder der zweiten Instanz einzureichen. Wird durch den auf Grund der mündlichen Verhandlung zu erlassenden Rekurs-Bescheid, welcher mit Gründen versehen sein muß, die angefochtene Verfügung bestätigt, so ist zugleich ausdrücklich darauf hinzuweisen, daß eine weitere Beschwerde nicht zulässig. Der Bescheid wird der Behörde, welche in I. Instanz entschieden hat, in Ausfertigung übersendet, welche ihn dem Rekurrenten zuzustellen hat. Ist der Rekurs für begründet erachtet, so fertigt diese letztere Behörde auf Grund des ihr zugegangenen Bescheides den nachgesuchten Legitimationsschein aus. —

2) Handelt es sich um einen Legitimationsschein I. Klasse, mit welchem ein Gewerbeschein zu verbinden, und betrifft derselbe nicht eine der im § 59 G.O. aufgeführten Gewerbebetriebsarten, so hat die Polizeibehörde des Wohnorts des Gewerbtreibenden, bei welcher der Antrag anzubringen ist, diesen mit ihrem Berichte über die Zulässigkeit aus § 57 G.O. unmittelbar der zuständigen Regierung einzureichen. Versagt diese die Ertheilung des Legitimationsscheins, so kann der Ansuchende entweder auf mündliche Verhandlung der Sache antragen oder binnen 14 Tagen seit der Zustellung der Verfügung den Rekurs einlegen. Auch der Antrag auf mündliche Verhandlung ist binnen 14 Tagen bei der Behörde anzubringen, welche den Bescheid erlassen. Wird auf Grund der mündlichen Verhandlung dahin entschieden, daß der nachgesuchte Legitimationsschein zu ertheilen, so fertigt die Behörde ohne weiteren schriftlichen Bescheid den Legitimationsschein aus. Wird dagegen die abweisende Verfügung aufrecht erhalten, so ist ein förmlicher Bescheid zu erlassen, der diesen Beschluß näher begründet und auf das dagegen zulässige Rechtsmittel verweist. Die Zustellung dieses Bescheides erfolgt gegen Behändigungsschein. Gegen diesen Bescheid ist ebenso, wie gegen den ersten (ohne mündliche Verhandlung ergangenen) der Rekurs an den betreffenden Ressort-Minister zulässig. In Ansehung des Rekursverfahrens gelten dieselben Regeln, wie sub 1.

Ist nun der Legitimationsschein ausgefertigt, so geht er kurzer Hand an die Abtheilung für die direkten Steuern derselben Regierung oder, wo solche nicht vorhanden, an den Steuerdezernenten zur Ausfüllung des angehängten Gewerbescheins, welcher demnächst unter Benachrichtigung des Antragstellers an die Steuerkasse des Wohnorts des Letzteren zur Aushändigung an diesen gegen Bezahlung der Steuer unmittelbar versendet wird. Steuerfreie Gewerbescheine werden den Antragstellern direkt zugeschickt. Die Landdrosteien in der Provinz Hannover befördern die von ihnen ausgefertigten Legitimationsscheine an die dortige Finanzdirektion, und das Polizei-Präsidium in Berlin an die Direktion für die Verwaltung der direkten Steuern daselbst, Behörden, welche dann das den Abtheilungen für direkte Steuern der Regierungen vorgeschriebene Verfahren zu beobachten haben.

3) Gehört das Gewerbe, für welches ein Legitimations- und Gewerbeschein nachgesucht wird, zu den im § 59 G.O. gedachten, so tritt im Allgemeinen das sub 2 gedachte Verfahren ein. Wird jedoch die Ertheilung des Legitimationsscheins auf Grund des § 59 G.O., also um deshalb versagt, weil schon eine dem Bezirk entsprechende Anzahl von Legitimationsscheinen ausgegeben worden, so findet jenes Verfahren nicht statt, die Versagung erfolgt vielmehr im Wege der einfachen Verfügung, gegen welche ein Rechtsmittel nicht zulässig ist.

4) Ist der Gewerbebetrieb legitimationsscheinfrei, aber gewerbscheinpflichtig (Verkehr mit aufgekauften rohen Erzeugnissen der Land- und Forstwirthschaft, des Garten- und Obstbaues), so sind die Anträge auf Ertheilung steuerpflichtiger Gewerbescheine in den drei ersten Gewerbesteuer-Abtheilungen an die Gemeindebehörde, in der vierten Abtheilung an den Landrath des Wohnorts des Gewerbtreibenden zu richten. Diese Behörden haben die für die Höhe des Steuersatzes maßgebenden Verhältnisse des beabsichtigten Gewerbebetriebes festzustellen, ohne sich auf eine Prüfung in polizeilicher Beziehung einzulassen, und darüber unter Beifügung eines Signalements des Antragstellers an die Bezirks-Regierung zu berichten. Diese bestimmt den Steuersatz, fertigt den Gewerbeschein aus und sendet ihn zur Aushändigung an den davon zu benachrichtigenden Antragsteller gegen Erlegung der Steuer der Steuerkasse des Wohnorts des Nachsuchenden zu. — In Berlin sind diese Anträge an die Direktion für die Verwaltung der direkten Steuern unmittelbar zu richten, welche dann den Gewerbeschein auszufertigen hat. —

5) Handelt es sich um Gewerbescheine, welche von Kaufleuten, Fabrikanten und Personen, die ein stehendes Gewerbe betreiben, zum Zweck des Ankaufs von Waaren oder des Aufsuchens von Waaren-Bestellungen im Umherziehen verlangt werden, so sind, da diese Gewerbescheine mit den Legitimationsscheinen (§ 44 G.O.) verbunden werden sollen, die Anträge auf Ertheilung dieser Legitimationsscheine an den Landrath oder die zuständige Polizeibehörde zu richten. Steht dem Antrage ein Bedenken nicht entgegen, so fertigt diese Behörde den Legitimationsschein aus, berechnet sodann

den Steuerbetrag und trägt diesen in das dem Legitimationsscheine angeschlossene Formular des Gewerbescheins ein. Der Schein ist demnächst auf kürzestem Wege und ohne besonderes Anschreiben der zur Einziehung der Gewerbesteuer bestimmten Kasse zu übersenden und gleichzeitig der Antragsteller zu benachrichtigen, daß er dort den Schein gegen Zahlung der veranlagten Steuer in Empfang nehmen könne.

Ist für den Gewerbeschein eine besondere Steuer nicht zu entrichten, so bemerkt die Behörde dieses an der für die Eintragung der Steuer bestimmten Stelle und fertigt den Schein unmittelbar dem Antragsteller zu. — Min.Instr. v. 4. September 1869. —

Nicht also die Regierung, sondern ausnahmsweise der Landrath oder in größeren Städten die Polizeibehörde wird zur Ausfertigung der Gewerbescheine ermächtigt. *)

---

*) Für die Berechnung der Steuer sind folgende Grundsätze aufgestellt (Min.Instr. v. 4. Septbr. 1869):

1. für solche Reisende, welche ausschließlich im Dienst eines einzigen, zur Steuer vom stehenden Gewerbebetriebe in der Handelsklasse A. I oder A. II veranlagten Geschäftsherrn reisen, ist die Steuer nach § 20 Gesetzes v. 19. Juli 1861 zu berechnen;
2. Reisende, welche im Dienst von in der Handelsklasse A. I oder A. II zur Steuer vom stehenden Gewerbe veranlagten Kaufleuten, und Fabrikanten reisen, aber gleichzeitig für mehrere Geschäftsherrn thätig sind, haben den vollen Steuersatz von 16 Thalern zu entrichten;
3. nach derselben Bestimmung sind diejenigen Reisenden zu veranlagen, welche im Dienst solcher Personen reisen, die ein stehendes Gewerbe betreiben, aber nicht in der Handelsklasse A. I oder A. II veranlagt sind;
4. wer zunächst nur für einen einzigen in der Handelsklasse A. I oder A. II veranlagten Geschäftsherrn gereist ist, im Laufe des Jahres aber auch Aufträge für andere Geschäftsherrn übernehmen will, hat ohne Rücksicht auf die etwa für den bisherigen Gewerbebetrieb bezahlte Steuer den vollen Steuersatz von 16 Thalern und zwar vor der Ausführung der ihm anderweit ertheilten Aufträge zu entrichten;
5. Kaufleute und Fabrikanten, welche in einer der Handelsklassen A. I oder A. II zur Gewerbesteuer vom stehenden Gewerbe veranlagt sind, und lediglich für eigene Rechnung in Gemäßheit des § 44 B.G.O. außerhalb des Orts ihrer gewerblichen Niederlassung Waaren aufkaufen oder Waarenbestellungen aufsuchen wollen, haben wegen dieses Gewerbebetriebes die Steuer nach Maßgabe des § 20 Gesetzes vom 19. Juli 1861 zu entrichten. Für Kaufleute und Fabrikanten, welche nicht in der Handelsklasse A. I oder A. II veranlagt sind, sowie für andere Personen, welche ein stehendes Gewerbe betreiben, beträgt zu gleichem Zwecke der Steuersatz 16 Thaler;

II. Wenn der Antragsteller ein Angehöriger eines derjenigen deutschen Bundesstaaten ist, in welchen die B.G.O. als Reichsgesetz gilt.

Dieser Fall unterscheidet sich von dem sub I. gedachten dadurch, daß die dem Preußen gewährten Steuerfreiheiten dem Antragsteller nicht zustehen, seine Verpflichtung zur Steuerzahlung vielmehr als eine allgemeine Regel anzusehen ist, von welcher nur durch die Zollvereins- und besondern Staatsverträge einzelne Ausnahmen begründet werden. Im Uebrigen sollen die einzelnen Fälle ebenso behandelt werden, wie wenn der Antragsteller dem preußischen Staate angehörte. Wenn also:

1) der Antragsteller bereits mit einem Legitimationsscheine I. oder II. Klasse von seiner Heimathsbehörde versehen worden ist, so hat er denselben mit seinem Antrage auf Zulassung zum Gewerbebetriebe im Umherziehen in Preußen bei dem Landrath (Kreis-Hauptmann 2c.) des Aufenthaltsortes einzureichen, welcher mit demselben das Verfahren sub I., 2 einzuschlagen hat. Die Regierung hat demnächst unter der Bezeichnung „Gewerbeschein" auf dem Legitimationsscheine die Zahlung der zu entrichtenden Gewerbesteuer zu vermerken und einen besonderen Gewerbeschein nur dann auszufertigen, wenn der Legitimationsschein hinlänglich Raum für diesen Vermerk nicht bietet.

2) Ist der Antrag auf eins der im § 59 B.G.O. gedachten Gewerbe gerichtet, so kann die Zurückweisung desselben, obwohl der Antragsteller bereits im Besitz eines — auf einen bestimmten Bezirk beschränkten — Legitimationsscheins ist, für den beantragten Bezirk aus den sub I., 3 erwähnten Gründen erfolgen. Wird dem Antrage stattgegeben, so ist ein besonderer mit dem Legitimationsscheine nicht verbundener Gewerbeschein nur dann auszufertigen, wenn der Legitimationsschein keinen Raum für den Gewerbescheins-Vermerk darbietet.

3) Ist der beabsichtigte Gewerbebetrieb legitimationsscheinfrei (I, 4), so muß der Antrag auf Ertheilung eines Gewerbescheins bei dem Landrath des Aufenthaltsortes angebracht werden, und tritt dann das sub I., 4 gedachte Verfahren ein.

4) Gehört der Antragsteller zu den im § 44 B.G.O. erwähnten Gewerbtreibenden, und ist der Antrag auf Zulassung zu dem im

---

6. bezüglich der Steuerfreiheit derjenigen Inländer, welche ein stehendes Gewerbe betreiben und zu dessen Behufe umherreisen, um die Materialien zu ihrer eigenen Fabrikation aufzukaufen, oder durch ihre umherreisenden Gewerbsgehülfen und Angehörige aufkaufen zu lassen, behält es bei den Bestimmungen des § 5 H.R. und der K.O. v. 27. März 1828 sein Bewenden.

§ 44 ibid. gekennzeichneten Gewerbebetriebe unter den dort gestellten Bedingungen gerichtet, so ist es nicht die für die „Inländer" ausnahmsweise zugelassene Unterbehörde, sondern die Regierung, welche dem einzureichenden einfachen Legitimationsscheine oder der Legitimationskarte unter Bestimmung des Steuersatzes den Gewerbeschein beizufügen hat. Es ist deshalb der Antrag zwar bei dem Landrathe des Aufenthaltsortes anzubringen, von diesem aber der Regierung einzureichen.

III. Wenn der Antragsteller ein Ausländer oder ein Angehöriger eines deutschen Bundesstaates ist, in welchem die G.O. als Reichsgesetz nicht eingeführt worden.

In diesem Falle muß, da sowohl die Legitimationsscheinpflicht, wie die Steuerfreiheit des Gewerbebetriebes fortfällt, der Absatz 2 des § 9 H.R. zur Anwendung gelangen. Es ist daher der Antrag an die Regierung desjenigen Bezirks zu richten, in welchem der Betrieb beabsichtigt wird, und hat diese Behörde die Zulässigkeit desselben zu prüfen und event. unter Feststellung des Steuersatzes den Gewerbeschein auszufertigen. Zur Erläuterung dieser Vorschrift sind ergangen:

1) das Min.Reskr. vom 2. April 1830 — Hoffmann, S. 74 —, in welchem die Regierungen angewiesen werden, mit aller Strenge darauf zu sehen, daß Ausländer, welche die Ausfertigung oder Visirung (beim Uebertritt in einen andern Regierungsbezirk) eines Gewerbescheins nachsuchen, sich über ihre Heimath ausweisen und zurückgewiesen werden, wenn sie außer Stande sind, ein Anerkenntniß ihrer vaterländischen Behörde beizubringen, seit dessen Ausstellung noch kein Jahr verflossen ist;

2) das Min.Reskr. vom 8. April 1831 — Hoffmann, S. 75 —, welches ausführt, daß als vaterländische Behörde nicht die Behörde des Geburtsortes anzusehen, sondern die des Wohnorts, und daß es genügt, wenn diese dem Antragsteller bezeugt, daß er daselbst seinen Wohnsitz habe, mag dies in Form eines Reisepasses oder eines besonderen Attestes geschehen;

3) das Min.Reskr. v. 15. Mai 1834 — Hoffmann, S. 77 —, das sich mit dem Falle beschäftigt, in welchem ein in einem ausländischen Handlungshause konditionirender Inländer einen Gewerbeschein Behufs Aufsuchens von Waaren-Bestellungen beansprucht, und ihn dahin entscheidet, daß wenn der Inländer durch sein Dienstverhältniß kein Domizil im Auslande erworben, er als Inländer zu behandeln und an die Regierung, in deren Bezirk sein diesseitiger Wohnort liegt, zu verweisen, im andern Falle aber als Ausländer anzusehen und beim Mangel irgend eines Domizils im Inlande oder Auslande als Vagabonde zur Erlangung eines Ge-

werbescheins überhaupt nicht als berechtigt zu erachten und deshalb zurückzuweisen sei.

Inhalt des Legitimations- und Gewerbescheins. § 60 B.G.O. — §§ 8 und 10 H.R.

7. Zu den nothwendigen Bestandtheilen des Inhalts eines Legitimationsscheins gehören das Signalement des Inhabers, die nähere Bezeichnung des beabsichtigten Gewerbebetriebes, das für die Dauer der Gültigkeit des Scheins maßgebende Kalenderjahr und endlich — bei den Legitimationsscheinen II. Klasse, wenn der Betrieb sich auf den Verkauf selbstverfertigter Wochenmarkts-Gegenstände oder das landesgebrauchsmäßige Anbieten gewerblicher Leistungen erstreckt — § 58 Nr. 2 B.G.O. — die Bezeichnung des zweimeiligen Betriebsbezirks, bei den Legitimationsscheinen I. Klasse, wenn das Gewerbe zu den im § 59 B.G.O. aufgezählten gehört, die Angabe des Bezirks, innerhalb dessen Gränzen der Betrieb gestattet ist.

Dieselben Requisite erfordert der Inhalt des Gewerbescheins, der jedoch nach § 8 in jedem Falle die Oertlichkeit, worauf sich der Gewerbebetrieb erstrecken soll, anzugeben hat. Da durch die Emanation der B.G.O. der Betriebs-Bezirk für die Angehörigen derjenigen Staaten, in welchen diese gilt, auf das ganze Gebiet des früheren norddeutschen Bundes und Hessens südlich des Main erweitert worden, so fällt im Allgemeinen dieses Requisit des Gewerbescheins fort. Es ist daher zu unterscheiden

1) der Fall, wo der Gewerbeschein mit dem Legitimationsscheine verbunden wird. Hier bedarf es weder einer Wiederholung der einzelnen Theile des bereits im Legitimationsscheine aufgeführten Inhalts, noch einer Hinweisung auf den Legitimationsschein, mit dem der Gewerbeschein untrennbar verbunden ist. Wo jedoch wegen irgend eines Grundes eine besondere Ausfertigung des Gewerbescheines neben dem Legitimationsscheine erfolgen muß, hat dieselbe auch vollständig dahin zu erfolgen, daß alle wesentlichen Requisite in den Inhalt aufgenommen werden.

2) Ist ein Gewerbeschein nöthig für einen legitimationsschein*freien* Verkehr, so muß derselbe den Erfordernissen des § 8 H.R. mit Ausnahme des Punktes über die Oertlichkeit entsprechen.

3) Soll der Gewerbeschein mit einem Handels-Legitimationsscheine (§ 44 B.G.O.) verbunden werden, so hat er nur den Zweck, den Inhaber über die Erfüllung seiner Steuerpflicht auszuweisen und bedarf, da der Legitimationsschein schon die nähere Kennzeichnung des Inhabers, des beabsichtigten Gewerbebetriebs und das Kalenderjahr enthält, nur der Angabe des Steuersatzes. Sollten jedoch die durch § 44 cit. gesetzten Beschränkungen dieses Gewerbebetriebs nicht in den Legitimationsschein aufgenommen sein, so sind sie dem Gewerbeschein einzuverleiben, weil sie wesentliche Requisite des

Steuersatzes sind und ein Abweichen von ihnen eine Aenderung des letzteren bewirkt.

4) Der einem Ausländer oder Angehörigen eines deutschen Bundesstaates, in welchem die B.G.O. nicht eingeführt ist, auszustellende Gewerbeschein endlich hat der Regel des § 8 H.R. zu entsprechen und zwar auch in Ansehung der Oertlichkeit, da der Betriebsbezirk dieser Gewerbtreibenden von der Aenderung der B.G.O. nicht getroffen wird.

8. Die nähere Bezeichnung des beabsichtigten Gewerbebetriebs darf nicht in einer bloßen Angabe der Art desselben bestehen, sondern muß die zum feilen Verkauf herumzuführenden, oder die anzukaufenden Waaren, resp. die Dienstleistungen oder Schaustellungen näher anführen. Diese Anführung giebt den Maßstab, nach welcher die Legalität der Ausübung des Betriebes zu prüfen und zu beurtheilen ist. Ein jedes Hinausgehen über die durch sie gezogenen Gränzen wird strafbar und zwar nicht sowohl als Verletzung einer polizeilichen Schranke des Gewerbebetriebes, sondern vielmehr als eine Uebertretung des Steuergesetzes und wird nach § 27 H.R. mit der Strafe der Steuerdefraudation geahndet. Wenn daher ein im Besitze eines Gewerbescheins befindlicher Gewerbtreibender eine vorher nicht bestellte Waare mit sich führt, welche nicht zu den im Gewerbeschein aufgeführten Arten gehört, so trifft ihn die Strafe des § 27 H.R. — Das Min.Reskr. v. 3. November 1825 — Hoffmann, S. 66 — will die Strafe auch dann angewendet wissen, wenn jene Waare vorher bestellt war. — Allein mit Unrecht, da durch die Bestellung der Begriff des Hausir-Handels aufgehoben wird. —

9. Die Gewerbesteuer wird in einem Betrage für das ganze Kalenderjahr entrichtet; eine Vertheilung derselben auf die einzelnen Abschnitte des Jahres findet nicht statt. Es kommt deshalb für die Zahlung der vollen Steuer auf den Zeitpunkt nicht an, an welchem die Ausstellung des Gewerbescheins gefordert wird. Auch derjenige, welcher erst für den Monat December eines Kalenderjahres oder einen Theil desselben das Gewerbe im Umherziehen betreiben will, hat die volle Jahressteuer zu entrichten. Derselbe Grundsatz kommt bei den Bestrafungen zur Anwendung. Sobald auch nur ein Fall eines unbefugten Gewerbebetriebes in einem Kalenderjahre nachgewiesen ist, muß die Strafe nach dem Betrage der ganzen Jahressteuer berechnet und die Nachzahlung der vollen Jahressteuer angeordnet werden selbst dann, wenn erwiesen werden sollte, daß dieser in die letzten Tage des Kalenderjahres fällt und in der übrigen Zeit ein Gewerbebetrieb nicht stattgehabt hat. —

10. Verschiedene in einem und demselben Jahre erfolgte Ausübungen des Gewerbebetriebs im Umherziehen ohne Gewerbeschein stellen nur

eine Steuerdefraudation dar, weil sie alle als Einzelhandlungen eines unerlaubten Gewerbes anzusehen und nur dieses, nicht jede Einzelhandlung steuerpflichtig ist. Es kann daher für sie alle auch nur einmal die Strafe der Steuerdefraudation ausgesprochen werden. — Fallen jedoch nach einem ergangenen Erkenntnisse neue Betriebshandlungen vor, so bilden diese, auch wenn sie mit den früheren in dasselbe Kalenderjahr fallen, einen neuen Steuerfall. Den Erkenntnissen stehen die rechtskräftigen Strafresolute der Regierungen gleich. Dagegen bedarf es bei den Erkenntnissen der Gerichte des Eintritts der Rechtskraft nicht und sind schon diejenigen Fälle, welche nach dem Erkenntnisse erster Instanz verübt werden, Gegenstand einer neuen Bestrafung, wenn auch gegen das Erkenntniß die zulässigen Rechtsmittel eingelegt worden sind.

11. Derjenige, welcher in zwei verschiedenen Kalenderjahren ohne Gewerbeschein umherziehend ein Gewerbe betreibt, verwirkt als Strafe das Vierfache der Steuer für beide Jahre, sollten die Gewerbshandlungen auch alle in einen zwölfmonatlichen Zeitraum zusammenfallen. Erk. des Ob.Trib. vom 17. Juni 1869 — Opp., Rechtspr. B. 10 S. 428. — Ebenso muß die Nachzahlung der Jahressteuer für zwei Kalenderjahre ausgesprochen werden', da der Betrieb nicht eines, sondern zweier Gewerbescheine bedurft hätte.

12. Zum Betriebe des Gewerbes im Umherziehen, mag er dauernd oder nur vereinzelt erfolgen, ist der Besitz des Gewerbescheins erforderlich. Es kann daher der Mangel eines solchen durch den Einwand nicht gerechtfertigt, und im gegebenen Falle die Strafe des § 26 H.R. durch den Nachweis nicht ausgeschlossen werden, daß der Antrag auf Ertheilung eines Gewerbescheins bereits gestellt worden sei, und zwar selbst dann nicht, wenn die Stellung desselben rechtzeitig erfolgt, die Verzögerung der Ausfertigung aber der betr. Behörde zur Last fällt. —

13. Um die durch eine mögliche Verzögerung bei der Ertheilung des Gewerbescheins bedingten nachtheiligen Folgen für einen dauernden Gewerbebetrieb auszuschließen, trifft der Schlußsatz des § 10 H.R. die Anordnung, daß die Erneuerung der Gewerbescheine wenigstens drei Monate vor Ablauf des Kalenderjahrs nachgesucht werden solle. Da dieser Vorschrift eine Strafandrohung für den Fall der Nichtbefolgung nicht beigefügt ist, so hat sie trotz der Wahl des Wortes „muß" nur den Charakter eines den Gewerbtreibenden gegebenen Raths. —

Kap. III. Persönliche Erfordernisse zum Gewerbebetriebe im Umherziehen.

§ 57 B.G.O. — §§ 11 und 12 H.R.

§ 57 B.G.O.

Einem Bundesangehörigen, welcher innerhalb des norddeutschen Bundesgebietes einen festen Wohnsitz besitzt und das 21ste Lebensjahr überschritten hat, darf der Legitimationsschein vorbehaltlich der Bestimmung des § 59 nur dann versagt werden, wenn er:

1) mit einer abschreckenden oder ansteckenden Krankheit behaftet ist.
2) oder wegen strafbarer Handlungen aus Gewinnsucht, gegen das Eigenthum, gegen die Sittlichkeit, wegen vorsätzlicher Angriffe auf das Leben und die Gesundheit der Menschen, wegen vorsätzlicher Brandstiftung, wegen Zuwiderhandlungen gegen Verbote oder Sicherungsmaßregeln, betreffend Einführung oder Verbreitung ansteckender Krankheiten oder Viehseuchen zu Gefängniß von mindestens sechs Wochen, oder zwar zu einer geringeren Strafe verurtheilt, aber in der Ausübung der bürgerlichen Ehrenrechte beschränkt worden ist, innerhalb zweier Jahre nach erfolgter Verurtheilung, und im Falle der Gefängnißstrafe nach verbüßtem Gefängniß;
3) oder unter Polizei-Aufsicht steht;
4) oder wegen gewohnheitsmäßiger Arbeitsscheu, Bettelei, Landstreicherei, Trunksucht übel berüchtigt ist.

Die Behörde muß innerhalb vierzehn Tagen dem Nachsuchenden entweder den Legitimationsschein ertheilen oder unter Angabe des gesetzlichen Hinderungsgrundes schriftlich versagen. Gegen die Versagung steht der Rekurs zu. Wegen des Verfahrens und der Behörden gelten die Vorschriften der §§ 20 und 21. —

Ausländern kann der Gewerbebetrieb im Umherziehen gestattet werden. Der Bundesrath ist befugt, die deshalb nöthigen Bestimmungen zu treffen.

H.R.

§ 11. Im Allgemeinen und innerhalb der Grenzen der gegenwärtigen Bestimmungen, wird es dem pflichtmäßigen Ermessen der Regierungen überlassen, welchen Personen sie den Gewerbsbetrieb im Umherziehen gestatten wollen; jedoch ist dabei auf nachstehende Erfordernisse unverbrüchlich zu halten:

1) Es darf der Gewerbschein für Niemand ausgefertigt werden, als von welchem die Polizeibehörde seines Wohnorts pflichtmäßig

versichert, daß ihr derselbe als ein Mensch von gutem Rufe und unbescholtenen Sitten, nach vorgängiger genauer Erkundigung, hinreichend bekannt geworden sei. Wer jedoch einmal auf den Grund einer solchen Versicherung den Gewerbschein erhalten hat, dem soll die Erneuerung desselben nicht anders als aus besondern gegen ihn sprechenden Gründen, versagt werden dürfen.

2) Personen, die unter väterlicher oder vormundschaftlicher Obhut stehen, müssen, wofern ihnen sonst der Gewerbschein ertheilt werden kann, bei dessen Nachsuchung die Einwilligung der Eltern oder Vormünder, und ebenso Ehefrauen, die ihrer Ehemänner, in Privatdiensten stehende Personen aber, die Zustimmung ihrer Dienstherrschaft beibringen.

3) Der Gewerbschein darf an Niemand gegeben werden, der mit einer auffallenden und ekelhaften Krankheit oder einem dergleichen Gebrechen behaftet ist, und ebenso wenig

4) an Jemand, welcher nicht innerhalb Landes einen festen Wohnsitz genommen hat, wo er die öffentlichen und Gemeindelasten, gleich andern Orts-Einwohnern trägt.

Auch soll

5) in der Regel Leuten unter dreißig Jahren nicht erlaubt werden, ein Gewerbe im Umherziehen zu betreiben; es wäre denn, daß das Gewerbe eine förmliche Erlernung erforderte, und doch nicht wohl auf eine andere Weise als im Umherziehen getrieben werden könnte.

§ 12. Ausländern darf in der Regel der Gewerbebetrieb im Umherziehen nur für den Hausir-Handel mit den § 14 unter Nr. 1 bezeichneten Waaren, ferner um Waaren-Bestellungen zu suchen und zu den §§ 17 bis 19 genannten Dienstleistungen und Schaustellungen, außerdem aber nur dann gestattet werden, wenn ihr Gewerbe in der Gegend entweder gar nicht, oder nicht mit der ihnen eigenen Geschicklichkeit getrieben wird, und doch als öffentliches Bedürfniß anzusehen ist, oder, wenn die Reziprozität gegen Nachbarstaaten solches erfordert. Im letzteren Falle bedarf es aber der gemeinschaftlichen Genehmigung der Ministerien des Handels, des Innern und der Polizei und der Finanzen. Jedenfalls muß auch bei Ausländern auf die im § 11 unter 1. 2. und 3. vorgeschriebenen Erfordernisse, und zwar auf das erste in der Art, daß sie ein solches Zeugniß ihrer Unbescholtenheit, von Seiten ihrer auswärtigen Obrigkeit ausgestellt, der Regierung einreichen müssen, sorgfältig Bedacht genommen werden.

---

1. Von Bedeutung ist es für das Steuer-Interesse, daß die für den Gewerbebetrieb im Umherziehen festgesetzte Steuer entrichtet wird, nicht aber, wer dieselbe zahlt. Die Bedingungen des § 11 H.R. stellen sich daher als eine Beschränkung des Gewerbebetriebs dar, welche dem Zwecke der Sicherung des Publikums gegen Belästigungen durch die Gewerbtreibenden, der Verhütung eines Mißbrauchs der dem Gewerbebetriebe zustehenden Rechte und des Schutzes gegen die Vermehrung des Vagabondenthumes, also den Interessen der Gewerbe-Polizei dient. Es ist demgemäß der § 11 cit. den Einwirkungen der B.G.O. ausgesetzt. Auch sie ordnet im § 57 an, daß bestimmte Eigenschaften die Person zum Betriebe des Hausir-Gewerbes ungeeignet machen, unterscheidet sich jedoch von dem H.R. einestheils durch eine bestimmtere Aufzählung der die Fähigkeit zum Betriebe negirenden Eigenschaften, anderentheils durch die prinzipielle Aenderung, daß die Versagung des Legitimationsscheins weniger in das Arbitrium der Regierungen gelegt, als vielmehr an die durch § 57 gegebenen Voraussetzungen gebunden ist. Ein Gelten beider Gesetzgebungen neben einander würde zu dem Widerspruch führen, daß in nicht seltenen Fällen die Ertheilung des Legitimationsscheins erfolgen müßte, in welchen die des Gewerbescheins versagt werden könnte. — Bei dieser Sachlage muß der § 11 H.R. durch die B.G.O., also überall da als aufgehoben angesehen werden, wo die Vorschriften der B.G.O. als Reichsgesetz zur Anwendung gelangen, und ist daher die persönliche Befähigung zum Gewerbebetriebe im Umherziehen in Betreff der Angehörigen derjenigen deutschen Bundesstaaten, in welchen die B.G.O. eingeführt ist, nur nach den Voraussetzungen und Vorschriften der B.G.O. zu beurtheilen. Wer nach diesen zum Betriebe des Gewerbes im Umherziehen berechtigt ist, sei es auf Grund eines Legitimationsscheins oder ohne einen solchen, dem darf der Gewerbeschein nicht verweigert werden.

Ausnahmen. 2. Ohne Berücksichtigung der persönlichen Eigenschaften des Gewerbtreibenden und nur unter der einen Bedingung, daß derselbe ein Angehöriger des früheren norddeutschen Bundes oder Hessens jenseits des Mains ist, muß der Gewerbeschein ertheilt werden zum An- oder Verkauf roher Erzeugnisse der Land- und Forstwirthschaft, des Garten- und Obstbaues, sobald dieser Verkehr gewerbescheinpflichtig wird. Die B.G.O. hat diese Art des Gewerbebetriebes — § 55 — von jeder Beschränkung befreit und für legitimationsscheinfrei erklärt, und ist es deshalb nicht gestattet, sie in Ansehung der Gewerbesteuer irgend welchen

Bedingungen zu unterwerfen. Demgemäß hat die Min.Instr. zur Ausführung des Tit. III der G.O. angeordnet, daß die Gesuche um Ertheilung von Gewerbescheinen für diese Art des Gewerbebetriebes einer Prüfung in polizeilicher Beziehung nicht unterworfen, sondern nur mit einem Berichte über die für die Höhe der Steuer maßgebenden Verhältnisse des beabsichtigten Gewerbebetriebes und einem Signalement des Antragstellers von den betr. Unterbehörden an die Regierungen eingereicht werden sollen.

3. Dieselbe Ausnahme findet statt bei Kaufleuten, Fabrikanten und anderen ein stehendes Gewerbe betreibenden Personen, wenn sie selbst oder durch in ihren Diensten stehende Reisende im Umherziehen Waaren aufkaufen oder Waaren-Bestellungen aufsuchen wollen, und zwar indem sie die aufgekauften Waaren nur Behufs deren Beförderung nach dem Bestimmungsorte und von den Waaren, auf welche sie Bestellungen suchen, nur Proben und Muster mit sich führen. Auch diese Art des Gewerbebetriebes ist von der G.O., welche in ihr überhaupt nur einen berechtigten Ausfluß des stehenden Gewerbes sieht, und deshalb ihrer im § 44 gedenkt, von jeder Beschränkung befreit. Es kann daher die Ertheilung des für sie erforderlichen Gewerbescheines nicht abhängig gemacht werden von dem Nachweis des Vorhandenseins der im § 57 G.O. vorausgesetzten persönlichen Eigenschaften, sondern genügt das Vorliegen derjenigen Bedingungen, welche die Ertheilung eines Handels-Legitimationsschein ermöglichen.

4. In beiden Ausnahmefällen (sub Nr. 2 und 3) kann daher das Gewerbe im Umherziehen von Kindern, von bestraften Personen, welche nicht im Besitze der bürgerlichen Ehrenrechte sind, oder unter Polizei-Aufsicht stehen, u. s. w. unbeschränkt betrieben werden. Wenn auch im Falle der Nr. 3 das Interesse des Kaufmanns ꝛc., welcher Reisende umherschickt, ein ausreichendes Korrektiv gegen die Gefahren enthält, die ein derartig unbeschränkter Gewerbebetrieb in sich birgt, kann doch für den Fall der Nr. 2 eine gleiche Motivirung der gänzlichen Befreiung des Gewerbebetriebs nicht geltend gemacht werden, zumal auch der § 14 G.O., welcher die polizeiliche Anmeldung auch eines solchen Gewerbebetriebs fordert, keine weiteren Garantieen gegen etwaigen Mißbrauch bietet, weil die Anmeldung irgend einer polizeilichen Prüfung nicht unterzogen werden darf.

5. In allen übrigen Fällen fällt in Betreff der Angehörigen Preußens die Ertheilung des Gewerbescheins mit der des Hausir-Legitimationsscheins zusammen, und ist das betr. Gesuch daher einer Prüfung zu unterwerfen, welche nach den Vorschriften des § 57 G.O. vorzunehmen. Ist das Gesuch von einem Angehörigen eines anderen deutschen Staats ausgegangen, in welchem die G.O. Reichsgesetz ist, so Persönliche Bedingungen.

bedarf es einer derartigen Prüfung nicht, weil demselben der von der Heimathsbehörde ausgestellte Legitimationsschein beigefügt und dadurch der Nachweis geführt werden muß, daß die Prüfung der persönlichen Eigenschaften des Gewerbtreibenden bereits stattgehabt hat.

Alter. 6. Während der § 11 H.R. als Regel aufstellte, daß erst ein Alter von dreißig Jahren zum Betriebe des Hausir-Gewerbes berechtige, hat der § 57 B.G.O. das vollendete einundzwanzigste Lebensjahr, also den Eintritt der Großjährigkeit, als terminus a quo angenommen. Es ist jedoch diese Altersstufe nicht als eine conditio, sine qua non anzusehen, sondern vielmehr nur als diejenige Altersgränze, welche der betr. Verwaltungsbehörde das Recht entzieht, die Versagung des Legitimations- und Gewerbescheins auf das unpassende Alter des Petenten zu stützen, ohne ihr auf der anderen Seite die Befugniß zu entziehen, auch jüngeren Personen bei gegebenen Verhältnissen die nachgesuchten Scheine zu ertheilen. Es wird daher auch jetzt noch das Prinzip des Min.Reskr. vom 17. April 1839 — Schimmelfennig, S. 622 Nr. 433 — Geltung behalten, nach welchem 1) bei solchen Gewerben, die eine förmliche Erlernung erfordern, und doch nicht wohl anders als im Umherziehen betrieben werden können (z. B. Viehschneider, Kammerjäger, Hengstreiter u. s. w.); 2) bei dem Verkauf roher Landesprodukte, welche vom Schiffe oder vom Wagen aus verhandelt zu werden pflegen; 3) bei jedem Gewerbebetriebe im Umherziehen, wenn die persönlichen Verhältnisse des Ansuchenden eine besondere Berücksichtigung verdienen (z. B. der Sohn eines verstorbenen Hausirers zur Ernährung der Familie des Vaters das Geschäft fortsetzen will); 4) bei demjenigen Gewerbebetriebe, durch welchen einem dringenden örtlichen Bedürfnisse abgeholfen werden soll; von dem Requisite des als allgemeine Regel geltenden Lebensalters abgesehen werden kann.

7. In gleicher Weise ist auch das Min.Reskr. vom 21. Januar 1844 — Schimmelfennig, Nr. 626 S. 436 — noch zu beachten, nach welchem Gewerbescheine zum Aufsuchen von Waaren-Bestellungen und Ankaufen von Waaren im Umherziehen, falls die Gewerbtreibenden nicht zu der Kategorie der im § 44 B.G.O. aufgeführten Personen gehören (cf. oben Nr. 3), nicht an Personen verabfolgt werden sollen, welche nicht mindestens das zwanzigste Lebensjahr zurückgelegt haben.

Krankheit. 8. Zu den „abschreckenden oder ansteckenden" Krankheiten gehört das Gebrechen der Taubstummheit nicht. Demnach ist der Legitimations- und Gewerbeschein an taubstumme Personen, jedoch nur dann zu ertheilen, wenn ihre Ausbildung für das praktische Leben und für den Verkehr mit dem Publikum auf eine unzweifelhafte Weise dargethan wird. — Min.Reskript vom 17. Mai 1845 — Schimmelfennig, S. 622 — Nr. 432.

9. Die Nr. 2 des § 57 G.O. hat durch die Einführung des Strafgesetzbuchs für das deutsche Reich insofern eine Modification erlitten, als ein Verlust der bürgerlichen Ehrenrechte überhaupt nur ausgesprochen werden darf, wenn die erkannte Gefängnißstrafe die Dauer von mindestens drei Monaten erreicht. Der Verlust ist stets ein zeitiger und kann bei Zuchthausstrafe, welche, obwohl im § 57 cit. nicht besonders erwähnt, zweifellos als das Majus hier der Gefängnißstrafe gleich stehen muß, in der Dauer von zwei bis zehn Jahren, bei der Gefängnißstrafe in der von einem bis fünf Jahren ausgesprochen werden. Da nun in den Fällen, in welchen den Gewerbetreibenden ein Verlust der Ehrenrechte getroffen hat, die Verweigerung des Legitimations- und Gewerbescheins nur an den Zeitraum von zwei Jahren nach Verbüßung der Freiheitsstrafe gebunden ist, so dürften die vom Gesetz schwerlich gemeinten Fälle nicht selten vorkommen können, daß einer Person, die eine mehr oder weniger lange Zuchthausstrafe erlitten hat und sich nicht im Besitze der bürgerlichen Ehrenrechte befindet, die Ertheilung des Legitimations- und Gewerbescheins nicht versagt werden darf*). — Dagegen kann die durch das Strafgesetzbuch eingeführte vorläufige Entlassung der zu längeren Gefängniß- und zu Zuchthaus-Strafen Verurtheilten aus der Gefangen- oder Strafanstalt hier ein Gewicht nicht haben. — Der Zeitpunkt, von welchem ab die im § 57 G.O. gedachten zwei Jahre zu berechnen, ist nicht der der vorläufigen Entlassung, sondern der der Verbüßung der erkannten Strafe; die Möglichkeit, daß der vorläufig Entlassene in die Gefangen- oder Strafanstalt zurückgeliefert werden muß, sowie die polizeiliche Ueberwachung seines Verhaltens während der Dauer der vorläufigen Entlassung kennzeichnen diese Zeit als einen Theil der Strafverbüßungszeit. Bestrafung.

10. Die in der Nr. 2 gedachten zwei Jahre sind zur Zeit, da der Verlust der bürgerlichen Ehrenrechte nur neben einer Zuchthaus- oder Gefängnißstrafe von mindestens drei Monaten, niemals aber neben einer nach Qualität oder Quantität geringeren Strafe ausgesprochen werden kann, stets von dem Tage der verbüßten Freiheitsstrafe ab zu berechnen, nicht vom Tage der Verurtheilung ab. — Hat eine Strafverbüßung wegen erfolgter Begnadigung oder Strafverjährung überhaupt nicht stattgefunden, so muß der Berechnung der Tag der Begnadigung oder der eingetretenen Verjährung zu Grunde gelegt werden.

11. Zu den strafbaren Handlungen aus Gewinnsucht gehören die

*) Es ist zu hoffen und zu erwarten, daß diesem Uebelstande im Interesse der Kriminalrechtspflege durch eine gesetzliche Vorschrift abgeholfen wird, da gerade der Betrieb des Gewerbes im Umherziehen zur Begehung neuer Verbrechen die beste Gelegenheit und den größten Anreiz bietet.

Zuwiderhandlungen gegen die Zoll- und Steuer-Gesetze nicht, da sie, wenn schon aus Gewinnsucht verübt, doch principaliter nur mit Geldstrafen bedroht werden, bei ihnen also die Voraussetzungen der Nr. 2 des § 57 nicht eintreten können.

Berüchtigt sein. 12. Der Begriff des „übel berüchtigt sein" setzt nicht unbedingt eine gerichtliche Bestrafung voraus. Es ist daher sehr wohl möglich, daß Jemand wegen gewohnheitsmäßiger Bettelei oder Landstreicherei übel berüchtigt ist, ohne daß er wegen dieser Uebertretungen bestraft worden. Welche Thatsachen vorliegen müssen, um das „übel berüchtigt sein" darzustellen und zu rechtfertigen, ist ganz dem Ermessen derjenigen Verwaltungsbehörde anheimgegeben, welche den Legitimations- und resp. Gewerbeschein auszufertigen hat. Da jedoch ihr Bescheid im Falle der Ablehnung einem Angriffe durch Einlegung des Rekurses ausgesetzt ist, so wird sie die ihrem Ausspruche zu Grunde liegenden Thatsachen anzuführen und dadurch die Annahme der Nr. 4 des § 57 B.G.O. zu rechtfertigen haben.

Ausländer. 13. Anders steht die Sache bei Ausländern, d. h. bei den Angehörigen 1) derjenigen Staaten, welche nicht zum deutschen Reiche gehören, 2) derjenigen deutschen Bundesstaaten in welchen die B.G.O. als Reichsgesetz nicht eingeführt ist. Ihnen kann nach § 12 H.R. und § 57 B.G.O. der Gewerbebetrieb im Umherziehen sowohl innerhalb des preuß. Staates, wie innerhalb des ganzen Geltungsgebietes der B.G.O. gestattet werden. —

Da jedoch das Institut des Legitimationsscheines auf sie keine Anwendung findet, auch die durch die B.G.O. eingeführten Freiheiten des Gewerbebetriebes ihnen nicht zu Gute kommen können, sie vielmehr — wie die Motive zum Tit. III der B.G.O.*) besagen — ausdrücklich mit einem anderen Maße auch in gewerbepolizeilicher Beziehung gemessen werden sollen, als die Inländer, so sind bis auf Weiteres in

---

*) Die Motive — bei Höinghaus S. 94 — bemerken in dieser Beziehung: „Wenn es unbedenklich war, in Bezug auf die Zulassung zum stehenden Gewerbebetriebe die Ausländer den Bundesangehörigen gleich zu behandeln, so gilt nicht Gleiches von der Zulassung der Ausländer zum Gewerbebetriebe im Umherziehen. Schon an und für sich würde es inkorrekt sein, Ausländern, welche der regelmäßigen Kontrolle nicht unterliegen, gewissermaßen ein Recht auf die Zulassung zu einem, besondere Zuverlässigkeit bedingenden Gewerbebetriebe zu gewähren, da solche Rechte naturgemäß nur Inländern zustehen können. Abgesehen hiervon sprechen aber die erheblichsten sicherheitspolizeilichen Bedenken gegen die Zulassung der Elemente, welche mit ihrem Wandergewerbe den Kontingent zu durchziehen gewöhnt sind, zu den überaus leichten Bedingungen, welche für die inländische, durchaus anders geartete Bevölkerung vorgeschrieben sind."

Preußen auf sie die Vorschriften des § 12 H.R. in Anwendung zu bringen.

14. In Ansehung der die Ertheilung eines Gewerbescheins bedingenden Gewerbesteuer gelten als „Ausländer" die Angehörigen jedes anderen, als des preußischen Staates, gleichgültig, ob er zu den deutschen Bundesstaaten gehört oder nicht. — In Betreff ihrer ordnet § 7 des Gesetzes vom 30. Mai 1820 an, daß aller Handel der Ausländer auf Messen und Jahrmärkten steuerfrei sei, und stellt im Uebrigen besondere Steuersätze für den Hausir-Handel der Ausländer nicht auf, unterwarf sie sonach den für die Inländer geltenden Sätzen. Der § 12 H.R. beschränkt nur die Fälle, in welchen den Ausländern ein Gewerbeschein ertheilt werden darf, berührt jedoch die Steuerfrage nicht. Dagegen schreibt die K.O. vom 22. Mai 1843 — G.S. S. 301 — vor, daß der Finanz-Minister ermächtigt sein soll, die durch das Gewerbesteuer-Gesetz vom 30. Mai 1820 bestimmte Steuer für die Angehörigen solcher Länder, in welchen die diesseitigen Unterthanen, hinsichtlich der von ihnen zu entrichtenden Gewerbsabgaben (Gewerbe-, Patentsteuer u. s. w.) minder günstig, als die eigenen Angehörigen jener Länder behandelt und außer Verhältniß zu der, von den Angehörigen anderer Länder in Preußen zu entrichtenden Steuer belastet würden, nöthigenfalls bis auf das Achtfache zu erhöhen; daß eine gleiche Steuererhöhung auch für diejenigen, welche den vorbezeichneten Ländern nicht angehören, in dem Falle angeordnet werden könne, wenn sie für Rechnung der Angehörigen solcher Länder irgend ein Gewerbe im Umherziehen im diesseitigen Gebiete betreiben, und daß derjenige, welcher ohne Entrichtung der hiernach festzusetzenden und zu erlegenden Steuer selbst oder durch Andere ein von dieser Steuer betroffenes Gewerbe betreibe, oder es unternehme, diese Steuer ganz oder theilweise auf irgend eine Art zu umgehen, neben der Konfiskation der des Gewerbes wegen mitgeführten Gegenstände das Vierfache der *erhöhten* Jahres-Steuer als Strafe verwirkt habe.

15. Eine fernere Vorschrift über die Höhe der Steuer brachte der Art. 18 des Zollvereins-Vertrages vom 11. Mai 1833, in welchem bestimmt wird, daß vereinsländische Unterthanen keine gewerblichen Abgaben entrichten sollen, welcher nicht gleichmäßig die in demselben Verhältnisse stehenden eigenen Unterthanen unterworfen sind. Demgemäß muß der Gewerbebetrieb im Umherziehen da, wo er nach dem H.R. steuerfrei ist (z. B. § 6) auch den Angehörigen eines Vereinslandes wenn überhaupt, so steuerfrei (aber nicht gewerbscheinfrei) gestattet werden. Min.Reskr. vom 2. September 1834 — Hoffmann, S. 110. — Dasselbe Prinzip gelangt auch bei der Anwendung des Regulativs vom 4. December 1836 und bei der durch es gestatteten Herabsetzung der

Gewerbesteuer zur Geltung, so daß die betr. Ermäßigung auch dem vereinsländischen Gewerbetreibenden zu Gute kommen muß.

16. Hiernach steht die Sache in Ansehung der Ausländer folgend:

a) Diejenigen nichtpreußischen Inländer, welche Angehörige eines die B.G.O. als Reichsgesetz anerkennenden deutschen Bundesstaates sind, werden zwar in gewerbepolizeilicher Beziehung den Angehörigen Preußens gleich behandelt, nicht aber in Betreff der Gewerbesteuer. Liegen daher die subjektiven und objektiven Requisite vor, welche die B.G.O. für den Gewerbebetrieb im Umherziehen erfordert, so kann ihnen zwar die Ertheilung eines Gewerbescheins nicht versagt werden, welche Steuer sie jedoch für denselben zu entrichten haben, oder ob sie Steuerfreiheit für denselben zu fordern berechtigt sind, hängt davon ab, ob auf sie der Art. 18 des Zollvereins-Vertrages vom 11. Mai 1833, oder ein etwa besonders abgeschlossener Staats-Vertrag mit ihrem Heimaths-Staate Anwendung findet. Auf die durch das H.R. gewährten Steuerfreiheiten haben sie an sich keinen Anspruch.

b) Die Ausländer und diejenigen Inländer, in deren Heimathsstaaten die B.G.O. nicht Geltung hat (Bayern, Württemberg und Baden) sind in Ansehung des Gewerbebetriebes im Umherziehen in polizeilicher Beziehung den Beschränkungen des § 12 H.R. und in Betreff der Gewerbesteuer denen der K.O. vom 22. Mai 1843 insoweit unterworfen, als nicht die mit den betreffenden Staaten geschlossenen Zollvereins- oder Staats-Verträge eine Ausnahme statuiren (wie z. B. bei dem durch Kaufleute betriebenen Aufsuchen von Waaren-Bestellungen im Umherziehen, für welche Betriebsart nach den Zollvereinsverträgen die Gewerbe-Legitimationskarte in polizeilicher Beziehung genügt). Diese Beschränkungen bestehen darin:

1) daß ihnen ein Gewerbeschein nur ertheilt werden soll zum Gewerbebetriebe mit Wochenmarkts-Gegenständen, zum Aufsuchen von Waaren-Bestellungen, wobei die Schranken der K.O. v. 8. December 1843 auch für sie gelten, zum Betriebe der in den §§ 17 bis 19 H.R. aufgeführten, unter die Formel facio uti des fallenden Gewerbe und im Uebrigen nur in den Fällen, in welchen ein lokales Bedürfniß vorliegt, oder die Reciprocität gegen das betr. Ausland es erfordert;

2) daß ihre persönlichen Eigenschaften in der durch das H.R. vorgeschriebenen Weise, also nach Moralität und Rechtlichkeit, besonders geprüft werden, sie auch verbunden sind, alljährlich dem Gesuch um Ertheilung eines Gewerbescheins eine Beschei-

nigung ihrer Heimathsbehörde über ihre Heimathsberechtigung und Unbescholtenheit beizufügen;

3) daß die Entscheidung über ihr Gesuch dem Ermessen der Regierung anheimfällt, ohne daß ihnen ein Rechsmittel gegen dieselbe zusteht (selbstredend mit Ausnahme der einfachen an den Minister zu richtenden Beschwerde);

4) daß ihnen gegenüber eine Steuererhöhung Seitens des Finanz-Ministers bis zum Achtfachen der für die Angehörigen Preußens geltenden Jahressteuer festgesetzt werden kann.

Kap. IV. Von den Nebenpersonen bei dem Betriebe des Hausir-Gewerbes.

B.G.O. § 62.

Der Gewerbebetrieb im Umherziehen darf nicht durch Stellvertreter ausgeübt werden. Ausgenommen hiervon sind der Verkauf der im § 58 bezeichneten Gegenstände, sofern er innerhalb der von der Polizeibehörde näher zu bestimmenden Umgegend des Wohnorts erfolgt, und der ebendaselbst unter 2 bezeichnete Gewerbebetrieb.

Die Mitführung von Begleitern, sei es zur Beförderung der Waaren, zur Wartung des Gespannes oder zu andern Zwecken, bedarf der in dem Legitimationsscheine auszudrückenden Genehmigung derjenigen Behörde, welche den Schein ertheilt hat, oder in deren Bezirk sich der Nachsucher befindet. Diese Genehmigung darf nur unter den Voraussetzungen und Formen versagt werden, welche § 57 für die Versagung des Legitimationsscheins gegenüber dem Unternehmer vorschreibt. Für Kinder unter vierzehn Jahren wird diese Genehmigung nicht ertheilt.

H.R. § 13.

Solchen Personen, die Werke der bildenden Kunst, Landkarten, Instrumente u. s. w. (§ 14 Nr. 6) umhertragen oder schicken, können zum Betriebe ihres Gewerbes auch Gehülfen, und auch für Rechnung inländischer stehender und namhafter Handlungen und Werkstätten dieser Art, ausländische Gehülfen bewilligt werden; und ebenso sind zum Durchreisen der Provinz, um Waarenbestellungen zu suchen, Mittelspersonen (reisende Diener) zulässig; nur müssen auch für solche Gehülfen und Diener die Erfordernisse des § 11 Nr. 1, 2 und 3 nachgewiesen, und selbige in dem Gewerbschein so, wie § 8 vorgeschrieben worden, namenltich benannt und signalisirt werden. Bloße Begleiter zum Transport der Waaren oder zur Wartung des Gespanns, können die Regierungen, nach den Umständen und ihrem pflichtmäßigen Ermessen bewilligen; jedoch müssen auch diese in dem Gewerbschein benannt und signalisirt, und dürfen unter keinen Umständen Kinder vor vollendetem 14. Jahre, es sei unter welchem Vorwande es wolle, mit umher geführt werden.

Im Allgemeinen. 1. Bei dem Betriebe eines und desselben Gewerbes im Umherziehen können mehrere Personen beschäftigt sein und zwar derartig, daß ihre Beschäftigung entweder der Ausübung des Gewerbes selbst gilt oder nur nebensächlichen, die Ausübung unterstützenden Arbeiten. Im ersteren Falle kann jede der ausübenden Personen ein selbständiges Interesse verfolgen, oder aber nur dem einer einzigen von ihnen dienen.

Je nach diesen verschiedenen Voraussetzungen sind zu unterscheiden a) Genossen oder Theilhaber des Geschäfts, von welchen jeder das gemeinsam betriebene Gewerbe für eigene (resp. gemeinsame) Rechnung im eigenen Interesse ausübt; b) Gehülfen, welche durch den Gewerbebetrieb nur das Interesse des Gewerbtreibenden, des Principales, wahrnehmen, ohne an dem Geschäfte selbst einen eigenen Antheil zu haben; c) Diener, welche nur dazu angenommen sind, gewisse Nebendienste zu leisten, die der Gewerbebetrieb erforderlich macht; das Gesetz bezeichnet sie mit dem Ausdrucke „Begleiter." — Die Klasse ad a gehört nicht zu den Nebenpersonen, sondern umfaßt nur verschiedene gleichzeitig thätige Hauptpersonen, welche in Ansehung der gewerbepolizeilichen sowohl, wie der gewerbesteuerlichen Seite des Betriebes im Umherziehen ganz gleich zu behandeln sind, und von denen daher jeder die Pflicht der Legitimations- und erforderlichen Falles Gewerbeschein-Führung hat. —

Gehülfen. 2. Von dem Grundsatze ausgehend, daß jeder, der ein Gewerbe im Umherziehen betreibt, sei es für eigene Rechnung, sei es für Rechnung eines Anderen, mit einem Legitimationsscheine (§ 55 B.G.O.) und, falls keine gesetzliche Ausnahme vorliegt, einem Gewerbeschein (§ 7 H.R.) versehen sein müsse, gewährt das Gesetz im Allgemeinen dem Institut der Gehülfen keine besondere Berücksichtigung und Ausnahmestellung. —

Es gedenkt derselben der § 13 H.R., welcher die Ausdrücke „Gehülfen" und „Mittelspersonen" zur Bezeichnung dieser Beschäftigung gebraucht und solche Personen nur in zwei Fällen zuläßt, nämlich bei dem Gewerbebetriebe mit Werken der bildenden Kunst, Landkarten und mechanischen, mathematischen, optischen und physikalischen Instrumenten und bei dem Aufsuchen von Waaren-Bestellungen. Die K.O. v. 11. Juni 1826 — G.S. S. 61 — gestattete Gehülfen auch für den Ankauf von

Waaren zum Wiederverkauf, und die K.O. vom 27. März 1828 — G.S. S. 49 — auch für den Ankauf von Waaren zur eigenen Fabrikation. — In Ausführung dieser Vorschriften verordnet das Min.Reskr. vom 26. August 1835 — Hoffmann S. 154, — daß ein besonderer Gewerbeschein für den Gehülfen in den eben gedachten Fällen nur dann erforderlich sei, wenn der Gewerbtreibende es ausdrücklich verlange, um gleichzeitig mit seinem Gehülfen das Gewerbe an verschiedenen Orten betreiben zu können, daß andernfalls aber der Gehülfe in den Gewerbeschein des Principals aufzunehmen und dann eine besondere Steuer für ihn nicht zu erlegen sei. —

Anders die B.G.O., welche im § 62 als Regel unter Ausschließung jeder Stellvertretung den persönlichen Betrieb des Gewerbes fordert und eine Stellvertretung durch Gehülfen nur ausnahmsweise zuläßt

a) bei dem Verkauf (nicht auch Ankauf) selbstgewonnener Erzeugnisse der Jagd und des Fischfangs und selbstverfertigter Waaren, welche zu den Gegenständen des Wochenmarktverkehrs gehören, sobald der Gewerbebetrieb des Stellvertreters nicht über den von der Polizeibehörde zu bestimmenden Umkreis des Wohnorts des Principals hinausgeht,
b) bei dem nach Landesgebrauch hergebrachten Anbieten gewerblicher Leistungen unter der gleichen Voraussetzung.

Beide Fälle gehören nach den §§ 4 u. 6 H.R. dem gewerbescheinfreien Hausirhandel an, zu dessen Betriebe vor der Emanation der B.G.O. nur eine polizeiliche Genehmigung erforderlich war.

Von den verschiedenen Fällen, welche die Landes-Gesetzgebung kennt, hat die B.G.O. denjenigen des Aufsuchens von Waaren-Bestellungen, sobald es Seitens solcher Personen resp. für deren Rechnung geschieht, welche ein stehendes Gewerbe betreiben, aus dem Begriff des Hausir-Gewerbes ausgeschieden, — § 44 — und demgemäß den Gebrauch von Gehülfen völlig frei gegeben. Nur in Ansehung des Gewerbebetriebes mit Werken der bildenden Kunst, Landkarten u. s. w. und des Ankaufs von Waaren zur eigenen Fabrikation (insofern derselbe nicht unter § 44 zu subsumiren) tritt das Bundesgesetz mit dem Landesgesetz in Widerspruch und muß ihm, soweit es sich um die polizeiliche Legitimation handelt, vorgehen.

3. Sind demgemäß Gehülfen nur zulässig bei dem Gewerbebetriebe des Waaren-Ankaufs und Aufsuchens von Waaren-Bestellungen Seitens der Kaufleute, Fabrikanten und anderer ein stehendes Gewerbe betreibenden Personen (§ 44 B.G.O.) und bei dem § 62 gedachten Gewerbebetriebe, so muß es doch, da die B.G.O. auf die Steuerpflichtigkeit und Steuerfreiheit des Gewerbebetriebes ohne Einfluß ist, den betr. Regierungen freistehen, in den Fällen des § 13 H.R. und der K.O. vom

27. März 1828 auf dem, dem Legitimationsschein zu annektirenden Gewerbeschein die Steuerfreiheit des Gehülfen unter der im Reskript vom 26. August 1835 gedachten, ausdrücklich hervorzuhebenden Bedingung zu vermerken.

4. Wird das Gewerbe von Ausländern, für welche die B.G.O. nicht maßgebendes Gesetz ist, betrieben und von ihnen der Antrag auf Zulassung eines Gehülfen gestellt, so ist derselbe von der betr. Regierung nach Maßgabe des § 13 H.R. zu prüfen und zu entscheiden.

Persönliche Erfordernisse des Gehülfen.

5. Abweichend von den Vorschriften des H.R., welches an die Person des Gehülfen dieselben Anforderungen stellt, wie an die des Gewerbtreibenden selbst und bei ihr nur von der Bedingung des festen Wohnsitzes im Inlande und des bestimmten Lebensalters absieht, hat die B.G.O. gar keine Forderungen in Ansehung der persönlichen Eigenschaften aufgestellt. Es beruht diese Abweichung, welche sich nicht sowohl bei den steuerfreien Gewerben des § 58 B.G.O., als vielmehr bei dem Betriebe des im Waaren-Einkauf und in dem Aufsuchen von Waaren-Bestellungen bestehenden Gewerbes geltend macht, in der verschiedenen grundsätzlichen Auffassung dieses Gewerbebetriebs.

Ist hiernach die Person des Gehülfen an irgend welche Eigenschaften oder Bedingungen nicht gebunden, so können auch Kinder, Kranke und bestrafte Personen als Gehülfen auftreten. Das einzige und in der That maßgebende Korrektiv gegen einen etwaigen Mißbrauch dieser Vorschrift liegt in dem Interesse desjenigen, der in seinem Gewerbebetriebe durch den Gehülfen vertreten wird. Dieses Interesse gebietet, bei der Auswahl der Stellvertreter die Eigenschaften desselben einer derartigen Prüfung zu unterwerfen, daß sie eine Garantie gegen etwaigen Mißbrauch der Stellvertretung gewähren. In keinem Falle ist der Umstand, daß Minderjährige zur Eingehung und Abschließung rechtsgültiger Rechtsgeschäfte nicht berechtigt sind, ein Grund zur Versagung eines auf den Gehülfen lautenden Gewerbescheins. Min.Reskr. vom 19. Juni 1827 — Hoffmann S. 143.

Legitimation der Gehülfen.

6. Bedürfen Gehülfen zum Betriebe des Gewerbes einer Legitimation und bez. eines Gewerbescheins? Das H.R. erfordert, daß bei dem Betriebe eines gewerbscheinpflichtigen Gewerbes die Person des Gehülfen entweder in dem Gewerbeschein des Principals erwähnt und signalisirt wurde, oder daß er einen besonderen Gewerbeschein lösen mußte; und daß bei dem steuerfreien Gewerbe (§§ 4 und 6) der Gehülfe ebenso, wie der Gewerbtreibende selbst mit einer polizeilichen Legitimation versehen war. Es ist zulässig, aus dem ersteren Falle zu folgern, daß das Steuer-Interesse des Staats wenn nicht die Zahlung einer besonderen Steuer, so doch mindestens die Kontrolle über den Gewerbebetrieb des Gehülfen verlangt. Demgemäß ist, da die B.G.O.

auf die steuerliche Seite des Gewerbes ohne Einfluß ist, auch jetzt noch das Erforderniß des H.R. bei dem Betriebe zu besteuernder Gewerbe aufzustellen. Derartige Gewerbe sind, soweit bei ihrem Betriebe ein Gehülfe statthaft ist, nur die im § 44 B.G.O. gedachten, welche den Ankauf von Waaren und das Aufsuchen von Waaren-Bestellungen Seitens der ein stehendes Gewerbe treibenden Personen betreffen. Es bedarf daher bei ihnen der Gehülfe oder Stellvertreter des Geschäftsherrn, wenn er nicht mit diesem zugleich und gemeinschaftlich das Gewerbe betreiben soll, eines eigenen Gewerbescheins, andernfalls aber einer ausdrücklichen Erwähnung und Signalisirung im Gewerbeschein des Geschäftsherrn.

In Ansehung der polizeilichen Legitimation schreibt § 44 B.G.O. den Besitz eines einfachen Legitimationsscheins oder einer Gewerbelegitimationskarte vor, durch welche amtlich bescheinigt wird, daß der betr. Gehülfe als Stellvertreter einer ein stehendes Gewerbe betreibenden Person (Kaufmann, Fabrikanten u. s. w.) das Gewerbe ausübe. Mit diesem Handels-Legitimationsscheine soll, wenn möglich, der Gewerbeschein verbunden werden. (cf. Kap. II. Nr. 5 f.)

Bei den übrigen Fällen der Zulässigkeit eines Gehülfen (Stellvertreters) interessirt die Steuerseite nicht, da der Gewerbebetrieb in denselben steuerfrei ist. Es fragt sich daher, ob der Betreffende auch ferner die im H.R. vorgeschriebene polizeiliche Legitimation führen müssen, oder ob die B.G.O. dieselbe beseitigt habe oder nicht? Der § 62 ibid. enthält darüber eine bestimmte Vorschrift nicht, ordnet jedoch an, daß der Stellvertreter das Gewerbe nur in einem bestimmten, von der Polizeibehörde festzusetzenden Umkreise des Wohnorts ausüben dürfe. Wenn nun auch der dem Gewerbtreibenden selbst ausgestellte Legitimationsschein, sobald er den im § 58 Nr. 2 charakterisirten Gewerbebetrieb betrifft, eine gleiche auf den Betriebsbezirk sich beziehende Beschränkung enthält, so ist es doch nicht zuläßig, daß der Stellvertreter bei der thatsächlichen Ausübung des Gewerbes sich des Legitimationsscheins des Gewerbtreibenden bediene, da dieser, nach § 60 nur den Gewerbtreibenden selbst und keinen Anderen legitimirt.

Es muß daher für die Thätigkeit des Stellvertreters eine besondere polizeiliche Festsetzung des Betriebsbezirks erfolgen, die zwar über den zweimeiligen Umkreis nicht hinausgehen darf (cf. Min.Instr. zum Titel III. der B.G.O. sub Nr. 1), von der Behörde jedoch für jeden einzelnen Fall mit Rücksicht auf die Gegenstände des Gewerbes und die Person des Vertreters verschieden erfolgen kann.

Da nun nach dem Prinzip der B.G.O. die besondere polizeiliche Erlaubniß nur bei den nach § 59 zu beurtheilenden Hausir-Gewerben vorkommt, im Uebrigen aber durch den Legitimationsschein ersetzt wird, die Ertheilung desselben auch davon unabhängig ist, ob der Nachsuchende das Gewerbe für eigene oder für fremde Rechnung zu betreiben beabsichtigt, so muß auch für den Stellvertreter der Besitz eines Legitimationsscheins II. Klasse gefordert werden, welcher neben der Beschränkung des Bezirkes die Bemerkung zu enthalten hat, daß der Inhaber nur Stellvertreter des Gewerbtreibenden ist.

Ertheilung der Legitimation.

7. Die Nachsuchung dieses Legitimationsscheins erfolgt bei der Polizeibehörde des Wohnorts des Gewerbtreibenden (nicht des Stellvertreters), da sich nach diesem der zu bestimmende Betriebsbezirk zu richten hat. Die Behörde prüft den Antrag nur dahin, ob der Gewerbebetrieb zu denjenigen gehört, welche eine Stellvertretung zulassen, und gewährt bejahenden Falls den Schein in der vorgeschriebenen Art, ohne das Gesuch einer weiteren polizeilichen Prüfung, namentlich in Ansehung der persönlichen Eigenschaften des Stellvertreters, zu unterziehen.

Begleiter.

8. Verschieden von den Geschäften der Gehülfen (Stellvertreter) sind die der Begleiter. Nur bestimmt zur Verrichtung äußerer, beim Betriebe des Gewerbes im Umherziehen erforderlicher Dienste, sind sie nicht befugt, sich an dem Gewerbebetriebe selbst in irgend einer Weise zu betheiligen. Es darf z. B. bei Thierführern der Begleiter nicht an dem Vorzeigen der Thiere, bei Kunstreitern am Musikmachen — cf. Min.-Reskr. vom 9. September 1824 Hoffmann S. 141 — beim Waarenverkauf an dem Anpreisen der Waaren oder dem Handeln u. s. w. Theil nehmen. Thut er es dennoch, so tritt er unbefugt in die Rolle eines Gehülfen und verwirkt die Steuerstrafe. Handelte er darin ohne Wissen des Gewerbtreibenden und zu seinem eigenen alleinigen Vortheil, so kann in seiner Handlung der Thatbestand des Diebstahls oder der Unterschlagung vorliegen, und trifft ihn in solchem Falle die Strafe dieses Vergehens, nicht auch noch die Steuerstrafe. In allen übrigen Fällen kommt der § 26 H.R. zur Anwendung. Handelt er dagegen im Einverständniß mit dem Gewerbtreibenden und für dessen Rechnung, so werden gegen ihn und den Gewerbtreibenden die §§ 28 und 26 H.R. anwendbar.

Persönliche Eigenschaften.

9. Sowohl das H.R. wie die B.G.O. kennt das Institut der „Begleiter." Während jenes die Wahl derselben ganz dem Belieben des Gewerbtreibenden anheim giebt, in Betreff der persönlichen Eigenschaften derselben keine Anforderungen macht und nur Kinder unter 14 Jahren von der Zulässigkeit, als Begleiter zu fungiren, gänzlich ausschließt, stellt die B.G.O. den Satz auf, daß auch der Begleiter den Vorschriften des § 57 unterworfen sei, daß also seine Zulässigkeit durch diejenigen persönlichen Eigenschaften bedingt werde, welche zum Gewerbebetriebe selbst erforderlich sind. Eine Ausnahme macht das Alter; es ist nicht nothwendig, daß der Begleiter das 21. Lebensjahr überschritten

habe, es genügt vielmehr, daß er das 14. Jahr erreicht. Kinder unter diesem Alter dürfen als Begleiter nicht angenommen werden. Die Vorschriften der B.G.O. sind, da sie das Steuer-Interesse des Staats bei dem Gewerbebetriebe nicht berühren, sondern einen polizeilichen Charakter tragen, zur Zeit maßgebend, wenn und soweit der des Begleiters bedürfende Gewerbtreibende der Angehörige eines der B.G.O. unterworfenen deutschen Bundesstaats ist.*)

Sonach ist es nöthig, daß die Person des Begleiters von denjenigen Eigenschaften frei sei, — cf. Kap. III. Nr. 5 ff. — welche in Gemäßheit des § 57 B.G.O. die Versagung des Gewerbe-Legitimationsscheins rechtfertigen.

10. Für das Geschäft des Begleiters wird eine Gewerbesteuer nicht entrichtet, und ist daher die Lösung eines Gewerbescheins für seine Person nicht geboten. Um jedoch das beliebige und unkontrollirte Wechseln derselben und sonach die Möglichkeit der Annahme eines persönlich ungeeigneten Begleiters zu verhindern, ordnet das H.R. an, daß die Person des Begleiters in dem Gewerbeschein des Gewerbtreibenden unter Angabe seines Signalements ausdrücklich erwähnt werde.

11. Dagegen soll bei der Festsetzung der von dem Gewerbtreibenden zu entrichtenden Steuer nicht außer Erwägung bleiben, ob der Betrieb des Gewerbes mit oder ohne Begleiter beabsichtigt wird, uud soll im ersteren Falle von einer Steuerermäßigung der Regel nach Abstand genommen werden. Min.Reskr. v. 29. März 1829 — Hoffmann S. 149.

12. Darüber, ob der Begleiter einen besonderen Legitimationsschein führen oder nur in dem des Gewerbtreibenden selbst erwähnt sein müsse, stellt § 62 der B.G.O. eine bestimmte Vorschrift nicht auf. Da er jedoch die Person des Begleiters an bestimmte Voraussetzungen bindet,

*) Die größere Beschränkung des Gewerbebetriebs, welche aus dieser Vorschrift der B.G.O. hervorgeht, ist nur eine scheinbare. Während nämlich das H.R. die Zulassung von Begleitern nur von dem Ermessen der betr. Regierung abhängig machte und dabei den Gesichtspunkt verfolgte, durch eine Erschwerung der Annahme von Begleitern, welche durch diese Beschäftigung zu Hausirern herangebildet würden, dem Andringen zum Betrieb des Hausir-Gewerbes entgegen zu wirken, cf. Min.Reskr. v. 29. März 1829 — Hoffmann S. 149 — und demgemäß bei der Prüfung der betr. Gesuche das Alter, die Gebrechlichkeit oder besondere Schwäche des Gewerbtreibenden die Ausschlag gebenden Punkte sein sollten: hat die B.G.O. diesen Gesichtspunkt verlassen und durch Aufstellung bestimmter, die Person des Begleiters betreffenden Anforderungen die Prüfung der Gesuche auf einen genau bezeichneten, von der Hineinziehung des Gewerbtreibenden selbst ganz absehenden Weg verwiesen, und hat dadurch den Gewerbebetrieb selbst von derjenigen Beschränkung befreit, welche ihm durch die Vorschrift des H.R. auferlegt war.

sonach die Möglichkeit zuläßt, daß Personen zu Begleitern gewählt werden könnten, welche diesen Voraussetzungen nicht entsprechen, da er demgemäß Vorsorge trifft, daß diese Möglichkeit ausgeschlossen bleibe, so muß gefolgert werden, daß auch das Resultat dieses vorsorgenden Verfahrens urkundlich gemacht und dem Begleiter als Legitimation gegeben werde. Es ist daher die Person des für zulässig erachteten Begleiters entweder in dem Legitimations- oder dem ihm angehängten Gewerbescheine des Gewerbtreibenden namhaft zu machen und zur Vermeidung unzulässiger Verwechselungen näher zu kennzeichnen, also zu signalisiren.

Nachsuchung und Ertheilung der Legitimation.

13. Die Anträge auf Zulassung von Begleitern sind von dem Gewerbtreibenden an die Polizeibehörde des Wohnorts des Begleiters (welche durch ihre Kenntniß von der Person und den Verhältnissen desselben zur angeordneten Prüfung allein geeignet ist) zu richten. Diese Behörde hat den Antrag in Gemäßheit der §§ 57 und 62 B.G.O. zu prüfen, also sowohl das Alter des vorgeschlagenen Begleiters (ob unter oder über 14 Jahre), wie seine persönlichen Eigenschaften und Verhältnisse nach Maßgabe seines Domicils innerhalb des der B.G.O. unterworfenen Gebiets und der im § 57 aufgeführten vier Bedingungen in Erwägung zu ziehen und mit ihrem Berichte der zur Entscheidung berufenen Behörde einzureichen (als: je nachdem es sich um einen eines Legitimationsscheins I. oder II. Klasse bedürfenden Gewerbebetrieb handelt, der Regierung oder dem Landrath resp. der städtischen oder königlichen Polizeibehörde). Wird von der letzteren die Genehmigung versagt, so tritt das Kap. II. Nr. 6 gedachte Verfahren mit der Maßgabe ein, daß zu der mündlichen Verhandlung außer dem Gewerbtreibenden, welcher das Gesuch gestellt hat, auch der Begleiter zu laden, die Behändigung der Entscheidung dagegen allein an den Gewerbtreibenden zu bewirken ist. Min.Instr. zum Tit. III der B.G.O. Nr. 4. —

14. Das Mitführen von Begleitern ohne vorherige Genehmigung und Erwirkung ihrer Eintragung in den Legitimations-, resp. Gewerbeschein ist strafbar. Da diese jedoch das Gewerbe nicht selbst betreiben, noch zum Betriebe Hülfe leisten, demnach auch zur Zahlung einer Gewerbesteuer nicht verpflichtet sind, so liegt in dem unbefugten Mitführen einerseits und dem Ausüben der Dienste eines Begleiters andererseits keine Beeinträchtigung der Steuer, und trifft deshalb den Gewerbtreibenden und den Begleiter nicht die Steuer- sondern nur eine Polizei-Strafe. — Min.Reskr. vom 18. August 1840 — Hoffmann, S. 151. — Diese Strafe ist nicht die des § 30 H.R., sondern die des § 149 Nr. 5 B.G.O.

Das Mitführen von Kindern unter 14 Jahren.

15. In Ansehung der Kinder unter 14 Jahren ist die strengere Vorschrift des H.R., welche das Mitführen derselben unbedingt untersagte, — unter welchem Vorwande es auch geschehe, — durch die B.G.O.

beseitigt, die für dieselben nur die Genehmigung, als Begleiter zu dienen, untersagt, sie dagegen als Gehülfen resp. Stellvertreter zuläßt. Der polizeiliche Gesichtspunkt des H.R., welches eine Fürsorge für die Erziehung der Kinder und die Bildung ihres Charakters seiner Anordnung unterbreitete, ist verlassen. Werden also Kinder von den Hausirern mit umhergeführt, ohne daß sie als Begleiter zur Erleichterung des Gewerbebetriebes benutzt werden, so liegt eine strafbare Handlung nicht vor. Verrichten sie dagegen die Dienste eines Begleiters, so tritt der Fall der Nr. 14 ein; werden sie zur Ausübung des Gewerbebetriebes benutzt, so kommen die Nr. 8 gedachten Grundsätze zur Anwendung mit der Maßgabe, daß der allgemeine strafrechtliche Gesichtspunkt, nach welchem Kinder unter 12 Jahren außerhalb jeder strafrechtlichen Verfolgung stehen, nicht unberücksichtigt bleiben darf.

16. Ist der einen Begleiter nachsuchende Gewerbtreibende ein Ausländer, d. h. der Angehörige eines solchen Staates, in welchem die B.G.O. keine Geltung hat, so findet die Vorschrift des H.R. alleinige Anwendung. — Es ist daher der Antrag des Ausländers an die betr. Regierung zu richten, welche ihn von dem in dem H.R. geltenden Gesichtspunkte aus zu prüfen und zu entscheiden hat. Gegen ihre Entscheidung ist nur der Beschwerdeweg znlässig. Das unbefugte Mitführen von Begleitern fällt in diesem Falle unter die Strafandrohung des § 30 H.R. Ausländer.

Kap. V. Von den Waaren, mit welchen der Verkehr im Umherziehen gestattet ist.

§§ 56 B.G.O. — 14. 15. 16 H.R.

B.G.O. § 56.

Ausgeschlossen vom An- und Verkauf im Umherziehen sind

1) **geistige Getränke aller Art;**
2) **gebrauchte Kleider und Betten, Garnabfälle, Enden und Dräumen von Seide, Wolle, Leinen oder Baumwolle, Bruchgold und Bruchsilber;**
3) **Spielkarten, Lotterieloose, Staats- und sonstige Werthpapiere;**
4) **Schießpulver, Feuerwerkskörper und andere explosive Stoffe;**
5) **Arzneimittel, Gifte und giftige Stoffe.**

Der Bundesrath ist befugt, soweit ein Bedürfniß obwaltet, anzuordnen, daß die Erlaubniß zum Verkauf oder Ankauf der einzelnen ausgeschlossenen Gegenstände ertheilt werde.

Der Bundesrath und in dringenden Fällen der Bundeskanzler nach Einvernehmen mit dem Ausschuß des Bundesrathes für Handel und

Verkehr, ist befugt, aus Gründen der öffentlichen Sicherheit oder der Gesundheitspflege anzuordnen, daß auch andere Gegenstände innerhalb einer zu bestimmenden Frist nicht im Umherziehen feilgeboten oder angekauft werden dürfen.

H.R.

§ 14. Gewerbescheine zum Hausiren, dürfen in der Regel (§ 16) nur auf nachbenannte Gegenstände ausgefertigt werden:

1) auf solche, welche Jedermann, auch wenn er nicht im Orte wohnt, auf Wochenmärkten feil halten darf. Dahin gehören z. B. frische Lebensmittel aller Art und andere Produkte des Bodens, der Land- und Forstwirthschaft, der Jagd und der Fischerei, trockene Mühlenfabrikate zum Genusse, Citronen, Pommeranzen, Apfelsinen, überhaupt frisches und gedörrtes Obst und Gemüse aller Art, Milch, Eier, Federvieh, frische, gesalzene, gedörrte und geräucherte Fische, gesalzenes, gedörrtes und geräuchertes Fleisch, wogegen der Hausirhandel mit frischem Fleische aber nur besonders zuverlässigen Personen und auch nur für die nächste in dem Gewerbscheine zu bezeichnende Umgegend ihres Wohnorts gestattet werden soll. Ferner Thee, Pech, Kienruß, Besen, Sämereien, Hopfen und ähnliche Gegenstände. Es bleiben aber Material- und Spezerei-Waaren, Wein, Branntwein und Liqueure aller Art unbedingt ausgeschlossen;

2) auf Abfälle und Abgänge, die in der Haus- und Landwirthschaft und beim Betriebe der Gewerbe entstehen, mit Ausnahme alter (gebrauchter) Kleidungsstücke und Betten, ingleichen Metallbruch, mit Ausnahme des Bruchgoldes und Bruchsilbers;

3) auf alle diejenigen Waaren, welche nach der jedesmaligen Erhebungsrolle der Abgaben zu den groben kurzen Waaren gerechnet werden, desgleichen

4) auf ähnliche Waaren, die der daselbst ausdrücklich benannten gleich zu achten sind, z. B. alle groben Eisenwaaren aus geschmiedetem Eisen, Eisenblech, Stahl- und Eisendrath, ferner gewöhnliche Steingut-, Fayence- und irdene Waaren, desgleichen Korbmacher-Arbeiten, Schleifsteine, Flintensteine, Serpentinstein-Waaren, Schwamm, Oblaten, Saiten, Fischbein u. s. w.

5) auf gewöhnliche Seiler- und andere Hanfwaaren, auf Garn, Zwirn, Band und Strümpfe von Leinen, auf Leinwand, Zwillich und Drillich, gebleicht und ungebleicht, einfarbig und bunt; ferner auf bunte Gewebe aus Leinen und Baumwollengarn gemischt, welche im Lande verfertigt werden, doch nur insofern, als deren Fabrikation bereits vor Erscheinung des Gewerbsteuergesetzes vom 30. Mai 1820 auf den Hausirhandel gegründet war, desgleichen auch auf wollenes Band, wollenes Strickgarn und wollene gestrickte Waaren; endlich

6) auf Werke der bildenden Kunst, Landkarten, mechanische, mathematische, optische und physikalische Instrumente.

§ 15. Für alle Gegenstände, mit welchen nach vorstehendem 14ten § der Hausirhandel zulässig ist, kann in der Regel auch der Aufkauf gestattet werden.

§ 16. Sollten örtliche Verhältnisse und Bedürfnisse Erweiterungen oder Beschränkungen der hierdurch bestimmten Hausirbefugnisse erforderlich oder wünschenswerth machen, so werden solche, auf die desfallsigen Anträge der Regierungen, von den Ministerien des Handels, des Innern und der Polizei und der Finanzen gemeinschaftlich ertheilt werden.

---

1. Während das H.R. davon ausgeht, daß der Gewerbebetrieb im Umherziehen überhaupt nur ein ausnahmsweise zu gestattender Handel sei, und demgemäß im § 14 diejenigen Gegenstände speziell aufzählt, für welche ein Gewerbschein ertheilt werden soll, schlägt die B.G.O. den entgegengesetzten Weg ein, nimmt als Regel an, daß jede Art von Waare Gegenstand des Gewerbebetriebes im Umherziehen sein kann und bezeichnet im § 56 diejenigen Waaren, welche es als Ausnahmen behandelt und von dem Betriebe ausschließt.

Da der beschränkende Gesichtspunkt des H.R. nicht sowohl das Steuer-Interesse, als vielmehr das der Gewerbe-Polizei wahrt, indem er einerseits das stehende Gewerbe vor der Konkurrenz des Hausir-Gewerbes schützen, andererseits etwaigen Ausschreitungen und verderblichen Folgen bei der Ausübung des letzteren entgegentreten will, so unterliegen seine Vorschriften den Einwirkungen des Bundesgesetzes, und muß dieses um so mehr dem Landesgesetz vorgehen, als ein Nebeneinanderbestehen beider nicht möglich ist und es unzulässig erscheint, daß das Bundesgesetz für einen gewissen Gewerbebetrieb den Legitimationsschein bewilligt, das Landesgesetz aber die Ertheilung des Gewerbescheins verweigert und dadurch die Ungesetzlichkeit des Gewerbes ausspricht. —

Es ist daher der § 14 H.R. im Allgemeinen als durch den § 56 B.G.O. beseitigt anzusehen, und enthält letzterer die allein maßgebende Vorschrift. —

2. Zu den „geistigen Getränken“ gehören nicht blos Wein, Branntwein, Liqueur, Rum, Cognak und dergl., sondern auch Bier, es mag einen Namen führen, welchen es will (z. B. Porter). Ueberhaupt kommt es nicht sowohl auf die Bezeichnung an, welche dem Getränk gegeben wird, als vielmehr auf seinen Inhalt. Es sind deshalb auch Malzextrakte und die sogenannten Gesundheits-Liqueure, wie der Daubitz, Mampe, Magenbitter und dergl. hierher zu zählen.

3. Unter den „Betten“ sind nur gebrauchte, nicht auch neue zu verstehen. Es folgt dies ebensowohl aus der Wortstellung, wie aus dem Gebrauch des Wortes „und“. Eine entgegengesetzte Auslegung hat die gleichlautende Nr. 2 des § 14 H.R. in dem Min.Reskr. v. 20. August 1825 — Hoffmann S. 168 — gefunden, welches unter der Erwägung, daß das Wort „alt (gebraucht)“ nicht wiederholt worden, und daß die Beurtheilung, ob Betten schon gebraucht oder noch ganz neu seien, den erheblichsten Schwierigkeiten unterliege, die Betten überhaupt vom Hausir-Gewerbe ausschließt. —

4. Das Wort „Spielkarten“ drückt den Gegensatz aus zu anderen Karten als Landkarten, Visitenkarten, Empfehlungskarten und dergl. und umfaßt daher nicht allein solche Karten, welche nach ihrer Zahl und Form zum Spielen gebraucht werden oder gebraucht zu werden pflegen, sondern alle Karten, welche vermöge ihrer zu einem Spiel erforderlichen Zahl und Beschaffenheit zum Spiel-Gebrauch dienen können. Es sind daher hierher auch die sogenannten Lenormand-Karten zu rechnen.

5. Als „Werthpapiere“ sind nicht blos Aktien aller Art, Kommanditantheile, Bankantheilsscheine und dergl., sondern auch Promessen und alle sonstigen Papiere anzusehen, welche sich als auf den Inhaber lautende Schuldverschreibungen darstellen und von einem Staate oder einer zur Ausgabe solcher Papiere berechtigten Gemeinde, Korporation, Gesellschaft oder Privatperson ausgestellt sind. Dagegen gehören einfache Wechsel nicht hierher.

6. Maßgebend für den Begriff der „Arzneimittel“ sind in Preußen die auf Grund der K.O. vom 17. October 1836, sowie der Nr. 5 des durch dieselbe genehmigten Reglements v. 16. September 1836 erlassene Bekanntmachung, betreffend den Debit der Arzneiwaaren vom 29. Juli 1857, und die dieser Bekanntmachung beigefügten Verzeichnisse A. B. und C., welche letztere an die Stelle der Verzeichnisse zu dem Reglement vom 16. September 1836 getreten sind.

7. Zu den Arzneimitteln gehören jedenfalls auch Mixturen (flüssige Arzneimischungen), selbst wenn sie nach der Landes-Pharmakopöe angefertigt sind: ebenso diejenigen, in welchen der betreffende Arzneistoff sich in einer nur mechanischen Verbindung mit andern Stoffen befindet, oder in welchen er, wenn auch mit andern Stoffen chemisch verbunden, den wesentlichen Bestandtheil des neuen Fabrikats bildet.

8. Gifte oder „giftige Stoffe" sind solche, welche unbedingt und unter allen Umständen die menschliche Gesundheit zu zerstören geeignet sind, mögen sie in den Verzeichnissen der Bekanntmachung vom 29. Juli 1857 besonders als „Gifte" bezeichnet sein oder nicht. —

9. Druckschriften, welche das H.R. nicht zu den für den Gewerbebetrieb im Umherziehen geeigneten Gegenständen zählte, ja deren Umhertragen innerhalb des Polizeibezirks des Wohnorts des Gewerbtreibenden zum feilen Verkaufe nicht gestattet war — Min.Reskr. vom 31. März 1838 — Hoffmann, S. 190 — sind nach der B.G.O. vom Hausirhandel nicht ausgeschlossen; es ist jedoch das Umhertragen derselben im Polizeibezirk des Wohnorts und ihr Verkauf auf öffentlichen Wegen, Straßen und Plätzen und an öffentlichen Orten — selbst wenn diese Handlungen Ausfluß eines stehenden Gewerbebetriebes sind — nach § 43 B.G.O. von einer Erlaubniß der Ortspolizei-Behörde abhängig, die unter denselben Voraussetzungen, welche bei der Ertheilung des Hausir-Legitimationsscheins maßgebend sind, versagt werden kann. Gegen den ablehnenden Bescheid ist hier, wie dort, die Einlegung des Rekurses zulässig.

10. Die in Folge der Emanation der B.G.O. eintretenden Fälle, in welchen jetzt der Gewerbebetrieb im Umherziehen zulässig ist, während er nach den Vorschriften des H.R. nicht gestattet war, sind in Ansehung der Gewerbescheinpflicht und der Höhe der von dem Gewerbe zu entrichtenden Steuer ebenso zu behandeln, wie die früher zulässigen Arten. Min.Instr. zum Tit. III der B.G.O. — Die Rechtfertigung dieses Satzes folgt aus der Erwägung, daß durch die von dem H.R. aufgerichteten Gränzen des Betriebes die außerhalb derselben liegenden Fälle nicht für steuerfrei zu erachten, vielmehr nach der ausdrücklichen Anordnung des § 26 Abs. 2 H.R. im Falle der unbefugten Begehung mit der Steuerstrafe zu belegen waren.

11. Betreibt Jemand ein Gewerbe im Umherziehen, ohne den Legitimations- und erforderlichen Gewerbeschein gelöst zu haben, so trifft ihn nur die Strafe der Hausir-Kontravention, nicht auch die der Gewerbepolizei-Kontravention. Dies gilt auch dann, wenn für den Gewerbebetrieb, weil der Gegenstand desselben zu den im § 56 B.G.O. von dem Hausir-Verkehr ausgeschlossenen gehört, weder ein Legitimations- noch ein Gewerbeschein ertheilt werden konnte. Erk. des Ob.Trib. vom 18. Februar 1863 — Opp., Rechtspr. B. 3 S. 292. —

Wochenmarkts-Gegenstände.

12. Zu den Gegenständen, mit welchen das Gewerbe im Umherziehen betrieben werden kann, gehören auch die Produkte und Waaren, welche auf Wochenmärkten feil gehalten resp. angekauft werden dürfen (§ 14 Nr. 1 H.R. — § 66 B.G.O.) — und zwar mit der Maßgabe, daß der Hausir-Verkehr mit solchen Sachen innerhalb zweier Meilen vom Wohnorte des Gewerbtreibenden steuerfrei und nur an den Legitimationsschein II Klasse gebunden ist, wenn dieselben in selbstgewonnenen Produkten oder selbstverfertigten Waaren bestehen. — Ueber die Beantwortung der Frage, welche Sachen zu den Wochenmarkts-Gegenständen zu rechnen sind, cf. Kap. I Nr. 13 und 55. —

13. Zu den zum Wochenmarkts-Verkehr zuzulassenden Gegenständen gehören nicht Oel — Min.Reskr. vom 3. Juni 1825 — Hoffmann, S. 156 — und Bier — Min.Reskr. vom 14. Februar 1827 — ebendas. S. 151. —

14. Ebensowenig Potasche — Min.Reskr. v. 29. September 1827 Hoffmann S. 158 — und Tabacksblätter — Min.Reskr. v. 29. April 1828 ebend. S. 159, v. 29. Juli 1829 ebend. S. 161. — Die letztern beiden Reskripte zählen Tabacksblätter zu den Material- und Spezerei-Waaren und schließen sie deshalb von dem Wochenmarktsverkehr aus.

15. Derjenige, welcher trockene Mühlenfabrikate nur auf Wochenmärkten und nicht stehend an seinem Wohnorte feil hält, treibt weder einen steuerpflichtigen stehenden Handel im Sinne des Steuergesetzes, noch einen gewerbscheinpflichtigen Hausirhandel, sollte er auch selbst das Korn, aus welchem das Fabrikat bereitet (z. B. Mehl) seinerseits auf Märkten aufgekauft haben. Erk. des Ob.Trib. v. 29. September 1859 — J.M.Bl. S. 354. —

16. Dasselbe gilt vom „frischen Fleisch." Aus dem im § 14 Nr. 1 H.R. gemachten Zusatze, daß der Hausirhandel mit demselben nur besonders zuverlässigen Personen und nur für die nächste Umgegend des Wohnorts gestattet werden soll, folgt, daß das frische Fleisch nicht zu den selbstgewonnenen Produkten oder selbstverfertigten Waaren zu rechnen, und daß daher zwar der Verkauf desselben auf Wochenmärkten steuerfrei ist, jedes Feilbieten im Umherziehen aber überhaupt nur im zweimeiligen Umkreise des Wohnorts zulässig und in jedem Falle gewerbscheinpflichtig sein soll, gleichgültig, ob das geschlachtete Thier ein selbstgezogenes und das Schlachten eine eigene Arbeit des Gewerbtreibenden war oder nicht. Min.Reskr. v. 11. December 1828 — Hoffmann S. 159 — v. 22. Mai 1835 — ebend. S. 164. —

Von diesem Gesichtspunkte aus ist auch die B.G.O. anzusehen. Zweifellos gehört das frische Fleisch zu den im § 66 Nr. 3 gedachten Wochenmarkts-Gegenständen, nämlich zu den „frischen Lebensmitteln", nicht dagegen zu den Erzeugnissen der Land- und Forstwirthschaft — § 55 —:

nur selbstverfertigte Waaren, welche zu den Gegenständen des Wochenmarktverkehrs gehören, sind einestheils an den zweimeiligen Umkreis und anderntheils an den Legitimationsschein II. Klasse gebunden. Gehört also das „frische Fleisch“ nicht zu den selbstverfertigten Waaren, so unterliegt der Verkehr mit demselben nicht den Vorschriften des § 58.

Demgemäß bedarf das Feilbieten frischen Fleisches im Umherziehen außerhalb des Wochenmarktes sowohl eines Legitimationsscheins I. Klasse, wie eines Gewerbescheins, ist jedoch nicht mehr an den zweimeiligen Umkreis gebunden und unterliegt in Ansehung der persönlichen Eigenschaften des Gewerbtreibenden nicht ferner der Vorschrift des § 14 H.R., sondern nur den allgemeinen Bedingungen des § 57 B.G.O.

17. Mit Wochenmarkts-Gegenständen darf ein nicht am Orte Wohnender außerhalb des Wochenmarkts nur dann hausiren, wenn er im Besitz eines Legitimations- und Gewerbescheins ist, vorausgesetzt, daß sie nicht zu den selbstgewonnenen oder selbstverfertigten gehören und der Hausirort nicht im zweimeiligen Umkreise des Wohnorts liegt. Erk. des Ob.Trib. v. 9. Mai 1866 — Opp., Rechtspr. B. 7 S. 283. —

18. Das im § 56 der B.G.O. aufgestellte Verzeichniß der dem Hausir-Verkehr entzogenen Gegenstände ist nicht ein definitiv abgeschlossenes, vielmehr nach beiden Seiten hin den durch die Nothwendigkeit und außergewöhnliches Bedürfniß gebotenen Aenderungen unterworfen. Es ist gestattet, daß sowohl einzelne der aufgeführten Gegenstände dem Verkehr überlassen, als auch andere dem Verkehr freistehende ihm entzogen werden. Letzteres soll jedoch nur eine temporaire Maßregel sein und nur aus Gründen der öffentlichen Sicherheit oder der Gesundheitspflege angeordnet werden dürfen. Nicht die Landes-Gesetzgebung, welche für Preußen im § 16 H.R. eine analoge Vorschrift enthält, sondern nur die Bundesmacht ist befugt, derartige Ausnahmen anzuordnen. Der auf gewerbepolizeiliche Gesichtspunkte sich stützende § 16 H.R. ist durch den § 56 B.G.O. beseitigt. Ausnahmen.

Es bedarf also zur Konstatirung eines derartigen Ausnahmefalles einer ausdrücklichen, in gesetzlicher Form ergangenen Aeußerung des Bundesraths*), dem der § 56 B.G.O. diese Befugniß vindizirt, oder des Bundeskanzlers in besonders dringenden Fällen, und genügt eine von den Landesbehörden ausgegangene Anordnung nicht. Daß diese vom

---

*) In welcher Weise der Beschluß des Bundesraths über die zu erlassende Ausnahmevorschrift zu Stande kommt, zumal die Behörde des Bundesraths durch die Verfassung des deutschen Reichs eine Aenderung erlitten, ist für die Landesbehörde und den Richter unwesentlich: es genügt für diese eine unter der Unterschrift des Bundesraths resp. des Reichskanzlers erfolgte Publikation des Beschlusses durch das Reichsgesetzblatt.

Bundesrath angeordnete Ausnahme in jedem Falle für das ganze Bundesgebiet maßgebend sei, ist nicht erforderlich; sie kann sich vielmehr auch nur auf einzelne Theile des Gebiets erstrecken.

Liegt eine derartige Ausnahme-Vorschrift vor, so ist sowohl die Landesbehörde, wie der Strafrichter an dieselbe gebunden, ohne zu einer Prüfung derselben nach ihrem Zustandekommen, oder ihren inneren Gründen berechtigt zu sein.

19. Derartige Ausnahmevorschriften lassen das Steuer-Interesse der einzelnen Bundesstaaten unberührt. Schließen sie einen zulässigen Gegenstand von dem Gewerbebetriebe aus, so wird dieser dadurch nicht steuerfrei, vielmehr ist eine Uebertretung dieser Anordnung ebenso mit der Steuerstrafe zu ahnden, wie jeder unbefugte Gewerbebetrieb. Gestatten sie dagegen den Betrieb mit einem nach § 56 G.O. unzulässigen Gegenstande, so unterliegt nunmehr dieser der allgemeinen Regel, daß jeder Gewerbebetrieb im Umherziehen gewerbescheinpflichtig ist. Es muß daher für diesen Gegenstand ein Gewerbeschein in der gewöhnlichen Form gesucht und ertheilt werden, und hat die betr. Behörde den dafür zu entrichtenden Steuersatz festzustellen.

Ankauf. 20. Bei allen Gegenständen, mit welchen der feile Verkauf im Umherziehen gestattet ist, ist auch der An- oder Aufkauf zulässig. — § 56 G.O. — § 15 H.R. — Unzulässig ist dagegen die Schlußfolgerung aus diesem Satze, daß der Ankauf überall ebenso zu behandeln sei, wie der Verkauf, vielmehr macht der § 58 G.O. in Ansehung des Legitimationsscheins eine Ausnahme, und der § 4 H.R. in Ansehung des Gewerbescheins.

Nur der Verkauf selbstgewonnener Produkte und selbstverfertigter Waaren, welche zu den Wochenmarkts-Gegenständen gehören, ist innerhalb eines zweimeiligen Umkreises gewerbescheinfrei und an den Legitimationsschein II. Klasse gebunden, nicht auch der Aufkauf derselben. Durch das Kap. I. Nr. 65 gedachte Min.Reskr. vom 19. Januar 1828 ist allerdings auch der Ankauf in dem gleichen Maße, wie der Verkauf von der Steuerpflicht befreit worden, ein Reskript, das bisher nicht aufgehoben ist. Es steht daher die Sache jetzt so,

> daß zum Verkauf dieser Gegenstände innerhalb des zweimeiligen Umkreises ein Legitimationsschein II. Klasse, zum Ankauf dagegen ein Legitimationsschein I. Klasse erforderlich ist, welchem letzteren ein den Vermerk über die Steuerfreiheit enthaltender Gewerbeschein annektirt werden muß.

Kap. VI. Von den Dienstleistungen und Schaustellungen.

§ 59 B.G.O. — §§ 17 bis 19 H.R.

B.G.O. § 59.

Wer auf den Straßen oder sonst im Umherziehen oder an einem Orte vorübergehend und ohne Begründung eines stehenden Gewerbes öffentlich Musik aufführen, Schaustellungen, theatralische Vorstellungen oder sonstige Lustbarkeiten öffentlich darbieten will, ohne daß ein höheres Interesse der Kunst oder Wissenschaft dabei obwaltet, bedarf außer den übrigen Erfordernissen, der vorhergehenden Erlaubniß durch die Behörde des Ortes, an welchem die Leistung beabsichtigt wird.

Die Ertheilung von Legitimationsscheinen für diese Gewerbe wird versagt, sobald der, den Verhältnissen des Verwaltungsbezirkes der höheren Verwaltungsbehörde entsprechenden Anzahl von Personen Legitimationsscheine ertheilt sind.

Umherziehenden Schauspieler-Gesellschaften wird der Legitimationsschein nur dann ertheilt, wenn der Unternehmer die im § 32 vorgeschriebene Erlaubniß besitzt.

H.R.

§ 17. Schleifern, Holzuhrmachern, Siebmachern, Leinsaatsiebern, Topfbindern und Kesselflickern, Korbflechtern, approbirten Viehkastrirern und Kammerjägern, kann der Gewerbschein zum Betriebe ihres Gewerbes im Umherziehen überall ertheilt werden. Die Ministerien behalten sich aber vor, diese Bewilligung auch auf andere Gewerbtreibende ähnlicher Art auszudehnen, wenn darauf Seitens der Regierungen, in den § 16 bezeichneten Fällen, angetragen wird.

§ 18. Auch Gesellschaften von Musikern des In- und Auslandes, welche unter einem Vorsteher, der für die übrigen haftet, aus wenigstens vier unverdächtigen, geschickten Personen bestehen, ist, bei obgedachter persönlicher Qualifikation und deren vorschriftsmäßigen Bescheinigung, der Gewerbschein nicht zu versagen; einzelnen Musikanten aber, Harfenspielern, Drehorgelspielern und Schaukastenführern, desgleichen Equilibristen, Kunstreitern, Marionetten- und Puppenspielern, Taschenspielern und solchen Personen, die Kunst- oder Naturseltenheiten zur Schau ausstellen, ist derselbe nur ausnahmsweise, aus besondern von ihrer Persönlichkeit hergenommenen Gründen, und nach voraufgegangener strenger Prüfung ihrer Rechtlichkeit und Sittlichkeit, allemal aber nur in mäßiger

Zahl, und mit besonderer Auswahl zu bewilligen. Wenn jedoch bei solchen Kunstleistungen und Ausstellungen umherziehender Personen ein rein wissenschaftliches, oder ein höheres Kunstinteresse statt findet, und dieselben ihre Vorstellungen nur in größeren und mittleren Städten und in eigends dazu eingerichteten Lokalen für Eintrittsgeld geben wollen, so bedarf es dazu überall nicht des Gewerbscheins, sondern nur der besonderen ortspolizeilichen Erlaubniß. —

§ 19. Die Ertheilung von Konzessionen für Schauspieler- und ähnliche Gesellschaften, bleibt dem Ministerium des Innern und der Polizei, nach wie vor, gänzlich vorbehalten.

Dienstleistungen. 1. Als allgemeine Regel stellt der Schlußsatz des § 6 H.R. auf, daß überhaupt Dienste oder Arbeiten im Umherziehen angeboten werden, somit Gegenstände des Hausir-Verkehrs sein können. Zu den Diensten oder Arbeiten gehören künstlerische Leistungen nicht, und sind deshalb diese, wenn im Umherziehen gewerbsmäßig geleistet, von der Steuerpflicht befreit.

Von diesen Diensten sind ferner nach § 6 cit. von der Verpflichtung der Steuerzahlung diejenigen ausgenommen, welche als Ausfluß stehender Gewerbe dem Landesgebrauch gemäß in dem zweimeiligen Umkreise des Wohnorts des Gewerbtreibenden gesucht und geleistet werden. Alle sonstigen Dienste oder Arbeiten unterwirft das H.R. der Versteuerung, gestattet jedoch nur für eine beschränkte Zahl derselben die Ertheilung eines Gewerbescheines. Diese für den Gewerbebetrieb im Umherziehen zulässigen Arten von Dienstleistungen zählt der § 17 H.R. auf, und hat § 1 Nr. 2 des Regulativs vom 4. December 1836 — G.S. pro 1837 S. 14 — von dem Schlußpassus des § 17 H.R. Gebrauch machend, diese Reihe noch um einzelne Arten vermehrt und als zulässige Dienstleistungen noch anerkannt die Dienste von Personen, welche sich mit Schärfen von Bohrern, Sägen und andern Instrumenten oder mit Ausbessern von Spinnrädern oder Hausgeräthen beschäftigen.

2. Anders die B.G.O. — Unter Anerkennung der Berechtigung des Hausirgewerbes zu freier und lebensfähiger Entfaltung hat sie auch bei dieser Art des Betriebes die fesselnden Beschränkungen fallen lassen und sich mit der allgemeinen Vorschrift im § 55 Nr. 4 begnügt, daß gewerbliche oder künstlerische Leistungen, wenn im Umherziehen betrieben, der Legitimationsscheinspflicht unterliegen sollen. — Während sie sonach auf der einen Seite jede gewerbliche Leistung zu einem zulässigen Gegenstande des Gewerbebetriebes im Umherziehen macht, zieht sie auf der

anderen Seite auch die nach dem H.R. gewerbescheinfreien künstlerischen Leistungen in den Kreis der von ihr gesetzten Gewerbe-Kontrolle.

Da nun eine derartige Verallgemeinerung der gestatteten Dienstleistungen das Interesse der Gewerbe-Steuer unberührt läßt, es auch nicht zulässig erscheint, daß die Landes-Gesetzgebung eine bestimmte Art des Gewerbebetriebs verbietet, welche die Bundes-Gesetzgebung als gesetzlich zulässig anerkennt, so muß die letztere der erstern, jedoch mit der Maßgabe vorgehen, daß die durch jene eingeführten neuen Fälle einer zulässigen Ausübung des Gewerbes der allgemeinen Regel des § 6 H.R. unterliegen und demgemäß den früher gestattet gewesenen Fällen gleich stehen und steuerpflichtig werden, wogegen sie steuerfrei bleiben, wenn sie außerhalb der allgemeinen Regel des § 6 cit. stehen oder unter die Ausnahmen fallen, welche die Landes-Gesetzgebung von der Steuerpflicht statuirte. —

3. Demnach steht zur Zeit die Sache so:

a) Alle gewerblichen und künstlerischen Dienstleistungen sind zulässige Gegenstände des Gewerbebetriebes im Umherziehen.

b) Diejenigen gewerblichen Leistungen, welche nach Landesgebrauch als Ausfluß eines stehenden Gewerbes innerhalb des zweimeiligen Umkreises des Wohnorts des Gewerbtreibenden im Umherziehen angeboten werden, sind gewerbescheinfrei, jedoch an den Besitz eines Legitimationsscheins II. Klasse gebunden — § 58 Nr. 2 B.G.O. — § 6 H. R. —

c) Alle künstlerischen Dienstleistungen sind, auch wenn sie nur innerhalb des zweimeiligen Umkreises angeboten werden, von der Ausnahme des § 58 B.G.O. ausgeschlossen, bedürfen daher eines Legitimationsscheins I. Klasse, nicht aber eines Gewerbescheins, weil die Landes-Gesetzgebung sie der Steuerpflicht nicht unterwirft. —

Da nun die Min.Instr. zum Titel III. der B.G.O. sub Nr. 5 anordnet, daß mit jedem Legitimationsscheine I. Klasse ein Gewerbeschein untrennbar verbunden werden soll, so muß im vorliegenden Falle in dem letzteren die Steuerfreiheit des Gewerbebetriebs vermerkt werden.

d) Alle übrigen (cf. sub b) gewerblichen Dienstleistungen können im Umherziehen nur angeboten werden unter dem Schutze eines Legitimationsscheins I. Klasse und eines Gewerbescheins.

Unterricht im Schneidern.

4. Als ein gewerbe- und legitimationsscheinpflichtiges Anbieten gewerblicher Leistungen ist das Ertheilen von Unterricht im Schneidern resp. Zuschneiden von Kleidern und in dem dazu erforderlichen Zeichnen, wenn es ohne vorherige Bestellung im Umherziehen erfolgt, anzusehen. Min.Reskr. v. 29. Mai 1829 — Hoffmann S. 199. —

Kommissions-, Makler-, Auktions-Geschäfte. 5. Ebenso sind es zulässige Formen des Gewerbebetriebes, wenn Kommissions-, Mäkler- und Auktions-Geschäfte im Umherziehen betrieben werden, Formen, welche die Min.Reskripte vom 30. Juni 1839 und 6. August 1840 — Hoffmann S. 205 — für unzulässig erachteten. Es hat daher die Min.Instr. vom 4. September 1869 angeordnet, daß für diese Gewerbe, wenn im Umherziehen betrieben, ein Gewerbeschein gegen Entrichtung der vollen Jahressteuer von 16 Thalern zu lösen sei und zwar ohne Rücksicht auf eine etwaige, für das stehende Gewerbe bereits bezahlte Gewerbesteuer.

Versicherungs-Agenten. 6. Einer besondern Erwähnung bedürfen die Gewerbebefugnisse der Versicherungs-Agenten. Schon durch die K.O. vom 11. Juni 1826 — G.S. S. 61 — wurde sub Nr. 2 bestimmt, daß Agenten, welche aus der Vermittelung nicht-kaufmännischer Geschäfte ein Gewerbe machen, dem § 5 des Steuer-Gesetzes vom 30. Mai 1820 unterworfen sein sollten. Der §. 49 der Allg.G.O. vom 17. Januar 1845 führt unter denjenigen stehenden Gewerben, welche einer besonderen polizeilichen Genehmigung bedürfen, auch das der Vermittelung von Geschäften auf, und hat das Gesetz vom 22. Juni 1861, betr. die Abänderung einiger Bestimmungen der Allg.G.O. — G.S. S. 441 — den § 49 cit. nur insoweit geändert, als es die Agenten und Unteragenten für Versicherungsanstalten von der die Genehmigung des Gewerbebetriebes bedingenden Prüfung ihrer Zulässigkeit ausnimmt. Es ergiebt sich hieraus, daß der Gewerbebetrieb solcher Agenten vom Gesetz nicht als ein im Umherziehen zur Ausführung zu bringender, sondern nur als ein stehender angesehen wird. Da nun die in den §§ 1 bis 6 H.R. enthaltenen Ausnahmen von der Steuerpflichtigkeit des Gewerbebetriebes im Umherziehen seiner nicht gedenken, er namentlich auch nicht unter die im Eingangssatze des § 6 cit. aufgeführten Dienstleistungen fällt, da ferner auch die §§ 14 ff. H.R. keine Bestimmung enthalten, unter welche er zu subsumiren wäre, so muß er, wenn im Umherziehen betrieben, als ein Gewerbebetrieb angesehen werden, welcher zwar Handlungen zum Gegenstande hat, für die ein Gewerbeschein früher nicht ertheilt werden durfte, der demnach aber nach der allgemeinen Regel der §§ 6 und 7 H.R. gewerbescheinpflichtig ist. Den Zuwiderhandelnden trifft deshalb die Strafe des § 26 H.R. — Erk. des Ob.Trib. v. 25. Februar 1864 J.M.Bl. S. 126 — vom 13. September 1866 — Opp., Rechtsspr. B. 7 S. 458. —

Nach der B.G.O. ist gemäß § 42 jeder zum selbständigen Betriebe eines stehenden Gewerbes Befugte auch berechtigt, auch außerhalb des Ortes seiner gewerblichen Niederlassung dasselbe auszuüben, soweit er nicht nach den Vorschriften des § 55 dazu eines Legitimationsscheins bedarf. Es geht also die B.G.O. von dem Grundsatze aus, daß der

Gewerbebetrieb auch außerhalb des Ortes der Niederlassung, wenn er nicht unter den von ihr aufgestellten Begriff des Hausir-Gewerbes fällt, ein freier und unbeschränkter Ausfluß des stehenden Gewerbes ist. Da nun das Gewerbe der Agenten nicht unter diejenigen Gewerbe zu subsumiren, deren Betrieb durch den Besitz eines Legitimationsscheins bedingt wird, — §§ 55 ff. — so erscheint der in den Motiven zu § 42 — Höinghaus, S. 71 — aufgestellte Satz begründet, daß nach der B.G.O. die Geschäftsvermittelung der Versicherungs-Agenten außerhalb ihres Wohnorts als ein Ausfluß des stehenden Gewerbebetriebes zu betrachten und daher von einer polizeilichen Genehmigung unabhängig ist.

Allein die B.G.O. übt auf die Anschauungen und Vorschriften der Preuß. Landes-Gesetzgebung, soweit sie sich auf die Steuer-Seite des Gewerbebetriebs beziehen, keinen Einfluß aus und vermag namentlich die Nothwendigkeit einer Steuer-Entrichtung resp. die Anwendung der Vorschriften des H.R. auf den Gewerbebetrieb dadurch nicht zu beseitigen, daß sie einen Betrieb, welcher allen Erfordernissen des H.R. entspricht und deshalb unter die §§ 7 und beziehentlich 26 fällt, dem Begriffe des Hausir-Gewerbes entzieht und für den Ausfluß eines stehenden Gewerbes erklärt. Eine derartige Einwirkung müßte als ein unzulässiger Eingriff in die Steuergesetzgebung angesehen werden, welche durch § 5 B.G.O. der Landes-Gesetzgebung unbeschränkt vorbehalten worden ist. Mag daher auch die B.G.O. die polizeilichen Beschränkungen aufgehoben haben, welche dem Betriebe des Agentur-Gewerbes im Umherziehen auferlegt waren, die Schlußfolgerungen über die Steuerpflichtigkeit, zu welchen die Vorschriften des H.R. zwingen, bleiben bestehen.

Es ist daher die Ausübung des Gewerbes der Versicherungs-Agenten, wenn im Umherziehen betrieben, der Steuerpflicht unterworfen und deshalb, so lange nicht eine Steuerfreiheit für dasselbe gesetzlich bewilligt worden, zwar nicht an den Besitz eines Legitimationsscheins, wohl aber an den eines Gewerbescheins gebunden.*)

7. Zu gleichem Schlußresultat gelangt das Erk. des Ob.Appell.Ger. vom 1. März 1871 — Opp., Rechtspr. B. 12 S. 120 —, welches gleichzeitig auch ausführt, daß es für die Gewerbscheinpflichtigkeit ohne Bedeu-

---

*) Wenn deshalb auch die in der Sitzung des Reichstages vom 26. April 1871 dem Reichskanzler überwiesene Petition der Direktoren deutscher Versicherungs-Anstalten von Erfolg sein, und die preußische Regierung von der Festsetzung einer Hausir-Gewerbesteuer für das im Umherziehen betriebene Gewerbe der Versicherungs-Agenten Abstand nehmen möchte, so kann doch ohne einen gesetzlichen Verzicht auf die Steuer (Regul. v. 4. December 1836) die bisherige, auf die §§ 7 und 26 H.R. gestützte Judikatur nicht beseitigt werden.

tung ist, ob der Gewerbebetrieb für eigene Rechnung oder für die Rechnung eines Andern stattgefunden habe, und daß deshalb auch der Beamte und Vertreter einer Feuer-Versicherungs-Gesellschaft, wenn er Geschäfte für die Gesellschaft im Umherziehen vermittelt und schließt, zur Vermeidung der Strafe des § 26 H.R. im Besitz eines Gewerbescheins sein müsse. —

Zahnärzte. 8. Zahnärzte, wenn sie überhaupt zur Ausübung ihres Gewerbes berechtigt sind, bedürfen zum Betriebe desselben im Umherziehen keines Gewerbescheines, weil ihre Leistungen zu denen der Kunst gehören. Min.Reskr. vom 4. December 1829 — Hoffmann, S. 233. — Es genügt daher für sie ein Legitimationsschein I. Klasse. cf. oben Nr. 3.

Augenoperateure. 9. Dagegen müssen solche Individuen, welche, ohne eigentliche Wundärzte zu sein, nur Erlaubniß erhalten haben, sich mit höheren Augenoperationen zu befassen, falls sie dies Gewerbe im Umherziehen ausüben wollen, dazu einen Gewerbeschein nachsuchen. Min.Reskr. vom 4. December 1829 — Hoffmann, S. 203.

Gleichzeitige Ausübung mehrerer Gewerbe. 10. Es ist nicht unzulässig, das Hausir-Gewerbe, welches im Anbieten von Dienstleistungen besteht, zugleich mit dem, betr. den Verkauf von Waaren, zu betreiben. Besteht zwischen beiden ein gewerblicher Zusammenhang, wie z. B. zwischen dem Gewerbe des Scheerenschleifers und dem Verkauf von Messern und Scheeren, so bedarf es der Ausstellung eines besonderen Gewerbescheins zum Hausirhandel nicht, sondern ist die Befugniß zum Handel zugleich mit in dem für das Anbieten von Dienstleistungen ausgestellten Gewerbescheine auszudrücken. Auch ist für beide Gewerbe nur eine Jahressteuer zu erfordern. Min.Reskr. vom 31. Mai 1841 — Hoffmann, S. 204 — v. 17. Juni 1845 — Schimmelfennig, S. 675 Nr. 535.

In gleicher Weise ist die Ertheilung des Legitimationsscheines zu behandeln, und ist es zulässig, auch in diesen beide Arten des beabsichtigten Gewerbebetriebes aufzunehmen.

Fehlt dagegen der gewerbliche Zusammenhang, so müssen zwei verschiedene Legitimations- und Gewerbescheine gelöst und die Steuer für jedes Gewerbe besonders entrichtet werden. — Soll mit beabsichtigten Musik-Aufführungen oder Schaustellungen ein anderes Hausir-Gewerbe verbunden werden, so darf der gleichzeitige Betrieb beider Arten ohne vorher eingeholte Genehmigung des Ministers des Innern und der Finanzen nicht gestattet und ein gemeinschaftlicher Gewerbeschein nicht ertheilt werden. Min.Reskr. vom 6. Oktober 1847 — Schimmelfennig, S. 676, Nr. 536.

Ausländer. 11. Unter Ausschluß der nur für die Angehörigen Preußens gültigen Ausnahme des Eingangssatzes des § 6 H.R. kommen alle diese Vorschriften bei den Angehörigen derjenigen Staaten zur Anwendung, in welchen die G.O. als Reichsgesetz gilt. Dagegen haben die Angehörigen anderer Staaten auf diejenigen Freiheiten keinen Anspruch, welche aus den Bestimmungen der G.O. folgen. — Motive zu § 55 G.O. — Sie sind vielmehr als Ausländer nach der Vorschrift des § 12 H.R. zu behandeln, ihnen also der Gewerbeschein zum Anbieten von Dienstleistungen nur dann zu ertheilen, wenn das Gewerbe in der Gegend, in welcher sie den Betrieb beabsichtigen, gar nicht oder nicht mit der dem Ausländer eigenen Geschicklichkeit betrieben wird und doch als öffentliches Bedürfniß anzusehen ist. Liegen diese Voraussetzungen nicht vor, so ist vor der Ertheilung des Gewerbescheins die Genehmigung der Ministerien des Innern und der Finanzen einzuholen. Min. Reskr. vom 8. Februar 1840 — Schimmelfennig, S. 633 Nr. 448.

12. Ein sowohl in steuerlicher, wie gewerbepolizeilicher Beziehung besonderes Verfahren tritt bei dem Gewerbebetriebe ein, welcher öffentlich Schaustellungen darbietet, zu denen das Gesetz auch das Musikmachen rechnet. Auch hier ist in Ansehung der statthaften Gegenstände zu beachten, daß die Schranken des H R., welches durch eine Aufzählung der zulässigen Arten von Schaustellungen dem Gewerbebetriebe bestimmte Gränzen zog, durch die G.O. beseitigt sind, und daß durch den im § 59 ebendas. gewählten, eine clausula generalis enthaltenden Ausdruck „sonstige Lustbarkeiten" auch dieser Art des Gewerbebetriebes im Umherziehen die Möglichkeit geboten ist, in jeder nur denkbaren Formation aufzutreten. Schaustellungen.

13. Es werden daher die Min.Reskr. vom 14. December 1856 und 5. August 1857 — Schimmelfennig, S. 694 Nr. 562, 563 —, durch welche das Aufstellen von Apparaten zum Bolzenschießen und das Umherziehen mit einem Karoussel als unzulässige Gegenstände dieses Gewerbebetriebes bezeichnet und die Ertheilung von Gewerbescheinen für sie untersagt wird, als maßgebend nicht mehr anzusehen sein, da beiderlei Vergnügungen zu den „Lustbarkeiten" gehören, deren öffentliches Darbieten die G.O. gestattet.

14. Obwohl der Handel mit Feuerwerks-Körpern zu den durch § 56 G.O. ausdrücklich verbotenen gehört, ist doch die Schaustellung von Feuerwerken eine an sich zulässige Art des Gewerbes im Umherziehen. Min.Reskr. vom 6. Januar 1841 — Schimmelfennig S. 689, Nr. 557. — Selbstverständlich ist es einem derartigen Schausteller nicht gestattet, gleichzeitig auch einen Handel mit Feuerwerks-Körpern zu treiben. —

15. Es ist nicht nöthig, daß die Musik-Aufführungen und sonstigen Schaustellungen nur von einem Einzelnen ausgehen; es können sich vielmehr zum Zwecke derselben auch mehrere Personen verbinden und zu Gesellschaften vereinigen. In welcher Weise bei solchen Gesellschaften

die zu entrichtende Gewerbesteuer berechnet und die Legitimationsführung angeordnet wird, cf. unter sub Nr. 19 und 29.

Ausnahme. 16. Aus dem Begriffe eines Hausir-Gewerbebetriebes tritt die Schaustellung heraus, sobald bei ihr ein höheres wissenschaftliches oder Kunst-Interesse obwaltet — § 55 Nr. 4 B.G.O. § 18 H.R. — In diesem Falle unterliegt sie daher weder der Steuer-, noch der Legitimationsscheinspflicht, sobald sie erfolgt in größeren oder mittlern Städten und in eigends dazu eingerichteten Lokalen. Fehlen diese beiden Voraussetzungen des § 18 H.R., so tritt trotz der Qualität der Schaustellung zwar nicht die Legitimationsschein-, wohl aber die Gewerbescheinspflicht ein, vorausgesetzt, daß dieselbe als Gewerbebetrieb anzusehen ist. — Dieser Satz gilt, so lange nicht auf die Steuerpflicht Seitens der gesetzlich kompetenten Behörde ausdrücklich verzichtet worden ist.

17. Schaustellungen, welche zu den Ausnahmen gehören, können nicht blos von einzelnen Virtuosen, sondern ebenso gut auch, ohne ihre Ausnahme-Qualität zu verlieren, von ganzen Gesellschaften von Schauspielern, Tänzern oder Musikern dargeboten werden. Min.Reskr. vom 10. August 1854 — Schimmelfennig, S. 695 Nr. 564. — Es gehören daher zu ihnen neben wissenschaftlichen Vorlesungen auch Konzerte, theatralische Vorstellungen u. dergl.

18. Derartige Schaustellungen sind zwar nicht gewerb- und legitimationsscheinpflichtig, bedürfen jedoch der Genehmigung der Behörde desjenigen Ortes, an welchem sie erfolgen sollen. Min.Reskr. vom 19. Juni 1836 — Schimmelfennig, S. 684 Nr. 551. — Diese Bestimmung ist durch § 59 B.G.O. nicht aufgehoben, da in richtiger Auslegung seines Wortlauts der Zusatz „ohne daß ein höheres Interesse der Kunst oder Wissenschaft dabei obwaltet" nur die Qualität der vorhergedachten Schaustellungen bestimmen soll und zur Erklärung der folgenden Worte „außer den übrigen Erfordernissen" dient. —

Erfolgt eine derartige Schaustellung ohne diese Genehmigung, so hat die Polizeibehörde das Recht, sie zu untersagen und nöthigenfalls unter Anwendung von Zwangsmitteln zu inhibiren. — Eine Strafvorschrift bedroht diese Uebertretung des Gesetzes nicht, da sich der § 148 Nr. 1 B.G.O. nur auf das stehende Gewerbe bezieht und § 30 H.R. auf diesen nach den Vorschriften der B.G.O. zu beurtheilenden Fall keine Anwendung finden kann.

Gewerbesteuer. 19. In Ansehung der von dieser Art des Gewerbebetriebes zu entrichtenden Steuer bestimmte das Gewerbesteuer-Gesetz vom 30. Mai 1820 in Beilage B. — G.S. S. 162 —, daß bei Marionettenspielern, Taschenspielern, Musikanten, Thierführern, Seiltänzern u. s. w. der Steuersatz von zwölf Thalern für jede Person zur Anwendung kommen solle, daß jedoch, wenn das Gewerbe der Equilibristen, Seiltänzer, Kunstreiter in einer größeren Gesellschaft getrieben werde, die Regierungen den Satz, wo es nöthig sei, für jeden Theilnehmer ermäßigen könne, jedoch niemals auf weniger als vier Thaler für eine Person.

§ 2 des Regulativs vom 4. December 1836 — G.S. pro 1837 S. 14 verordnete: „In Ansehung der Equilibristen, Seiltänzer, Kunstreiter verbleibt es bei der Vorschrift der Beilage B. zu dem Steuergesetze. Außerdem (d. h. außer der dort schon ertheilten Befugniß) sind die Regierungen ermächtigt, Musikern, welche unter einem Vorsteher, der für die übrigen haftet, in einer aus wenigstens vier unverdächtigen, geschickten Personen bestehenden Gesellschaft ihr Gewerbe betreiben (§ 18 des Hausir-Regulativs) eine Steuerermäßigung in der Art zu bewilligen, daß nur für den Vorsteher zwölf Thaler, für jede andere Person aber acht, sechs oder vier Thaler jährlich entrichtet werden."

Der § 20 des Gesetzes vom 19. Juli 1861 hat den Betrag der vollen Jahressteuer von 12 auf 16 Thaler erhöht.

„In Betreff des Musik-Gewerbes endlich hat die K.O. v. 14. Oktober 1833 — G.S. S. 126 bestimmt, „daß Musiker, welche ihr Gewerbe außerhalb des Polizeibezirks ihres Wohnorts, jedoch nicht in einer Entfernung über zwei Meilen von letzterem betreiben, dazu keines Gewerbescheins, sondern nur einer polizeilichen Legitimation bedürfen, diejenigen hingegen, welche in einer größeren Entfernung vom Wohnorte für Geld Musik machen, auch dann, wenn sie besonders dazu bestellt worden, einen Gewerbeschein zu lösen haben, insofern nicht die im letzten Absatze des § 18 des Hausir-Regulativs gemachte Ausnahme (das höhere Kunst-Interesse) Anwendung findet."

Hiernach bedarf jeder, der im Umherziehen Schaustellungen darbieten will, sobald seine Leistungen nicht einem wissenschaftlichen Zwecke oder höherem Kunst-Interesse dienen, der Regel nach eines gegen Entrichtung einer Jahressteuer von 16 Thalern auszufertigenden Gewerbescheins. Gleichgültig ist es dabei, ob die Schaustellung unter die Rubrik der im § 18. H.R. resp. im Regulativ vom 4. December 1836 erwähnten gehört oder nicht, da auch die früher unstatthaften, nach der B.G.O. aber zulässigen Formen dieses Gewerbebetriebes steuerpflichtig werden und in Ansehung der Höhe der Steuer mit den früher statthaften gleich zu behandeln sind. — Eine Ausnahme von dieser Regel bilden die zu einer Gesellschaft zusammengetretenen Gewerbtreibenden, welchen eine Steuerermäßigung insofern zu Theil werden kann, als es gestattet ist, ihnen einen gemeinschaftlichen Gewerbeschein auszufertigen und in demselben die Steuer des Vorstehers nach dem vollen, die jedes einzelnen Mitgliedes aber nach einem ermäßigten Satze von acht, sechs oder vier Thalern festzusetzen.

Insbesondere bei dem Musikgewerbe.

20. Abweichenden Vorschriften unterliegt das Musikgewerbe, das ebenso von Einzelnen, wie von Gesellschaften, zu denen mindestens vier Personen gehören, ausgeübt werden kann. Dasselbe ist, stehend betrieben, steuerfrei (cf. Beilage E zum Steuergesetze vom 30. Mai 1820) bedarf jedoch nach § 14 der B.G.O. der Anmeldung zur Vermeidung der Strafe des § 148 Nr. 1 ibid. und zur Ausübung am Orte der gewerblichen Niederlassung nach § 42 ibid. der vorhergehenden Erlaubniß durch die Behörde des Orts*). Wird es im Umherziehen betrieben und zwar ohne Rücksicht darauf, ob von einem Einzelnen oder einer Gesellschaft, der Betriebsbezirk aber über den zweimeiligen Umkreis des Wohnorts nicht ausgedehnt, so bleibt es steuerfrei; soll die Ausübung desselben an einem außerhalb dieses Umkreises liegenden Orte erfolgen, so ist in jedem Falle und selbst dann, wenn zu dem Musikmachen eine besondere Bestellung vorliegt, ein steuerpflichtiger Gewerbeschein erforderlich, widrigenfalls die Defraudationsstrafe des § 26 H.R. zur Anwendung kommt. — Erk. des Ob.Trib. vom 23. Oktober 1868 — G.A. B. 17 S. 57 — Opp., Rechtspr. B.G. S. 578. —

21. Ebenso, wie bei den übrigen Formen dieser Gewerbe-Betriebsart ist auch hier der höchste Satz der Jahressteuer von dem Einzelnen zu erheben, während bei Gesellschaften von mindestens vier Theilnehmern der gemeinschaftliche Gewerbeschein und die sub Nr. 19 erwähnte Steuerermäßigung eintreten kann.

22. Bei einer Ausübung innerhalb des zweimeiligen Umkreises verlangt die K.O. vom 14. Oktober 1833 an Stelle des Gewerbescheins eine polizeiliche Legitimation. Nach der Ausführung des Ob.Trib. in dem Erk. vom 21. November 1867 — Opp., Rechtspr. B. 8 S. 741 — ist darunter nicht eine bloße ortspolizeiliche Legitimation zu verstehen, und der Minister des Innern berechtigt, die Behörde zu bezeichnen, welche zur Ertheilung jener Legitimation befugt sein soll. Ist das geschehen, so können Bescheinigungen anderer Polizeibehörden vor der Bestrafung nicht schützen. — Demgemäß sind die in Ausführung der B.G.O. er-

---

*) Der § 42 B.G.O. lautet wörtlich: „Wer zum selbstständigen Betriebe eines stehenden Gewerbes befugt ist, darf dasselbe vorbehaltlich der Bestimmungen des § 59 am Orte seiner gewerblichen Niederlassung und, soweit nicht die Vorschriften des dritten Titels einen Legitimationsschein erfordern, auch außerhalb dieses Ortes ausüben." Für den Betrieb am Orte der Niederlassung, nicht für den außerhalb desselben, werden die Bestimmungen des § 59 d. h. die Nothwendigkeit der vorgängigen Erlaubniß der Orts-Polizeibehörde, vorbehalten, während der Betrieb außerhalb desselben nur denjenigen stehenden Gewerben als berechtigter Ausfluß gestattet wird, welche nicht zugleich die Kriterien eines Hausir-Gewerbes annehmen, sobald sie im Umherziehen betrieben werden. cf. auch Min.Verf. zur B.G.O. v. 4. Septbr. 1869.

gangenen, hier einschlagenden Anordnungen des Ministers (cf. unten Nr. 29) für den Strafrichter maßgebend.

23. Musiker, welche unter der Leitung eines Vorstehers eine Gesellschaft bilden und umherziehend für Geld Musik machen, bedürfen dazu eines Gewerbescheins für jeden Einzelnen oder eines alle einzelnen Mitglieder benennenden und signalisirenden gemeinschaftlichen Gewerbescheins. Fehlt dieser, oder betheiligt sich eine andere, in dem Gewerbeschein nicht namhaft gemachte Person an dem Musikmachen, so tritt entweder gegen Jeden der Theilnehmer oder nur gegen den in dem Gewerbeschein nicht Genannten die Defraudationsstrafe aus dem § 26 oder den §§ 26 und 28 H.R. ein. Erk. des Ob.Trib. vom 8. Juni 1865 — Opp., Rechtspr. B. 6 S. 165.

24. Macht sich der Vorsteher einer Musik-Gesellschaft strafbar, wenn er selbst für seine Person zwar, nicht aber die Mitglieder seiner Gesellschaft im Besitze eines Gewerbescheins sind? — Das Ob.Trib. hat in dem Erk. vom 8. Juni 1865 — Opp., Rechtspr. B. 6 S. 166 — die Frage bejaht, angenommen, daß § 20 H.R. auf ihn Anwendung finde, weil er die übrigen Mitglieder unbefugt mit sich geführt habe, und aus § 30 H.R. gestraft. — Die Entscheidung erscheint bedenklich, da nicht blos das Mitführen, sondern vielmehr die unbefugte Benutzung der Kräfte der nichtlegitimirten Theilnehmer den Grund der Strafbarkeit bildet. Es kann nur darauf ankommen, ob der Vorsteher von dem Musikmachen der übrigen Theilnehmer Vortheil zog, ob sie also das Gewerbe gleichsam für seine Rechnung, (ohne Rücksicht auf ihren eigenen Antheil an dem Verdienst) ausübten. Ist dies geschehen, so tritt auch gegen den Vorsteher die Strafe des § 28 H.R. ein.

25. Ein Musikgehülfe, welcher außerhalb des Polizeibezirks seines Wohnorts in einer mehr als zweimeiligen Entfernung von letzterem für Geld Musik macht, bedarf dazu eines Gewerbescheins, ohne daß es dabei auf sein Kontrakts-Verhältniß zum Vorsteher der betr. Gesellschaft ankommt. Im Falle einer Zuwiderhandlung trifft ihn die Strafe des § 26 H.R., welche durch die Verantwortlichkeit des Vorstehers nicht abgewendet werden kann. Erk. des Ob.Trib. vom 17. Februar 1865 — Opp., Rechtspr. B. 5 S. 515. — Das Gleiche soll nach dem Min. Reskr. vom 22. April 1838 — Hoffmann, S. 209 — gelten, wenn der Betreffende Mitglied einer Musik-Gesellschaft war, in dem gemeinschaftlichen Gewerbeschein aufgeführt stand und eine ermäßigte Jahressteuer entrichtet hatte. — Das Reskript führt aus, daß durch einen einer Gesellschaft ertheilten Gewerbeschein der Einzelne nur das Recht erlange, als Mitglied der Gesellschaft mit dieser Musik zu machen, das Musikmachen durch einen Einzelnen aber eine andere Art des Gewerbebetriebes sei, zu welcher ein besonderer Gewerbeschein erforderlich

werde, und daß dessen Fehlen die Strafe des § 26 H.R. nach sich ziehe. Die Ansicht ist nicht haltbar, da der § 26 H.R. das Fehlen jedes Gewerbescheins zum Musikmachen voraussetzt, daher da nicht Anwendung finden kann, wo ein solcher überhaupt vorhanden ist. Es kann daher ein derartiger Fall nur aus § 30 H.R. geahndet werden.

26. Es ist nicht zulässig, daß eine Musik-Gesellschaft sich zu dem Zwecke theilt, um an mehreren Orten zugleich zu spielen. Derjenige Theil, welcher den gemeinschaftlichen Gewerbeschein nicht bei sich führt, verfällt in Strafe und kann sich gegen dieselbe nicht durch Vorzeigung einer einfachen oder beglaubten Abschrift des Gewerbescheins schützen. Dagegen ist es zulässig, daß eine Gesellschaft mit dem gemeinschaftlichen Gewerbescheine, aber ohne den darin benannten Vorsteher, weil dieser verhindert oder gestorben, umherzieht. Min.Reskr. vom 8. Mai 1834 — Hoffmann, S. 207.

27. Die K.O. vom 14. Oktober 1833 bezieht sich nur auf die Angehörigen des preußischen Staates. Ausländer, also Angehörige jedes anderen Staates (auch der deutschen Bundesstaaten) haben auf die Vergünstigung derselben keinen Anspruch und sind zur Lösung eines Gewerbescheins in jedem Falle verpflichtet, mag der Betrieb des Gewerbes in einem größeren oder kleineren Bezirk beabsichtigt werden. Min.Reskr. vom 4. Februar 1837. — Hoffmann, S. 208.

Gewerbepolizeiliche Legitimation.

28. Maßgebend für den Legitimationspunkt sind nicht die Vorschriften der Landes-Gesetzgebung, sondern die der B.G.O., welche diese Art des Gewerbebetriebes im Umherziehen nicht nur abweichend von dem H.R., sondern auch anders behandeln, als die übrigen Arten. Während das H.R. die Ertheilung des Gewerbescheins an die Bedingungen des § 11 H.R. und außerdem an die Prüfung der Rechtlichkeit und Sittlichkeit des Petenten und an die Bedürfnißfrage knüpfte und den zur Ausübung des Gewerbes Berechtigten zur persönlichen Meldung bei der Polizeibehörde des zur jedesmaligen Ausübung gewählten Ortes verpflichtete, verlangt die B.G.O. einen Legitimationsschein I. Klasse, gestattet die Versagung desselben außer den allgemeinen und durch Rekurs anfechtbaren, in der Person des Petenten (§ 57) liegenden Gründen auch aus der Bedürfnißfrage, schließt das Rechtsmittel gegen die hierauf gestützte Entscheidung aus und begränzt das Gebiet des Ausübungsbezirks auf den Verwaltungsbezirk der den Legitimationsschein ausstellenden Regierung. Außerdem aber macht sie die Ausübung des Gewerbes von der vorgängigen Erlaubniß der Behörde des zur Ausübung ausersehenen Orts abhängig.

Sonach hat der Gewerbtreibende zur thatsächlichen Ausübung seines Gewerbes einzuholen einen Legitimationsschein I. Klasse, der nur für einen Regierungs-Bezirk gültig ist, einen dem Legitimationsscheine zu annektirenden Gewerbeschein und die ausdrückliche Erlaubniß der Polizei-Behörde desjenigen Ortes, an welchem er den Gewerbebetrieb beabsichtigt.

29. Haben sich mehrere Gewerbtreibende zu einer Gesellschaft vereinigt, so kann ihnen, um sie des Vortheils einer Steuer-Ermäßigung theilhaftig werden zu lassen, ein alle Theilnehmer umfassender und sie einzeln signalisirender Legitimationsschein ausgefertigt und diesem der Kollektiv-Gewerbeschein annektirt werden. Die Zulässigkeit eines derartigen gemeinschaftlichen Legitimationsscheins ergiebt sich aus Absatz 3 des § 59 B.G.O., in welchem gestattet wird, daß für eine Schauspieler-Gesellschaft nur ein Legitimationsschein ertheilt werde.

30. In Ansehung des Musik-Gewerbes ist jede Ausübung desselben außerhalb des Orts der Niederlassung, gehe sie von einem Einzelnen oder einer Gesellschaft aus, an den Besitz eines Legitimationsscheins I. Klasse gebunden, und vertritt dieser bei einem Gewerbebetriebe innerhalb eines zweimeiligen Umkreises des Wohnorts die von der K.O. vom 14. Oktober 1833 geforderte polizeiliche Legitimation. — Dennoch aber hat die Min.Instr. zum Tit. III der B.G.O. — S. 9 — angeordnet, daß dem Legitimationsscheine in jedem Falle ein Gewerbeschein beigefügt werden solle, in welchem für den Fall der Beschränkung des Betriebes auf den zweimeiligen Umkreis die Steuerfreiheit zu vermerken sei.

Hieraus darf jedoch nicht gefolgert werden, daß beim Fehlen eines derartigen Legitimations- und steuerfreien Gewerbescheins die Strafe der Steuer-Defraudation eintreten müsse, da ja in Gemäßheit der noch gültigen K.O. vom 14. Oktober 1833 eine Steuer nicht umgangen ist, vielmehr darf eine derartige Verletzung der gewerbepolizeilichen Vorschriften nur aus § 148 Nr. 7 B.G.O. gestraft werden. —

31. Eine Legitimation, welche den Nr. 28—30 entspricht, genügt für die Angehörigen derjenigen Staaten, in welchen die B.G.O. als Gesetz gilt. Bei den Angehörigen anderer Staaten, welche als Ausländer im Sinne der B.G.O. angesehen werden müssen, greifen, wenn sie in Preußen ihr Gewerbe betreiben wollen, die Vorschriften des H.R. Platz, und wird bei ihnen daher der Ertheilung des Gewerbescheins neben der Prüfung der Bedürfnißfrage die ihrer persönlichen Eigenschaften und namentlich ihrer Rechtlichkeit und Sittlichkeit vorangehen müssen. — Bei Ausländern.

32. Ueber die Frage, bei welcher Behörde die Anträge auf Ertheilung der Gewerbe- (resp. Legitimations-)scheine anzubringen sind, bestimmt das Circ.Reskr. vom 17. November 1851 — Schimmelfennig, S. 691 Nr. 559. — Es beschäftigt sich mit einer Musik-Gesellschaft und unterscheidet die verschiedenen Fälle, je nachdem der Vorsteher ein Inländer oder Ausländer ist, und je nachdem die Gesellschaft im Uebrigen aus

Inländern oder Ausländern besteht. Ist der Vorsteher ein Inländer, so steht die Ausfertigung oder Erneuerung des Gewerbescheins der Regierung zu, in deren Bezirk sein Wohnort belegen, ist er ein Ausländer, derjenigen Regierung, in deren Bezirk das Gewerbe betrieben werden soll. Sind die Mitglieder sämmtlich Ausländer oder Inländer und wohnhaft in dem Bezirk der angegangenen Regierung, so hat diese auch für sie den Gewerbeschein auszustellen; haben sie dagegen alle oder einzelne ihren Wohnsitz in dem Bezirk einer andern Regierung, so soll die angegangene Regierung zunächst von der Regierung des Wohnorts Auskunft über die Zulässigkeit des Gesuchs einholen und demgemäß über die Ausfertigung des Gewerbescheins entscheiden, oder die einzelnen Mitglieder sofort an die Regierung ihrer Wohnorte mit ihrem Gesuch verweisen.

Schauspieler. 33. Schauspieler-Gesellschaften soll der Legitimationsschein nur dann ertheilt werden, wenn der Unternehmer die im § 32 B.G.O. vorgeschriebene Erlaubniß besitzt, die er nur dann erlangen kann, wenn nicht Thatsachen vorliegen, welche die Unzuverlässigkeit des Nachsuchenden in Beziehung auf den beabsichtigten Gewerbebetrieb darthun. Wer diese Erlaubniß ertheilen soll, schreibt die B.G.O. nicht vor, sondern überläßt dies, sowie die Festsetzung der zu entrichtenden Gewerbesteuer der Landes-Gesetzgebung. In Preußen erfolgt beides gemäß § 19 H.R. durch das Ministerium des Innern. Sind diese Vorfragen durch die Entscheidung des Ministers erledigt, so erfolgt die Ausstellung des Legitimations- und des zu annektirenden Gewerbescheins durch die betr. Regierung. —

Kap. VII. Von den Verhaltungsmaßregeln für diejenigen, welche ihr Gewerbe im Umherziehen betreiben.

§§ 60 Abs. 2 und 61 B.G.O. — §§ 20 bis 25 H.R.

B.G.O. § 60 Absatz 2.

Der Legitimationsschein für den Betrieb der im § 59 bezeichneten Gewerbe gewährt die Befugniß zum Gewerbebetriebe in einem anderen, als dem Bezirke derjenigen höheren Verwaltungsbehörde, welche ihn ausgestellt hat, nur dann, wenn er auf den andern Bezirk von der höheren Verwaltungsbehörde des letzteren ausgedehnt ist. Diese Ausdehnung wird versagt, sobald für die, den Verhältnissen des Bezirkes entsprechende Anzahl von Personen Legitimationsscheine bereits ausgestellt oder ausgedehnt sind.

§ 61. **Der Inhaber des Legitimationsscheins ist verpflichtet, diesen**

während der thatsächlichen Ausübung des Gewerbebetriebes bei sich zu führen, auf Erfordern der zuständigen Behörde vorzuzeigen und sofern er hierzu nicht im Stande ist, auf Geheiß der Behörde den Betrieb bis zur Abhülfe des Mangels einzustellen.

H.R.

§ 20. Der Gewerbschein gilt nur für die Person des darin genannten Inhabers; derselbe darf also niemals an einen Dritten verliehen, abgetreten oder auf irgend eine Art überlassen, oder anderer Mißbrauch damit getrieben; auch darf so wenig eine darin nicht genannte Person, wäre sie auch von der Familie des Inhabers, von letzterem mit umhergeführt, als das Gewerbe für Rechnung des Inhabers von einer dritten, in dem Gewerbscheine nicht genannten Person, getrieben werden.

§ 21. Der Gewerbeschein berechtigt immer nur, wofern darin nicht eine noch engere Grenze bezeichnet ist, zum Gewerbsbetriebe innerhalb des Bezirks der Regierung, welche ihn ertheilt hat. Soll also die Befugniß daraus noch auf einen anderen Regierungsbezirk, oder auf einen Theil desselben ausgedehnt werden, so muß jede betreffende Regierung die Erlaubniß dazu unter dem Gewerbschein besonders vermerken. Innerhalb des Grenzzollbezirks darf überhaupt kein Gewerbe im Umherziehen getrieben werden, wenn nicht der Gewerbschein ausdrücklich die Erlaubniß dazu ertheilt.

§ 22. Auf den Grund des Gewerbscheins darf der Inhaber das darin genannte Gewerbe, jedoch nur in den darin bestimmten Grenzen, nicht allein auf Jahr- und Wochenmärkten, sondern auch außer denselben, letzterenfalls aber nur in den nach der Beilage B. des Gewerbsteuer-Gesetzes vom 30. Mai 1820 zur ersten Abtheilung gehörigen Ortschaften, acht Tage lang, in denen, die zur zweiten Abtheilung gehören, vier Tage lang, in denen, die zur dritten Abtheilung gehören, zwei Tage lang, und in den zur vierten Abtheilung gehörigen kleinen Städten, Flecken und Dörfern, einen Tag lang treiben. Die Orts-Polizeibehörden können inzwischen diese Fristen aus besondern Gründen verlängern und verengen. Bis zur nächsten Wiederkehr des Hausirers an den nämlichen Ort müssen aber mindestens vier Wochen verstreichen. Hiervon sind jedoch die Markttage überhaupt und sodann auch diejenigen Personen ausgenommen, welche mit den im § 14 Nr. 1

genannten Waaren handeln, indem diese jeden Ort zu jeder Zeit ungehindert besuchen können.

§ 23. Jeder Inhaber eines Gewerbscheins muß denselben beim Umherziehen stets in Urschrift bei sich führen, beglaubte Abschriften desselben sind unzulässig und ungültig. Auch muß er sich an jedem Orte, wohin er kommt, vor dem Anfange seines Geschäfts bei der Ortspolizei persönlich melden. (Gesetz vom 30. Mai 1820 § 23). Bei denjenigen Personen, welche mit Lebensmitteln hausiren, (§ 14 Nr. 1) bedarf es dieser persönlichen Meldung nur, wenn sie sich ihres Gewerbes wegen länger als einen Tag an dem Orte aufhalten wollen.

§ 24. Die Gastwirthe sind verpflichtet, von Personen, die ein Gewerbe umherziehend betreiben, wenn dieselben über Nacht aufgenommen sein wollen, sich den Gewerbschein für das laufende Jahr vorzeigen zu lassen, und wenn selbige ihn nicht besitzen, davon der Ortspolizei-Behörde sofort Anzeige zu machen. (Gewerbsteuer-Gesetz vom 30. Mai 1820 § 24.)

§ 25. Niemals darf eine Person, welche ihr Gewerbe im Umherziehen treibt, in Privathäuser, ohne aufgefordert zu sein, oder in Gasthöfe, ohne besondere Erlaubniß des Wirths, zu dem Zweck eintreten, um ihre Waaren oder Dienstleistungen anzubieten. Nur Personen, welche durch das Land reisen, um Waaren-Bestellungen zu suchen, sind hiervon ausgenommen.

Im Allgemeinen. 1. Die Rechte sowohl wie die Pflichten, welche sich aus dem Besitze des Legitimationsscheines für den Gewerbtreibenden ergeben, lassen sich in folgende Punkte zusammenfassen:

a) Erweiterung des Betriebsfeldes; der Betriebsbezirk ist nicht auf den Bezirk derjenigen Regierung beschränkt, welche den Legitimationsschein ausgestellt hat, sondern umfaßt das ganze Gebiet Deutschlands, so weit die B.G.O. Gesetz ist. Eine Ausnahme hiervon bilden die Legitimationsscheine II. Klasse in den § 58 Nr. 2 gedachten Fällen, welche nur zum Betriebe innerhalb des zweimeiligen Umkreises des Wohnorts berechtigen, und die Legitimationsscheine I. Klasse für den Gewerbebetrieb mit öffentlichen Schaustellungen und Musik-Aufführungen — § 59 —, welche nur für den Bezirk der ausstellenden Behörde Gültigkeit haben;

b) Verpflichtung zu dem Gesuch um Ausdehnung des Legitimationsscheins in den Fällen des § 59 bei der beabsichtigten Erweiterung des Betriebes in einen anderen Regierungsbezirk;

c) Verpflichtung des Beisichführens des Legitimationsschein bei der thatsächlichen Ausübung des Gewerbes und seiner Vorzeigung auf Verlangen der zuständigen Behörde;
d) Verpflichtung des richtigen Gebrauchs des Legitimationsscheines, also Vermeidung jeden Mißbrauchs desselben z. B. durch Hingabe zur Benutzung an Andere.

Theils dieselben, theils aber noch fernere Pflichten hat die Landes-Gesetzgebung in dem H.R. dem in dem Besitze eines Gewerbescheins befindlichen Gewerbtreibenden auferlegt und zwar:

a) ermächtigt der Gewerbeschein nur zu dem Gewerbebetriebe innerhalb des Bezirks der ausstellenden Regierung;
b) ist der Gewerbtreibende verpflichtet, zu dem Betriebe in einem anderen Regierungsbezirke die Ausdehnung des Gewerbescheins bei der betr. Regierung nachzusuchen;
c) bei der Ausübung des Gewerbes denselben stets in Urschrift bei sich zu führen;
d) jeden Mißbrauch mit demselben zu vermeiden;
e) an jedem Orte, an welchem er das Gewerbe betreiben will, sich bei der Polizeibehörde desselben persönlich zu melden, eine Verpflichtung, von welcher nur der für einen Tag beabsichtigte Handel mit Wochenmarkts-Gegenständen befreit ist;
f) nur während einer bestimmten Zeitdauer in jedem einzelnen Orte das Gewerbe auszuüben;
g) denselben Ort innerhalb eines vierwöchentlichen Zeitraumes nicht wieder zu besuchen, eine Verbindlichkeit, welcher nur der Handel mit Wochenmarkts-Gegenständen nicht unterworfen ist;
h) den Gewerbeschein den Gastwirthen, bei welchen der Gewerbtreibende nächtigt, vorzuzeigen;
i) bei der Ausübung des Gewerbes das unaufgeforderte Eintreten in Privathäuser und Gasthöfe zu vermeiden.

2. Sind durch die B.G.O. die sämmtlichen Beschränkungen beseitigt, welche das H.R. dem Gewerbebetriebe auferlegt hat, so daß nur noch die Vorschriften der B.G.O. allein gültig sind, oder welche derselben sind in Geltung verblieben? Die Pflichten ad c und d sind in die Bundes-Gesetzgebung insofern übergegangen, als sie auch dort in Ansehung des Legitimationsscheins dem Gewerbtreibenden auferlegt sind; die ad a und b sind durch die Anordnung der Min.Instr. zum Tit. III. der B.G.O., daß der Gewerbeschein dem Legitimationsscheine zu annektiren sei, als beseitigt zu erachten, da durch dieselbe die lokale Gültigkeit beider Scheine zu einer gleichmäßigen gemacht ist. Anders steht die Sache bei den fünf letzten Beschränkungen.

Der § 1 B.G.O. verordnet zwar, daß der Betrieb eines Gewerbes

Jedermann gestattet sei, soweit nicht durch die B.G.O. selbst Ausnahmen oder Beschränkungen vorgeschrieben, oder zugelassen seien, und hebt § 5 als Ausnahme von dieser Regel hervor, daß nur in denjenigen Beschränkungen des Gewerbebetriebs, welche auf den Zoll-, Steuer- und Postgesetzen beruhen, nichts geändert werde; allein beide Vorschriften beziehen sich nur auf die Zulassung zum Gewerbebetriebe, nicht aber auf diejenigen polizeilichen Vorschriften, unter denen in der Landes-Gesetzgebung die Ausübung des Gewerbebetriebes gestattet ist. Daß die B.G.O. diese nicht ohne Weiteres hat aufheben wollen, ergiebt der § 144, welcher bestimmt: „Inwiefern Zuwiderhandlungen der Gewerbtreibenden gegen „ihre Berufspflichten außer den in diesem Gesetz erwähnten Fällen einer „Strafe unterliegen, ist nach den darüber bestehenden Gesetzen zu beur„theilen.“ Denjenigen polizeilichen Vorschriften, unter welchen im Interesse der öffentlichen Ordnung die Ausübung des bezüglichen Gewerbes gestattet ist, muß sich daher auch jetzt ein Jeder, der das Gewerbe betreiben will, zur Erhaltung des Gemeinwohls unterwerfen. Erk. des Ob. Trib. vom 1. Juni 1870. J.M.Bl. S. 207 — vom 18. Januar 1871 J.M.Bl. S. 114. — Dieser Tendenz der B.G.O. gemäß sind die polizeilichen Beschränkungen des Gewerbebetriebes im Umherziehen ad e bis i nur dann als beseitigt zu erachten, wenn sie durch die Bundes-Gesetzgebung ausdrücklich aufgehoben sind, oder wenn sie mit einer Vorschrift der B.G.O. in einen direkten Widerspruch treten, oder endlich, wenn sie nicht dem Interesse der öffentlichen Ordnung dienen. — Zweifellos ist es zunächst, daß die dem Gewerbtreibenden auferlegten Verpflichtungen ad e bis i nicht das Interesse der Gewerbtreibenden oder einzelner Dritter, sondern das des allgemeinen Wohls und der allgemeinen Ordnung selbst dann im Auge haben, wenn sie — wie bei den Punkten ad f und g — in der Hauptsache eine Schutzwehr für das stehende Gewerbe gegen eine zu starke Konkurrenz mit dem Hausir-Handel bilden. Allerdings ist es die Absicht der B.G.O., wie sie in den Motiven zum Tit. III, namentlich in der Erläuterung des der Berathung des Reichstags unterbreiteten Entwurfs und in der Rede des Referenten zur Vertheidigung der Kommissions-Vorschläge — cf. Höinghaus, S. 84 — deutlich ausgesprochen wird, das Hausir-Gewerbe dem stehenden gleichzustellen und deshalb keine Beschränkung ihm aufzulegen, welche geeignet wäre, der Konkurrenz beider zu seinem Nachtheile entgegen zu treten. Allein diese Absicht des Gesetzes genügt nicht, um aus ihr bei der oben ausgeführten Tendenz desselben die Beseitigung aller jenem Zwecke mehr oder weniger dienenden Beschränkungen des Gewerbebetriebes zu folgern und um so weniger, als einestheils die gedachten Ausführungen des Referenten nur von der Aufhebung „wesentlicher Erschwerungen“ sprechen, anderentheils jener Grundgedanke nicht völlig rein und konsequent in den Vorschriften der B.G.O. selbst zum Ausdruck gelangt ist, da z. B. der Absatz 2 des § 64 seinen, das einheimische stehende Gewerbe schützenden Arm auch gegen das im Umherziehen betriebene richtet. Da es nun eine Besonderheit der B.G.O. ist, daß sie weder in ihren Eingangs-, noch in ihren Schluß-Bestimmungen oder sonst diejenigen Landesgesetze ausdrücklich bezeichnet, welche sie aufheben will, bedarf es nur noch der Untersuchung, ob die die Ausübung des Gewerbebetriebes polizeilich beschränkenden Vorschriften des H.R. mit besonderen Anordnungen der B.G.O. in einen direkten Widerspruch treten. — Den Inhalt und Umfang der aus dem Besitze des Legitimationsscheins folgenden Rechte spezifizirt die B.G.O. nicht, schreibt namentlich nicht vor, daß der durch jenen Besitz zum Gewerbebetriebe Legitimirte bei der Ausübung des Gewerbes von allen Beschränkungen befreit sein solle, erkennt vielmehr im § 144 an, daß die Landes-Gesetzgebung ihm besondere Berufspflichten auferlegen kann, und überweist die Ahndung einer Uebertretung derselben dem Landesgesetz. Es treten deshalb die oben ad f bis i gedachten polizeilichen Beschränkungen, von deren Befolgung die B.G.O. den Gewerbtreibenden nicht ausdrücklich befreit hat, mit irgend welchen Bestimmungen des Bundes-Gesetzes nicht in Widerspruch. Anders dagegen ist es mit der Anordnung der persönlichen Meldung. Die B.G.O. fordert nur, daß der Gewerbtreibende den Legitimationsschein der zuständigen Behörde auf Erfordern vorzeigen soll, und lassen die Motive ersehen, daß das Verlangen einer persönlichen Meldung, welches in Uebereinstimmung mit dem preußischen Landesrechte sowohl der Entwurf wie die Kommission zur Vorberathung des Tit. III. desselben aufgestellt hatte, von dem Reichstage als eine zu schwere Belastung des Hausir-Gewerbes abgelehnt worden ist. Es würde daher einen unlösbaren Widerspruch involviren, wenn dem Gewerbtreibenden neben der Pflicht der Vorzeigung des Legitimationsscheins noch die Last der persönlichen Meldung Behufs Gebrauchs seines Gewerbescheins auferlegt würde, und muß deshalb diese Beschränkung der Ausübung des Gewerbebetriebes als aufgehoben angesehen werden.

3. Ist sonach derjenige, welcher ein Gewerbe im Umherziehen betreiben will, vorausgesetzt daß er ein Angehöriger derjenigen Staaten ist, in welchem die B.G.O. als Gesetz gilt, und den Betrieb innerhalb Preußens beabsichtigt, zwar in Ansehung der Zulassung zu dem Gewerbe nicht sowohl den polizeilichen Beschränkungen der Landes-Gesetzgebung, als vielmehr denen der B.G.O. unterworfen, so hat er doch diejenigen Schranken zu berücksichtigen und zu beachten, welche die Landes-Gesetzgebung der Ausübung des Gewerbes auflegt, soweit diese noch in Geltung sind. Er hat daher bei der Ausübung den Legitimations- und Gewerbeschein stets bei sich zu führen und ihn auf Erfordern

der zuständigen Behörde vorzuzeigen; ist an die Ausübungsfristen des § 22 H.R. in den einzelnen Städten und an den vierwöchentlichen Zeitraum bei erneuter Ausübung des Gewerbes an demselben Orte gebunden, hat die Pflicht den Gewerbeschein den Gastwirthen vorzuzeigen, bei welchen er nächtigen will, und darf unaufgefordert weder Privathäuser noch Gasthöfe zum Zwecke des Gewerbebetriebes betreten.

Im Besondern. Mißbrauch des Legitimations- und Gewerbescheins.

4. Der Legitimations- sowohl, wie der Gewerbeschein, werden nur für die Person des darin benannten und signalisirten Gewerbtreibenden ausgestellt; die aus dem Besitz dieser Scheine folgenden Rechte dem Fiskus gegenüber, insofern durch sie der Nachweis der persönlichen Befähigung, resp. der entrichteten Gewerbesteuer geführt wird, sind derartig an die Person gebunden und unübertragbar, daß selbst bei dem Uebergange des ganzen Hausir-Geschäfts auf einen Andern, sei es unter Lebenden oder von Todeswegen, der Legitimations- und Gewerbeschein mit seinen Rechten auf den neuen Geschäfts-Inhaber nicht übergeht, dieser vielmehr zur Fortsetzung des Geschäfts einen neuen, auf seine Person lautenden Schein lösen muß.

5. Handelt es sich um einen derjenigen Gewerbebetriebe, welche steuerfrei sind, also um einen Legitimationsschein, dem ein Gewerbeschein nicht annektirt worden ist, so wird ein Mißbrauchen desselben durch Abtretung an Andere — sei es unter welchem Namen es wolle — nicht sowohl als eine Verletzung der Steuer, als vielmehr nur als eine Uebertretung gewerbepolizeilicher Vorschriften strafbar. Es ist daher der § 149 Nr. 2 B.G.O., welcher eine solche That mit Strafe bedroht und demgemäß auch zur Anwendung gelangen muß.

6. Ist mit dem Legitimationsschein ein Gewerbeschein verbunden, so muß ein Mißbrauch beider Scheine, wenn er gleichzeitig eine Verletzung der Gewerbe**steuer**-Gesetze enthält, nach den Vorschriften des H.R. (§ 20) geprüft und (§§ 26 bis 28) geahndet werden. Das Ueberlassen des Scheines an einen Dritten, für den er nicht ausgestellt, der also auch die dafür zu entrichtende Gewerbesteuer nicht bezahlt hat, enthält für die Person dieses Dritten, wenn er von dem Gewerbescheine Gebrauch macht, die Betreibung eines steuerpflichtigen Gewerbes ohne vorgängige Entrichtung einer Steuer, also ein Steuervergehen. — Gleichgültig ist es, ob diese Ueberlassung eine entgeldliche oder unentgeldliche gewesen, ob sie aus Gefälligkeit oder in Folge irgend welcher Verpflichtungen stattgehabt hat.

7. Besteht der mit dem Gewerbeschein getriebene Mißbrauch in einer Fälschung seines Inhalts, sei es in Betreff des Namens, Kalenderjahrs, der Gegenstände des Hausir-Gewerbes oder des Betriebsbezirks (§ 59 B.G.O., und Ausländer), so liegt in dem Gebrauch des derartig gefälschten Gewerbescheins neben dem Thatbestande einer Hausir-Defrau-

dation in idealer Konkurrenz der der Urkundenfälschung und zwar, je nach dem Vorhandensein einer auf Verschaffung eines Vermögensvortheils gerichteten Absicht der nach § 267 oder § 268 St.G.B. strafbaren Fälschung einer öffentlichen Urkunde.

8. Als einen Mißbrauch sieht ferner der § 20 H.R. es an, wenn das Hausir-Gewerbe für Rechnung des Inhabers des Gewerbescheines von einer in demselben nicht benannten Person betrieben wird. Dies kann in der Art geschehen, daß der Dritte mit jenem zusammen umherzieht und sich persönlich an der Ausübung der Gewerbshandlungen zu Gunsten des Andern betheiligt. In diesem Falle soll nicht blos gegen den Dritten, sondern auch gegen den Gewerbescheins-Inhaber, der von seinen Diensten Nutzen zieht, die Steuerstrafe des § 28 H.R. Anwendung finden. Ist das Gewerbe überhaupt ohne den erforderlichen Gewerbeschein im Umherziehen betrieben worden, so wird nicht nur der Herr des Geschäfts, sondern auch der beim Handel thatsächlich betheiligte Dritte von der Strafe des § 26 H.R. betroffen. Erk. des Ob.Trib. v. 10. März 1864 — Opp., Rechtspr. B. 4 S. 417. —

9. Der Gewerbebetrieb für Rechnung des Gewerbescheins-Inhabers kann aber auch derartig geschehen, daß ihn ein Dritter im Namen jenes und ohne dessen Beisein, z. B. von ihm umhergeschickt, ausübt. Ist der Dritte dann nicht im Besitze eines besonderen, auf ihn selbst lautenden Legitimations- und Gewerbescheins, so trifft sowohl ihn, wie den Inhaber des Gewerbescheins unter Ausschluß der Strafe des § 148 Nr. 7 B.G.O. die Steuerstrafe aus den §§ 26 und 28 H.R. —

Auch derjenige, welcher für fremde Rechnung umherziehend Waarenbestellungen aufsucht, bedarf dazu eines auf seinen Namen lautenden Gewerbescheins; ist er nicht im Besitze eines solchen, so liegt eine Hausirgewerbesteuer-Defraudation vor. Die Theilnahme (Anstiftung) an derselben ist strafbar, selbst wenn der Theilnehmer (Auftraggeber) nicht gewerbsmäßig handelte. Erk. des Ob.Trib. vom 7. Mai 1864 — Opp., Rechtspr. B. 4 S. 502. —

10. Ist derjenige, welcher für Rechnung des Inhabers des Gewerbescheins das Gewerbe betreibt, oder sich an dem Betriebe betheiligt, zwar in dem Gewerbescheine erwähnt, jedoch nur als „Begleiter" dem Gewerbtreibenden zugebilligt und als solcher in dem Legitimations- oder Gewerbeschein aufgeführt, so liegt der Fall ebenso, wie die ad 8 resp. 9 gedachten. Die Qualität als Begleiter berechtigt nicht zur Theilnahme an dem Gewerbebetriebe; die Handlung enthält daher eine nach § 28 H.R. zu ahnende Steuerdefraude, und trifft diese Strafe auch den Gewerbtreibenden, selbst wenn er unbefugte Gewerbshandlung nur zugelassen hat. Erk. des Ob.Trib. vom 24. September 1868 — Opp., Rechtsspr. B. 9 S. 510. —

11. Als eine Art des Mißbrauchs der dem Gewerbtreibenden zugebilligten Rechte führt der § 20 H.R. noch an das „Mit-Umherführen" einer im Gewerbeschein nicht genannten Person, wäre sie auch von der Familie des Inhabers des Gewerbescheins. Dieses Verbot ist ebensowohl anzusehen als eine Präventiv-Maßregel gegen Uebertretungen der Gewerbegesetze, wie als eine im öffentlichen Interesse gegebene Vorschrift für das allgemeine und das spezielle Wohl der umherzuführenden Personen. Der Charakter des Verbotes ist daher ein polizeilicher, und hat ihn auch die Rechtsprechung des Ober-Tribunals als solchen anerkannt, indem sie eine Verletzung dieses Verbotes stets mit einer im § 30 H.R. angedrohten Polizeistrafe geahndet hat. Erk. vom 8. Juni 1865 — Opp., Rechtspr. B. 6 S. 166 — v. 24. Septbr. 1868 — ebend. B. 9 S. 510.

Die B.G.O. kennt ein derartiges Verbot nicht, und muß diese Vorschrift als aufgehoben angesehen werden cf. auch Kap. IV. Nr. 15.

Beisichführen des Legitimations- und Gewerbescheins.

12. Der Gewerbtreibende ist verpflichtet, bei der thatsächlichen Ausübung des Gewerbes den Legitimations- und den Gewerbeschein stets in Urschrift bei sich zu führen, ohne Rücksicht darauf, ob beide Scheine mit einander verbunden sind oder nicht, und ob er zu seiner Legitimation nur des einen ohne den andern bedarf; den ihm ertheilten Schein muß er sofort vorzuzeigen, stets im Stande sein, um durch ihn den Nachweis der gezahlten Gewerbesteuer resp. seine persönliche Berechtigung zum Gewerbebetriebe führen zu können. Eine einfache oder beglaubigte Abschrift kann keinen der beiden Scheine ersetzen.

13. In denjenigen Fällen, in welchen eine Vereinigung beider Scheine wegen Mangels an Raum auf dem Legitimationsscheine nicht möglich, und daher ein besonderer Gewerbeschein ausgefertigt worden ist, kann das Mitfuhren des einen das Fehlen des andern Scheines nicht ersetzen und straflos machen. Wenn nun auch der § 149 Nr. 2 B.G.O. denjenigen mit Strafe bedroht, welcher den Legitimationsschein nicht mit sich führt, so reicht doch diese Vorschrift nicht aus, um auf Grund ihrer auch das Fehlen des Gewerbescheins zu bestrafen. Wer daher zwar den Legitimations-, nicht aber den Gewerbeschein bei sich führt, verfällt nicht den Strafen der B.G.O., sondern der des § 30 H.R., der daher als beseitigt nicht gelten kann.

14. Das Gleiche findet in denjenigen Fällen statt, in welchen zum Gewerbebetriebe zwar kein Legitimationsschein, wohl aber ein Gewerbeschein erforderlich ist; cf. Kap. II. Nr. 5 ad d, und ebenso bei den nach § 44 B.G.O. zu behandelnden Kaufleuten, Fabrikanten u. s. w., die neben dem Gewerbescheine nur einen Handels-Legitimationsschein zu führen brauchen — Kap. II. Nr. 5 ad 7. —

Vorzeigung des Scheins.

15. Der Gewerbtreibende ist ferner verpflichtet, den Legitimations- und Gewerbeschein auf Erfordern der zuständigen Behörde vorzuzeigen.

Die im § 23 H.R. geforderte persönliche Meldung (cf. oben Nr. 2) ist aufgehoben und zwar auch in denjenigen Fällen, in welchen es zum Betriebe des Gewerbes nur eines Gewerbescheins, nicht auch eines Legitimationsscheines bedarf, da es zu einer widersprechenden und inkonsequenten Auslegung des Gesetzes führen würde, wenn die Vorschrift des H.R. für den mit dem Legitimationsschein verbundenen Gewerbeschein für beseitigt erklärt würde, für den, nicht in Begleitung des Legitimationsscheins auftretenden aber in Geltung bleiben sollte.

15a. Zu den „zuständigen" Behörden gehören in den Ortschaften, welche nicht der Sitz der ihnen vorstehenden Polizeibehörden sind, die Schulzen. Schon durch das Min.Reskript vom 23. August 1855 — Schimmelfennig S. 704 Nr. 580 — wurde gestattet, daß die Schulzen in dem gedachten Falle die in den §§ 22 bis 24 H.R. den Ortspolizeibehörden übertragenen Befugnisse ausüben dürften.

16. Eine Ausnahme von dieser Regel machen die in § 59 B.G.O. gedachten Formen des Gewerbebetriebes im Umherziehen. Bei diesen tritt an die Stelle der Vorzeigepflicht die der persönlichen Meldung bei der Ortspolizeibehörde und Einholung der besonderen zur Ausübung des Gewerbes erforderlichen Erlaubniß. — Diese Verbindlichkeit ist auch in den, von der K.O. vom 14. October 1833 gedachten Fällen zu erfüllen; es müssen also die das Musikgewerbe betreibenden Personen, gleichgültig, ob einzeln oder in Gesellschaften, diese Erlaubniß selbst dann nachsuchen, wenn der zur Ausübung des Gewerbes ausersehene Ort innerhalb des zweimeiligen Umkreises des Wohnorts belegen ist. Da der § 59 B.G.O. die allgemeine Vorschrift des § 61 nicht aufhebt, vielmehr nur den Zweck hat, gerade diese Art des Gewerbebetriebes noch einer besonderen Beschränkung zu unterwerfen, so hat der betr. Gewerbtreibende die Pflicht, bei der Ausübung seines Gewerbes neben dem Legitimations- und Gewerbeschein noch den Nachweis über die von ihm nachgesuchte und ihm ertheilte Erlaubniß der Ortspolizeibehörde bei sich zu führen. — Es entspricht deshalb das Verfahren einzelner Polizei-Behörden, nach welchem diese den Legitimations- und Gewerbeschein bei der Meldung des Gewerbtreibenden zurückhalten und ihm die Ausübung des Gewerbes auf Grund einer ihm ertheilten Erlaubniß gestatten, dem Gesetze nicht.

Bezirk des Gewerbebetriebs und Ausdehnung des Gewerbe- und Legitimationsscheins.

17. Der § 21 H.R. beschränkte die Gültigkeit des Gewerbescheins auf den Bezirk derjenigen Regierung, welche ihn ausgestellt hatte, und forderte von dem Gewerbtreibenden, daß er vor dem Uebertritt in einen anderen Regierungsbezirk erst eine Ausdehnung des Gewerbescheins auf diesen bei der betr. Regierung erwirke und zwar meistens gegen Entrichtung einer Nachsteuer. Bereits die A.K.O. vom 11. Juni 1826 — G.S. S. 61 — hatte zu Gunsten der Kaufleute und Fabrikanten in Ansehung des Ankaufens von Waaren und Aufsuchens von Waarenbestellungen im Um-

herziehen eine Ausnahme von dieser Regel statuirt, indem sie den Betriebsbezirk derselben auf den ganzen preußischen Staat ausdehnte. — Durch die Einführung der B.G.O. ist die Regel selbst zur Ausnahme geworden. Diese nämlich gewährt den Inhabern von Legitimationsscheinen I. und von solchen II. Klasse, welche sich auf den Ankauf und Verkauf selbstgewonnener Erzeugnisse der Jagd und des Fischfangs beziehen, das Recht, ihr Gewerbe innerhalb des ganzen Gebiets, in welchem die B.G.O. Gesetz ist, ohne Erneuerung des Legitimationsscheins zu betreiben. Um diese Vorschrift mit der des H.R. in einer das Steuer-Interesse wahrenden Weise in Einklang zu bringen, hat die Min.Instr. zum Titel III. der B.G.O. angeordnet, daß für die Gewerbescheine die Beschränkung auf den Regierungsbezirk nicht mehr festgehalten werden, und daß daher im Allgemeinen die Gewerbescheine gleich den Legitimationsscheinen, sei es daß sie mit diesen verbunden oder selbständig ertheilt würden, für den ganzen Umfang des preußischen Staates zur Ausübung des Gewerbes im Umherziehen berechtigen sollen. Ueber diese Gränzen hinaus kann die Wirkung des Gewerbescheins nicht gehen, weil das Gesetz in das Steuergebiet anderer Staaten nicht eingreifen darf. Innerhalb derselben aber soll eine Ausdehnung des Gewerbescheins von einem Regierungsbezirk auf den andern nicht mehr stattfinden, ebensowenig daher auch eine Steuernachzahlung. Dem entsprechend hat die gedachte Min.Instr. auch Vorschriften über eine anderweitige Fixirung der Steuersätze für die einzelnen Arten des Hausirgewerbes gegeben. — cf. Kap. II. Nr. 3. — Eine Ausnahme in dieser Beziehung ist nur für die von der Regierung zu Siegmaringen ausgefertigten Gewerbescheine gemacht, welche nur für diesen Regierungsbezirk gelten und einer besonderen Ausdehnung, wie Nachzahlung der Steuer bedürfen, wenn sie auch für andere Theile des preußischen Staates Geltung erlangen sollen.

18. Durch einen in neuster Zeit ergangenen Erlaß des Bundes-Kanzler-Amts ist angeordnert worden, daß die in den deutschen Staaten gelösten Gewerbescheine auch in Elsaß und Lothringen Gültigkeit haben sollen. Durch diesen Erlaß verzichtet die Verwaltung dieser Reichsländer auf die Erhebung einer neuen Gewerbesteuer für das Hausir-Gewerbe und dehnt auch für die in Preußen gelösten Gewerbescheine den Betriebsbezirk auf jene Länder aus, ohne eine Steuernachzahlung nöthig zu machen.

19. Eine Ausnahme von dieser Regel bilden nicht sowohl diejenigen Gewerbe, zu deren Betriebe nach § 58 Nr. 2 B.G.O. nur ein Legitimationsschein II. Klasse (und kein Gewerbeschein) erforderlich ist, Gewerbe, welche ihrer Natur nach eine Ausdehnung des Bezirks nicht gestatten, als vielmehr nur diejenigen, welche der § 59 B.G.O. aufzählt. Besteht also der Gewerbebetrieb in der öffentlichen Darbietung von

Musik-Aufführungen, Schaustellungen, theatralischen Vorstellungen oder sonstigen Lustbarkeiten, so ist sowohl der Legitimations-, wie der ihm anzuhängende Gewerbeschein nur für den Bezirk derjenigen Regierung gültig, welche ihn ausgestellt hat, und bedarf, wenn der Betrieb über die Gränzen dieses Bezirks hinaus erweitert werden soll, einer ausdrücklichen Ausdehnung auf den neuen Bezirk.

20. In den für diesen Gewerbebetrieb ertheilten Gewerbe- resp. Legitimationsschein ist die Beschränkung seiner Gültigkeit auf den bestimmten Bezirk ausdrücklich aufzunehmen, sowie in demselben auch bei erfolgter Ausdehnung der neu gestattete Bezirk zu vermerken ist.

21. Nach der Min.Instr. zum Titel III. der B.G.O. soll der auf Ausdehnung des Legitimations- und Gewerbescheins gerichtete Antrag, wenn der Gewerbtreibende ein Angehöriger des preußischen Staates ist, bei der Polizeibehörde des Wohnorts desselben angebracht, von dieser gemäß § 57 B.G.O. (also wegen der persönlichen Eigenschaften des Petenten) geprüft, mit ihrem Gutachten der für den beabsichtigten Betriebsbezirk kompetenten Regierung eingereicht, und von dieser Behörde dann über ihn entschieden werden. Erfolgt die Versagung der Ausdehnung aus Gründen, welche dem § 57 B.G.O. entnommen sind, so ist gegen den Bescheid der Rekurs zulässig (cf. Kapitel II. Nr. 6); wird die Versagung dagegen auf die Bedürfnißfrage gestützt gemäß § 59 B.G.O., so kann der Bescheid nicht durch den Rekurs, sondern höchstens im Beschwerdewege angegriffen werden.

Erfolgt dagegen die beantragte Ausdehnung, so wird sie von der Regierung auf dem eingereichten Legitimationsscheine vermerkt, der Satz der nunmehr noch nachzuzahlenden Steuer auf dem angehängten Gewerbescheine notirt, und beide Scheine werden unter Benachrichtigung des Petenten an die Steuerkasse des Wohnorts des Gewerbtreibenden abgesendet. Von dort hat sie der Gewerbtreibende gegen Entrichtung der festgesetzten Nachsteuer abzuholen.

22. Die Angehörigen derjenigen deutschen Staaten, in welchen die B.G.O. Reichsgesetz ist, sind, soweit sie keine Preußen, diesen gleich zu behandeln. Der ihnen zu ertheilende Gewerbeschein, sei es, daß er auf ihrem Legitimationsschein nachgetragen oder beim Mangel des erforderlichen Raums besonders ausgefertigt wird, hat Gültigkeit für das ganze Gebiet des preußischen Staates. — Handelt es sich bei ihnen um den Betrieb eines der Gewerbe des § 59 B.G.O., so ist der Antrag auf Zulassung desselben im preußischen Staate oder auf Ausdehnung für einen anderen Regierungsbezirk bei dem Landrathe (Kreis-Hauptmann, Ober-Amtmann) des Aufenthaltsortes zu stellen und demnächst ebenso zu behandeln, wie die Anträge der Angehörigen Preußens, welche eine Ausdehnung des Legitimations- und Gewerbescheins bezwecken. (Nr. 21.)

23. In Ansehung der Ausländer, zu welchen hier auch die Angehörigen Bayerns, Württembergs und Badens gehören, fällt das Motiv zu einer Aenderung der Landes-Gesetzgebung fort, da bei ihnen eine Konkurrenz des Legitimations- und Gewerbescheins nicht eintreten kann. Es findet daher das im H.R. vorgeschriebene Verfahren statt, soweit es nicht durch die Zollvereins-Verträge, z. B. in Ansehung des Aufsuchens von Waaren-Bestellungen, modifizirt worden ist. Der dem Ausländer zu ertheilende Gewerbeschein hat daher in jedem Falle nur Gültigkeit für den Bezirk der ausstellenden Regierung und bedarf bei einem beabsichtigten Uebertreten in einen anderen Regierungsbezirk der bei der Regierung des neuen Bezirks zu beantragenden Ausdehnung, mit welcher die Nachzahlung der Steuer verbunden ist.

24. Das im § 21 H.R. ausgesprochene Verbot, daß innerhalb des Grenzzollbezirks überhaupt kein Gewerbe im Umherziehen ohne eine ausdrückliche in dem Gewerbeschein zu vermerkende Genehmigung betrieben werden soll, ein Verbot, welches nur durch die A.K.O. vom 11. Juni 1826 für die Kaufleute und Fabrikanten resp. ihre Reisenden, wenn sie Waaren ankaufen oder Waaren-Bestellungen aufsuchen wollen, aufgehoben ist, wird durch die B.G.O. nicht beseitigt, da es gemäß § 5 ibid. bei dieser Beschränkung sein Bewenden behalten muß. Min.Instr. zum Tit. III der B.G.O. — Nr. 13. —

Ueber die Ausübung des Gewerbebetriebes im Umherziehen innerhalb des Grenzzollbezirks, cf. Cirk.Reskr. vom 29. April 1821 und Min. Reskr. vom 14. September 1824 — Schimmelfennig, S. 343, 344. —

25. Ist in dem Legitimations- beziehentlich Gewerbescheine ein bestimmter Betriebsbezirk festgesetzt, so wird ein Hinausgehen über denselben ohne vorherige Lösung eines Gewerbescheines oder Ausdehnung desselben auf den neuen Bezirk strafbar. Hierbei ist zu unterscheiden:

a) ob es sich handelt um einen Legitimationsschein II. Klasse für die im § 58 Nr. 2 B.G.O. gedachten Gewerbe, in welchem Falle eine Ueberschreitung der in dem Legitimationsscheine bestimmten Umgegend des Wohnorts (zweimeiligen Umkreis) die dem Gewerbebetriebe gewährte Steuerfreiheit aufhebt, den Betrieb steuerpflichtig macht, und daher ohne vorgängige Lösung eines Legitimationsscheins I. Klasse und Gewerbescheins die Steuerstrafe des § 26 H.R. nach sich zieht;

b) oder ob es sich handelt um ein im § 59 B.G.O. gedachtes oder um ein von einem Ausländer betriebenes Gewerbe im Umherziehen. Schon das Min.Reskr. vom 24. März 1840 — Hoffmann, S. 234 — bestimmte, daß der Inhaber eines Gewerbescheins, welcher das ihm gestattete Gewerbe in einem Regierungsbezirke ausübt, auf welchen der Gewerbeschein nicht ausgedehnt worden, nur eine nach den §§ 21 und 30 H.R. polizeilich zu ahndende Strafthat begehe, und daß zwar die in Gemäßheit des Regulativs vom 4. December 1836 zu erfordernde Nachzahlung der Steuer erfolgen müsse, dennach aber ein Steuervergehen nicht vorliege. — In demselben Sinne hat das Ober-Tribunal entschieden; davon ausgehend, daß die §§ 26 bis 28 H.R. auf der Voraussetzung beruhen, daß überhaupt ein Gewerbeschein nicht gelöst worden sei; daß sie sonach auf den § 21 H.R. nicht bezogen werden können, weil dieser die Existenz eines Gewerbescheins zur Bedingung habe, und daß daher für eine Uebertretung dieses § eine besondere Strafe im H.R. nicht angedroht sei, hat es angenommen, daß nur der § 30 H.R. zur Anwendung gelangen könne. Erk. vom 5. December 1855 — G.A. B. 4 S. 235. —

Der Charakter der That ist sonach nicht ein steuerlicher, sondern ein gewerbepolizeilicher, die That selbst aber gleichzeitig sowohl eine Verletzung des Legitimations-, wie des Gewerbescheins; es wird daher in denjenigen Fällen, in welchen ein Legitimationsschein ertheilt, somit die Anwendbarkeit der B.G.O. gegeben ist, unter Ausschluß des § 30 H.R. der § 149 Nr. 3 B.G.O. die Vorschrift sein, nach welcher die Ueberschreitung der Gränzen des Bezirks zu strafen ist, während in denjenigen Fällen, in welchen ein Legitimationsschein überhaupt nicht ertheilt werden kann (bei Ausländern), der § 30 H.R. anzuwenden ist. —

26. Die Gewerbtreibenden sind bei der Ausübung des Gewerbes Aufenthaltsfristen
an die Aufenthaltsfristen des § 22 H.R. gebunden. Es gehört diese Beschränkung zu denjenigen, welche durch die B.G.O. nicht beseitigt sind — cf. oben Nr. 2. — Auch der Einwand, daß diese Vorschrift des H.R. im innern und engen Zusammenhange mit der von dem H.R. § 23 vorgeschriebenen persönlichen Meldung des Gewerbtreibenden stehe, und daß, da die letztere nicht in die B.G.O. übergegangen, vielmehr von ihr aufgehoben und durch die Vorzeigepflicht ersetzt worden sei, auch sie nicht ferner mehr in Geltung bleiben könne, ist nicht durchgreifend; jener betonte innere Zusammenhang ist nicht vorhanden, und die persönliche Meldung keine conditio sine qua non der Aufenthaltsfristen. Es beweist dies der § 23 H.R., welcher dem mit Lebensmitteln hausirenden Gewerbtreibenden die persönliche Meldung dann erläßt, wenn die Aufenthaltsfrist eine nur eintägige ist. — Die den Polizeibehörden gewährte Ermächtigung, diese Fristen zu erweitern oder zu verkleinern, fordert ebensowenig unbedingt die persönliche Meldung, sondern nur eine mehr oder weniger genaue Ueberwachung des Verkehrs.

27. Eine Verletzung dieser Anordnungen, als welche auch die Nichtbeachtung einer Verkürzung oder Verlängerung der Frist Seitens der

Polizeibehörde anzusehen ist, enthält keine Umgehung der Steuer und verfällt daher auch nicht der Strafe des § 26 H.R., vielmehr findet, da die G.O. diese Beschränkung des Gewerbebetriebs nicht kennt, somit auch eine betreffende Strafandrohung nicht enthält, der § 40 H.R. Anwendung. —

28. Befreit von den Schranken des § 22 H.R., also an die Aufenthaltsfristen nicht gebunden, sind

a) die Inhaber von Gewerbescheinen, wenn sie zu solchen Kaufleuten, deren Gehülfen oder reisenden Dienern gehören, denen der Gewerbeschein ertheilt ist, um im Umherziehen unter Mitnahme von Mustern oder Proben Waaren-Bestellungen zu suchen, oder Waaren anzukaufen, die sie selbst nicht zum Behufe des Wiederverkaufs, sondern nur Behufs ihrer Beförderung nach dem Bestimmungsorte mit sich führen; A.K.O. vom 11. Juni 1826 — G.S. S. 61 — Gesetz vom 13. September 1865 — G.S. S. 1031. —

b) die Inhaber von Gewerbescheinen, so lange sie ihr Gewerbe nur auf Jahr- und Wochenmärkten, sowie auf den den Jahrmärkten gleichstehenden Messen betreiben. Sie dürfen zu den Jahr- und Wochenmarktszeiten, also während der ganzen Dauer derselben, ihre Waaren nicht blos umhertragen, sondern den Verkehr auf denselben wie jeder andere Verkäufer pflegen, sonach die Waaren auch in Buden oder Läden u. s. w. feil halten. Min.Reskr. vom 14. März 1827 — Hoffmann S. 235. — Von dieser Berechtigung des Verkehrs im Umherziehen machen die Min.Reskr. vom 9. Januar 1838 und 12. Januar 1840 — Hoffmann, S. 242, 243 — in Ansehung des Wochenmarkts eine Ausnahme, indem sie ausführen, 1. daß den Inhabern solcher Gewerbescheine, welche auf andere Waaren als Wochenmarkts-Artikel lauten, zwar der Gewerbebetrieb auch zur Wochenmarktszeit, nicht aber auf dem Wochenmarkts-Platze, sondern nur an anderen Theilen des Markt-Ortes freistehe, 2. daß auch diese Befugniß nur den Inhabern von Gewerbescheinen, nicht auch den Inhabern bloßer polizeilicher Legitimationen (zur Zeit Legitimationsscheinen II. Klasse § 58 G.O.) zustehe.

Wiederholungsfrist.

29. Der Gewerbebetrieb im Umherziehen ist auch fernerhin gebunden an die Vorschrift des § 22 H.R., soweit diese für eine Wiederholung der Ausübung des Gewerbes an demselben Orte den Ablauf eines vierwöchentlichen Zeitraums erfordert. Nicht allein der Schutz des stehenden Gewerbes, sondern auch und in noch höherem Grade der Schutz des Publikums gegen Belästigungen und gegen den etwaigen Mißbrauch des Hausir-Gewerbes, also das Interesse für die öffentliche Ordnung

und Sicherheit ist der Zweck dieser Vorschrift, die deshalb durch die B.G.O. nicht aufgehoben ist — cf. oben Nr. 2. —

30. Befreit von dieser Beschränkung sind nur diejenigen Gewerbtreibenden, auf welche sich die A.K.O. vom 11. Juni 1826 bezieht, also die im § 44 der B.G.O. gedachten Kaufleute und Fabrikanten und deren Reisende, und diejenigen, welche mit Wochenmarkts-Gegenständen hausiren. Diese beiden Klassen der Gewerbtreibenden sind befugt, jeden Ort zu jeder Zeit Behufs thatsächlicher Ausübung ihres Gewerbes zu besuchen.

31. Eine Uebertretung dieser Vorschrift zieht, da sie einerseits eine Steuerumgehung nicht enthält, andererseits die B.G.O. weder die Schranke selbst noch eine Strafandrohung für eine Verletzung derselben kennt, die Strafe des § 30 H.R. nach sich. —

Vorzeigung des Gewerbescheins an den Gastwirth.

32. Eine fernere Beschränkung des Gewerbebetriebes enthält der § 24 H.R., welcher den Gewerbtreibenden verpflichtet, den Gewerbeschein demjenigen Gastwirth, bei dem er einkehrt, um während der Nacht im Gasthofe zu bleiben, auf Verlangen vorzuzeigen. — Es ist nicht zu verkennen, daß diese Bestimmung mit dem Prinzip nicht im Einklang steht, welches nicht erst in der B.G.O., sondern schon in der Allg. Gew.Ordn. vom 17. Januar 1845 in Preußen zur Geltung gelangt ist. Allein eine ausdrückliche Aufhebung derselben ist nicht erfolgt, und muß sie daher, da sie die öffentliche Sicherheit und Ordnung im Auge hat und sich nicht als eine Schranke bei der Zulassung zum Gewerbebetriebe, sondern als eine Beschränkung bei der Ausübung desselben darstellt, als noch geltend angesehen werden — cf. oben Nr. 2 —, zumal ihre Beachtung dem Gewerbtreibenden sowohl, wie dem betr. Gastwirth keine Rechte nimmt, die ihm durch die B.G.O. ausdrücklich ertheilt sind. —

33. Auch von dieser Beschränkung hat die A.K.O. vom 11. Juni 1826 die Inhaber solcher Gewerbescheine befreit, welche Kaufleuten und deren reisenden Dienern zum Behuf des Aufsuchens von Waaren-Bestellungen oder des Ankaufs von Waaren ertheilt worden sind.

34. Eine Zuwiderhandlung verfällt der Strafe des § 30 H.R., welche ebensowohl den Gastwirth trifft, der es versäumt, die Vorzeigung des Gewerbescheins zu fordern, wie den Gewerbtreibenden, welcher sich weigert, der Aufforderung des Gastwirths nachzukommen. Die Verpflichtung der letzteren ist zwar nur indirekt ausgesprochen, muß aber als eine nothwendige Schlußfolge aus der Verbindlichkeit der Gastwirthe angesehen werden.

Eintritt in Privathäuser oder Gasthöfe.

35. Der Gewerbtreibende ist endlich bei der Ausübung des Gewerbebetriebes nicht berechtigt, zum Zwecke der Gewerbsausübung in Privathäuser ohne vorherige Aufforderung oder in Gasthöfe ohne vorher eingeholte ausdrückliche Genehmigung des Gastwirths einzutreten — § 25 H.R. — Die in diesem § für den Gewerbebetrieb Behufs Aufsuchens

von Waaren-Bestellungen statuirte Ausnahme ist durch die A.K.O. vom 8. December 1843 beseitigt, welche bestimmt, daß Waaren-Bestellungen fortan nur bei Gewerbtreibenden gesucht werden dürfen und zwar bei Handeltreibenden ohne Beschränkung, bei andern Gewerbtreibenden, sie mögen Gegenstände ihres Gewerbes verkaufen oder nicht, nur auf solche Sachen, welche zu dem von ihnen ausgeübten Gewerbe als Fabrikmaterialien, Werkzeuge oder nach ihrer sonstigen Beschaffenheit in Beziehung stehen. Nur Bestellungen auf Wein sind von diesem Verbot ausgenommen — G.S. pro 1844 S. 15. —

Auch diese Beschränkung des Gewerbebetriebes im Umherziehen ist aus den sub Nr. 2 ausgeführten Gründen durch die B.G.O. nicht aufgehoben und um so weniger, als grade bei diesem Punkte die Entstehungs-Geschichte der B.G.O. einen genügenden Anhalt für die Beibehaltung des Landrechts gewährt. Es hebt nämlich der in den Plenar-Sitzungen des Reichstages genehmigte und mindestens nicht reprobirte Bericht der Kommission für die Berathung des Tit. III. der B.G.O. ausdrücklich hervor, daß die Kommission es nicht für nöthig gehalten habe, besondere Bestimmungen über den Zutritt der Hausirer zu Privatgehöften und Privathäusern aufzustellen, es vielmehr von ihr vorgezogen worden sei, in dieser Beziehung das gemeine Recht gelten zu lassen — Höinghaus S. 86, 87. — Es sollen also diejenigen Vorschriften, welche das gemeine Recht, d. h. das geltende Recht jedes einzelnen Bundesstaates in dieser Beziehung gegeben, auch fernerhin bestehen bleiben. —

36. Dieser Beschränkung ist Jeder unterworfen, der im Sinne des H.R. ein Gewerbe im Umherziehen betreibt, sei es, daß er für dasselbe eine Steuer entrichtet hat und sich im Besitze eines Gewerbescheins befindet, oder daß er zur Steuerfreiheit berechtigt ist. Da nun auch die durch § 44 der B.G.O aus dem Begriffe eines Gewerbebetriebes im Umherziehen ausgeschiedenen Handlungen von Kaufleuten, Fabrikanten und anderen ein stehendes Gewerbe betreibenden Personen dennoch der Gewerbescheinpflicht unterworfen bleiben, sonach im Sinne des H.R. Hausirgewerbs-Handlungen sind, so haben auch jene im § 44 cit. aufgezählten Personen bei dem Aufsuchen von Waaren-Bestellungen und dem Ankaufen von Waaren im Umherziehen die Verbote des § 25 H.R. resp. der K.O. vom 8. December 1843 zu beobachten — cf. hierzu Erk. des Ob.Trib. vom 12. Januar 1871 — Oppenh., Rechtspr. B. 12 S. 28. — Anderer Ansicht ist die Min.Verf. zur B.G.O. vom 4. September 1869, welche zu § 44 der B.G.O. bemerkt, daß die dort gedachten Handeltreibenden auf den Besuch von Gewerbtreibenden nicht mehr beschränkt seien. —

37. Das Verbot bezieht sich nur auf den Gewerbebetrieb selbst,

nicht auch auf andere mit demselben im Zusammenhange stehende Handlungen. Es verletzt deshalb derjenige die Vorschrift des § 25 H.R. nicht, welcher z. B. für das auf der Straße ausgeführte Musikmachen in die Häuser eintritt, um das Geld für dasselbe einzusammeln.

38. Zu den „Privathäusern" gehören die Wohnungen von Handel- und Gewerbtreibenden dann nicht, wenn in denselben, auch ohne daß dort ein offener Laden gehalten wird, der Handel oder das Gewerbe zur Ausübung kommt, so daß die Räume deshalb dem Publikum zugänglich gemacht sind — Erk. des Ob.Trib. vom 16. November 1866 — G.A. B. 15 S. 69 — vom 3. März 1869 — ebendaselbst B. 17 S. 351. —

39. Zu den „Privathäusern und Gasthöfen" sind auch die dazu gehörigen Höfe zu zählen. Die (nicht publizirte) A.K.O. vom 31. Jan. 1840 gestattete demgemäß den Drehorgelspielern, welche ihr Gewerbe im Umherziehen betreiben, nicht, ihr Gewerbe unaufgefordert auf den Höfen von Privathäusern auszuüben — Min.Reskr. vom 18. Februar 1840 — Hoffmann S. 247. —

40. Das „Eintreten in Gasthöfe" ist nur dann ohne Erlaubniß des Gastwirths nicht gestattet, wenn es zu dem Zwecke geschieht, Waaren oder Dienstleistungen anzubieten. Hat ihm ein anderer Zweck zu Grunde gelegen, so bedarf der in dem Gasthofe schon befindliche Gewerbtreibende der besonderen Erlaubniß des Wirths zur Ausübung seines Gewerbes nicht. —

41. Die Strafe für die Zuwiderhandlung gegen das Verbot des § 25 H.R. ist die des § 29 H.R., während bei einer Verletzung der Vorschrift der K.O. vom 8. December 1843 die ebendaselbst angedrohte Strafe Platz greift.

Kap. VIII. Von den Strafbestimmungen.

§§ 148, 149 und 151 B.G.O. — §§ 26 bis 31 H.R.

B.G.O.

§ 148. **Mit Geldbuße bis zu funfzig Thalern und im Falle des Unvermögens mit Gefängnißstrafe bis zu vier Wochen wird bestraft:**

6) **wer bei dem Aufsuchen von Waaren-Bestellungen den Vorschriften im § 44 zuwiderhandelt;**

7) **wer ein Gewerbe im Umherziehen ohne Legitimationsschein betreibt;**

In allen diesen Fällen bleibt die Strafe ausgeschlossen, wenn die strafbare Handlung zugleich eine Zuwiderhandlung gegen die Steuergesetze enthält.

§ 149. **Mit Geldbuße bis zu zehn Thalern und im Falle des Unvermögens mit Gefängniß bis zu acht Tagen wird bestraft:**

1) **wer gewerbliche Verrichtungen, zu welchen er nach Vorschrift des § 44 einer Legitimation bedarf, vornimmt, ohne dieselbe zu besitzen, beziehungsweise mit sich zu führen;**
2) **wer bei dem Gewerbebetrieb im Umherziehen den ihm ertheilten Legitimationsschein nicht mit sich führt, oder einem Anderen überläßt;**
3) **wer ein Gewerbe im Umherziehen, für welches ihm ein auf einen bestimmten Bezirk lautender Legitimationsschein (§ 60) ertheilt ist, unbefugt in einem anderen Bezirk betreibt;**
4) **wer den Vorschriften im § 61 zuwiderhandelt;**
5) **wer bei dem Gewerbebetrieb im Umherziehen unbefugt Begleiter mitführt, und wer einem Gewerbetreibenden im Umherziehen unbefugt als Begleiter dient.**

§ 151. **Sind polizeiliche Vorschriften von dem Stellvertreter eines Gewerbetreibenden bei Ausübung des Gewerbes übertreten worden, so trifft die Strafe den Stellvertreter, ist die Uebertretung mit Vorwissen des verfügungsfähigen Vertretenen begangen worden, so verfallen beide der gesetzlichen Strafe.**

Ist an eine solche Uebertretung der Verlust der Konzession, Approbation oder Bestallung geknüpft, so findet derselbe auch als Folge der von dem Stellvertreter begangenen Uebertretung statt, wenn diese mit Vorwissen der verfügungsfähigen Vertretenen begangen worden. Ist dies nicht der Fall, so ist der Vertretene bei Verlust der Konzession, Approbation u. s. w. verpflichtet, den Stellvertreter zu entlassen.

H.R.

§ 26. Wer umherziehend ein Gewerbe treibt, ohne sich über seine Befugniß dazu mittelst Gewerbscheins für das laufende Jahr ausweisen zu können, hat nicht nur die Jahressteuer im höchsten Satze nachzuzahlen und außerdem den vierfachen Betrag derselben als Strafe zu entrichten, sondern auch überdies die Konfiskation derjenigen Gegenstände verwirkt, die er wegen seines Gewerbes bei sich führt.

Diese Bestimmung ist auch dann zur Anwendung zu bringen, wenn ein solcher Kontravenient Waaren bei sich führt, auf welche nach dem gegenwärtigen Regulativ ein Gewerbeschein nicht einmal hätte ertheilt werden dürfen.

§ 27. Eine gleiche Strafe, nur mit Wegfall der Nachzahlung der Steuer, trifft denjenigen, welcher zwar einen Gewerbschein besitzt, aber ein anderes als das darin genannte Gewerbe treibt, oder andere, als die ihm danach gestatteten Waaren führt.

§ 28. Dasselbe findet statt, wenn der Inhaber des Gewerbscheins den letztern an einen Dritten verleiht, überläßt oder abtritt, oder andern Mißbrauch damit treibt, oder wenn das Gewerbe für Rechnung des Inhabers von einer dritten, in dem Gewerbschein nicht genannten Person getrieben wird. In diesen Fällen trifft die volle Strafe den Inhaber sowohl als den Dritten und der letzte muß außerdem noch, wie in dem Falle des § 26, die Steuer nachzahlen; auch muß einer für den andern solidarisch haften.

§ 29. Wer die Vorschrift des § 25 muthwillig verletzt, hat unfehlbar ein= bis zweitägige Gefängnißstrafe verwirkt.

§ 30. Andere Uebertretungen des gegenwärtigen Regulativs, für welche vorstehend nicht besondere Strafen bestimmt sind, sollen mit einer Geldstrafe von Zehn Silbergroschen bis Zehn Thalern geahndet werden.

§ 31. Wo festgesetzte Geldstrafen wegen Unvermögens nicht vollstreckt werden können, da tritt die verhältnißmäßige Gefängnißstrafe an deren Stelle, und zwar in dem Verhältnisse, daß achttägige Gefängniß= und Fünf Thaler Geldstrafe einander gleich geachtet werden.

---

1. Die von den Gesetzen als strafbar bezeichneten Handlungen der ein Gewerbe im Umherziehen betreibenden Personen unterscheiden sich ihrer Qualität nach in solche, welche die die Gewerbe*steuer* wahrenden Bestimmungen verletzen, und in solche, welche den gewerbepolizeilichen Anordnungen entgegentreten. Diese Unterscheidung halten im Allgemeinen auch die gesetzlichen Strafandrohungen aufrecht, indem sie die ersteren mit einer dem Prinzip der Steuerordnung vom 8. Febrnar 1819 entsprechenden absoluten, die andere mit einer relativen, in dem allgemeinen, von dem gemeinen Strafrechte für polizeiliche Uebertretungen festgesetzten Rahmen bleibenden Strafe bedrohen. Während die B.G.O. ihrer Tendenz gemäß sich nur mit der letzteren Art der Strafthaten beschäftigt und die Ahndung der Verletzung von Steuer=Gesetzen dem Landesrecht überläßt, kennt dieses neben derartigen Strafandrohungen auch solche für Vergehungen gegen die Gewerbe=Polizei, welche bald von denen der B.G.O. außer Wirksamkeit gesetzt werden, bald *neben* ihnen in Kraft verbleiben.

Verletzungen der Steuergesetze.

Verhältniß zum allgemeinen Strafrecht.

2. Nach § 2 des Einführungsgesetzes zum Strafgesetzbuch für den norddeutschen Bund vom 31. Mai 1870, eines Gesetzes, welches auch für das deutsche Strafgesetzbuch vom 15. Mai 1871 maßgebend bleibt, weil dieses nur redaktionelle Aenderungen des norddeutschen Strafgesetzbuchs umfaßt, und das Einführungsgesetz vom 31. Mai 1870 nicht aufhebt, sind die landesrechtlichen Vorschriften über strafbare Verletzungen der Steuergesetze aufrecht erhalten worden. Es unterliegen daher die Bestimmungen des H.R. und der späteren modifizirenden Gesetze nur insoweit einer durch die allgemeinen strafrechtlichen Prinzipien des Strafgesetzbuchs für das deutsche Reich bedingten Aenderung resp. Auslegung, als sie entweder besondere Vorschriften über derartige Grundsätze nicht aufstellen oder ausdrücklich auf die allgemein gültigen Normen Bezug nehmen.

Es sind demgemäß die Fragen über Strafreife und Zurechnungsfähigkeit, über den Versuch, über die Verjährung rechtskräftig erkannter Strafen und über reale und ideale Konkurrenz nach den Vorschriften des allgemeinen Strafgesetzbuchs zu beantworten, da über sie die Landes-Gesetze überhaupt Anordnungen nicht enthalten; anders dagegen bei den Fragen über die Strafarten, Strafumwandlungen, über die Theilnahme und über die Verjährung; bei ihnen haben die einschlagenden Bestimmungen der Landesgesetze allein den Ausschlag zu geben.

2a. Bei Personen, welche das zwölfte, aber nicht das achtzehnte Lebensjahr vollendet haben, ist zwar nach den Vorschriften des St.G.B. die Prüfung der Strafreife vorzunehmen, im Falle der Bejahung dieser Frage tritt jedoch das Landesgesetz unter Ausschluß der Grundsätze des St.G.B. dann in Kraft, wenn es die strafbare Handlung mit einer absoluten Strafe bedroht, wie die Steuervergehungen. Es darf daher in Anwendung des § 57 St.G.B. ein Erkenntniß auf Verweis nicht ergehen, weil das H.R. dem Richter die zu erkennende Strafe positiv vorschreibt und ihn in keinem Falle zu der Auferlegung einer ihm fremden Strafe ermächtigt.

Im Allgemeinen.

3. Das gemeinsame Kriterium aller der vom Gesetz mit der Steuerstrafe bedrohten strafbaren Handlungen beruht in dem Fehlen eines Gewerbescheins für das thatsächlich ausgeübte Gewerbe. Die Vorschrift des § 28 H.R. bildet keine Ausnahme, weil der Dritte, welcher das Gewerbe für Rechnung des Inhabers oder auf Grund eines für ihn nicht ausgefertigten Gewerbescheins treibt, nicht im Besitze eines gesetzlich gültigen Gewerbescheins ist, der Inhaber desselben aber zu seinen Handlungen in dem Verhältniß eines Theilnehmers steht. — Eine Ausnahme dagegen findet sich in Nr. 3 der K.O. vom 8. December 1843, welche das Aufsuchen von Waaren-Bestellungen (außer auf Wein) bei

andern als Gewerbtreibenden mit dem vierfachen Werthe der Jahressteuer und Konfiskation der betreffenden Gegenstände also mit der Steuerstrafe — auch bei und trotz des Besitzes eines gültigen Gewerbescheins — bedroht. — Demgemäß tritt die Steuerstrafe ein, wenn das Gewerbe im Umherziehen betrieben wird a) ohne vorherige Lösung eines Gewerbescheins, b) mit unstatthaften Gegenständen, c) mit andern Gegenständen oder Leistungen, als auf welche der Gewerbeschein lautet d) für Rechnung eines Anderen ohne Besitz eines Gewerbescheins e) mit einem auf eine andere Person lautenden Gewerbeschein, und f) unter unbefugtem Betreten anderer Häuser, als der von Gewerbtreibenden, Behufs Aufsuchens von Waaren-Bestellungen.

Gewerbebetrieb ohne Gewerbeschein.

4. Der Betrieb eines Gewerbes im Umherziehen ohne Gewerbeschein ist nicht als eine Gewerbepolizei-Kontravention zu ahnden, vielmehr ist nur die eine Steuerstrafe anordnende Strafbestimmung des § 26 H.R. anwendbar — Pl.Beschl. des Ob.Trib. vom 12. März 1855 — G.A. B. 3 S. 252 — Entsch. B. 31 S. 298 — J.M.Bl. S. 134.

5. Nicht jeder Kauf und Wiederverkauf außerhalb des Wohnorts, sondern nur der gewerbsmäßig betriebene kann als ein steuerpflichtiges Hausiren angesehen werden. Es bedarf daher zur Anwendung des § 26 H.R. in jedem Falle der ausdrücklichen Feststellung der Gewerbsmäßigkeit der betreffenden Handlung. — Erk. des Ob.Trib. v. 13. Febr. 1867 — Opp., Rechtspr. B. 8 S. 118.

6. Dagegen ist eine Mehrheit von Fällen kein unerläßliches Erforderniß für die Feststellung der Gewerbsmäßigkeit; diesem Begriffe entspricht zwar jede f o r t g e s e t z t e auf Erzielung eines Gewinnes gerichtete Beschäftigung, es kann jedoch sehr wohl aus e i n e m einzelnen Falle die Ueberzeugung gewonnen werden, daß demselben die Absicht, nicht blos diesmal, sondern auch bei jeder anderen sich darbietenden Gelegenheit aus solcher Beschäftigung Gewinn zu erzielen, zum Grunde liege. Steht daher die Gewerbsmäßigkeit der Handlung fest, so genügt eine einzige Handlung, ein einmaliges Betreiben des Gewerbes außerhalb des Wohnorts, um einen „Betrieb im Umherziehen" anzunehmen. — Erk. d. Ob.Trib. vom 30. September 1869 — Opp., Rechtspr. B. 10 S. 606.

7. Strafbar ist schon der B e g i n n eines unbefugten Gewerbebetriebes im Umherziehen, sollte es auch noch nicht zum Verkaufen oder Feilbieten (resp. Ausführung der betr. Leistungen) gekommen sein. Worin dieser Beginn zu finden, ist Gegenstand thatsächlicher Beurtheilung. — Erk. des Ob.Trib. v. 4. December 1868 — Opp., Rechtsspr. B. 9 S. 699.

8. Derjenige, welcher, ohne selbst einen Gewerbeschein zu besitzen, durch einen ebenfalls eines Gewerbescheins ermangelnden Vertreter einen Hausirhandel betreiben, oder Waaren-Bestellungen im Umherziehen

suchen läßt, verwirkt die Strafe des § 26 H.R. — Erk. des Ob.Trib. vom 24. September 1866 — Opp., Rechtspr. B. 7 S. 469.

9. Ausländische Gewerbtreibende bedürfen selbst dann, wenn sie auch durch Staatsvertrag von der Zahlung aller derjenigen Abgaben befreit sind, welchen nicht gleichmäßig die in demselben Gewerbeverhältnisse stehenden preußischen Staats-Angehörigen unterworfen sind, zum Gewerbebetriebe im Umherziehen eines Gewerbescheins. Da z. B. der Viehhandel im Umherziehen von einem Preußen besonders versteuert werden muß, auch wenn er einen Viehhandel als stehendes Gewerbe schon besteuert, so muß auch in Gemäßheit des Staatsvertrages mit Sachsen vom 30. März 1833 Art. 18 — G.S. S. 218 — der Sachse, welcher in Sachsen den Viehhandel als stehendes Gewerbe besteuert, den Hausir-Handel mit Vieh in Preußen besteuern. — Erk. d. Ob.Trib. vom 27. September 1861 — Opp., Rechtspr. B. 1 S. 553.

10. Ebenso bedarf der Angehörige eines Zollvereinsstaates, mit welchem Preußen einen den wechselseitigen Hausir-Verkehr erleichternden Vertrag abgeschlossen hat, zum Gewerbebetriebe im Umherziehen überall da in Preußen eines Gewerbescheins, wo auch ein Preuße desselben bedürfen würde. Cf. Staatsvertrag vom 4. April 1853 Artikel 3 und 18 — vom 20. December 1853 Artikel 7, 9 und 13 — G.S. S. 406 und G.S. pro 1854 S. 145 — Erk. des Ob.Trib. v. 3. März 1864 — Opp., Rechtspr. B. 4 S. 404.

11. Ein Ausländer, (d. h. ein Eingehöriger jedes anderen Staats, als Preußens) welcher auf Grund eines Staatsvertrages in Beziehung auf ein in Preußen zu betreibendes Gewerbe Abgabenfreiheit beanspruchen kann, ist deshalb von der Pflicht der Führung eines (steuerfrei zu ertheilenden) Gewerbescheins nicht entbunden — Erk. d. Ob.Trib. v. 3. März 1864 — Opp., Rechtspr. B. 4 S. 404.

12. Für den Thatbestand des strafbaren unbefugten Gewerbe-Betriebes und zur Anwendung der Strafe des § 26 H.R. genügt die Feststellung der Thatsache des Gewerbebetriebes ohne vorherige Lösung des Gewerbescheins; es ist nicht erforderlich, daß die Absicht des Gewerbtreibenden auf eine Umgehung oder Hinziehung der Steuer gerichtet war. Auch durch den guten Glauben des Gewerbtreibenden wird die Hausir-Kontravention nicht straflos. — Erk. des Ob.Trib. vom 15. Juni 1864 — Opp., Rechtsspr. B. 5 S. 4.

13. Es kann daher weder der Einwand, den Gewerbebetrieb für einen steuerfreien angesehen zu haben, noch der Nachweis, daß das Gesuch um Ertheilung eines Gewerbescheins bereits der betr. Behörde vorliege, die Strafe abwenden — Erk. des Ob.Trib. vom 26. August 1839 — Hartmann S. 134.

14. Nur derjenige Gewerbschein ist zur Ausübung des Gewerbe-

betriebes ausreichend, welcher „für das laufende Jahr“ ausgestellt ist; unter dem „laufenden Jahr“ ist das betr. Kalenderjahr zu verstehen. Es ist nicht zulässig, dasselbe von dem Datum der Ausstellung des Gewerbescheins an zu berechnen und den Zeitraum von 365 Tagen von jenem Tage ab darunter zu begreifen. Wie lange der Gewerbtreibende im Besitze dieses Gewerbescheins gewesen, ist daher für die Feststellung des „Gewerbescheins für das laufende Jahr“ unerheblich.

15. Voraussetzung der Anwendbarkeit des, die Steuerstrafe androhenden § 26 H.R. ist die Ausübung des Gewerbebetriebes ohne den Besitz eines Gewerbescheins. Wenn daher ein Gewerbtreibender, welcher einen Gewerbeschein zum ermäßigten Steuersatze unter der stillschweigenden oder ausdrücklichen Bedingung erhalten hatte, sich beim Betriebe des Gewerbes nur der eigenen Körperkraft zu bedienen (cf. Regulativ vom 4. December 1836), dennoch zur Fortschaffung der Gegenstände seines Verkehrs ein Fuhrwerk oder ein Schiffs-Gefäß gebraucht, so verfällt er der Strafe des § 26 cit. nicht, da er im Besitze eines Gewerbescheins sich befindet, wenn er auch für die Art der Ausübung seines Gewerbes zur Zahlung eines höheren Steuersatzes verpflichtet gewesen wäre. Ob der § 30 H.R. auf diesen Fall anwendbar, ist derartig zweifelhaft, daß die Min.Reskr. v. 31. August 1851 und 21. November 1851 anordnen, von einer Verfolgung des Gewerbtreibenden auch nach dieser Richtung hin abzusehen und nur die Nachzahlung der etwa nothwendigen Erhöhung des Steuersatzes von ihm zu fordern — Schimmelfennig S. 741 Nr. 632, 633. —

16. Das Gleiche gilt auch dann, wenn ein Hausirer statt des ihm zum Betriebe seines Gewerbes bewilligten einspännigen Fuhrwerks sich eines zweispännigen bedient. Sollte mit Rücksicht auf das einspännige Fuhrwerk ihm eine Steuerermäßigung zu Gute gekommen sein, so kann auch hier nur eine Steuernachforderung eintreten — Min.Reskr. vom 30. Mai 1846 — Schimmelfennig S. 740 Nr. 631.

17. Nicht jeder einzelne Akt der gewerbscheinlosen Ausübung eines Gewerbes ist als Steuerdefraudation anzusehen, vielmehr sind, da die Strafbarkeit in dem Gewerbebetriebe liegt, diese einzelnen Akte, sobald sie in den Rahmen eines und desselben Kalenderjahres fallen, als Einzelhandlungen dieses Betriebes anzusehen. Es bilden daher mehrere im Laufe desselben Kalenderjahres begangene Hausir-Kontraventionen nur einen Straffall und ziehen nur die einmalige Verhängung der Strafe nach sich — Erk. des Ob.Trib. vom 8. Januar 1864 — Opp., Rechtspr. B. 4 S. 278.

Dies muß selbst dann stattfinden, wenn die verschiedenen einzelnen Fälle gleichzeitig oder nach einander bei demselben oder bei verschiedenen

Gerichten verfolgt werden. Erk. des Ob.Trib. v. 12. Februar 1863 — Opp., Rechtspr. B. 3 S. 276. —

18. Eine Ausnahme von dieser Regel (Nr. 17) tritt ein, wenn ein neuer Kontraventionsfall nach stattgehabter Verurtheilung in demselben Kalenderjahr erfolgt — Erk. des Ob.Trib. v. 12. Februar 1863 — Opp., Rechtspr. B. 3 S. 276. — In diesem Falle muß ohne Rücksicht darauf, ob die Verurtheilung durch ein Strafresolut der Verwaltungsbehörde oder ein gerichtliches Erkenntniß ausgesprochen, und ob dasselbe bereits rechtskräftig geworden war oder nicht, von Neuem die volle Steuerstrafe verhängt werden, weil diese neue Kontravention als ein Theil des dem Strafrichter unterbreitet gewesenen Gewerbebetriebes nicht angesehen werden kann.

19. Sind mehrere Hausir-Kontraventionen nicht im Laufe desselben, sondern verschiedener Kalenderjahre vorgekommen, so hat, wenn sie gleichzeitig zur Verfolgung gelangen, der Kontravenient die Steuerstrafe für jedes Kalenderjahr verwirkt, weil er für jedes derselben einen besonderen Gewerbeschein hätte lösen müssen und durch die Nichtlösung die Steuer für jedes einzelne Kalenderjahr umgangen hat. — Erk. des Ob.Trib. v. 8. Januar 1864 — Opp., Rechtspr. B. 4 S. 278. — Ebenso trifft ihn die Verpflichtung zur Nachzahlung der Steuer nicht nur für ein, sondern für jedes Jahr, in welchem er das Gewerbe unbefugt betrieben.

20. Die Vorschrift des § 26 H.R., daß in jedem Falle der höchste Satz der Jahressteuer der Strafberechnung zu Grunde gelegt werden solle, hat eine Aenderung erlitten durch die Bestimmung der K.O. vom 31. December 1836 — G.S. pro 1837 S. 13 — und des Regulativs vom 4. December 1836 — G.S. pro 1837 S. 14, — durch welche angeordnet wird, daß die im Gesetz vom 30. Mai 1820 den Regierungen beigelegte Befugniß, für einzelne Gewerbe den höchsten Steuersatz zu ermäßigen, nach Maßgabe des Regulativs vom 4. December 1836 auf eine Reihe von Gewerben ausgedehnt wird, und in Kontraventionsfällen die Strafe nicht nach dem höchsten, sondern dem dem Gewerbe des Steuerpflichtigen angemessenen und deshalb von der Regierung festgesetzten Satze der Jahressteuer berechnet werden soll. Hätte demgemäß bei gehöriger Meldung dem Kontravenienten der Gewerbeschein steuerfrei ertheilt werden können, so soll zur Abmessung der Strafe ein Steuersatz von zwei Thalern angenommen werden.

21. Der höchste Satz der Jahressteuer für das Gewerbe im Umherziehen betrug nach § 40 Gesetzes vom 30. Mai 1820 zwölf Thaler. Die K.O. vom 31. December 1836 behielt diesen Satz bei, der § 20 Gesetzes vom 19. Juli 1861 — G.S. S. 697 — erhöhte ihn dagegen auf sechszehn Thaler, und ist es dieser Betrag, welcher zur Zeit der Berechnung der Strafe zu Grunde zu legen ist.

22. Dieser Satz tritt auch bei der Anwendung der K.O. vom 8. December 1843 — G.S. pro 1844 S. 15 — an die Stelle der dort angedrohten Strafe. Wenn nämlich daselbst sub Nr. 1 das Aufsuchen von Waaren-Bestellungen in Privathäusern verboten, sub Nr. 2 dem betreffenden Reisenden nur das Mitnehmen von Proben und Mustern, nicht auch von Waaren gestattet, und sub Nr. 3 der diesen Anordnungen Zuwiderhandelnde mit einer Strafe von 48 Thalern bedroht wird, so stellt der Betrag dieser Strafe nur das Vierfache des damals höchsten Satzes der Jahressteuer vor und muß gemäß § 20 Gesetzes v. 19. Juli 1861 jetzt auf das Vierfache des zur Zeit geltenden höchsten Satzes von sechszehn Thaler erhöht werden. Die Androhung der Strafe von 48 Thalern ist keine absolute. Sic. Erk. des Ob.Trib. vom 12. Januar 1871 — Opp., Rechtspr. B. 12 S. 28.

23. Außer dem Rechte der Steuerermäßigung d. h. der Festsetzung einer den höchsten Betrag nicht erreichenden Jahressteuer für einzelne Arten des Gewerbebetriebs im Umherziehen, ist durch das Cirkular-Reskript vom 26. Februar 1837 — Schimmelfennig S. 319 — den Regierungen die Befugniß beigelegt, bei den von ihnen auszusprechenden Strafresoluten mit Rücksicht auf die Umstände, namentlich den Umfang des Gewerbebetriebs, die Persönlichkeit des Gewerbtreibenden und seine Vermögensverhältnisse die Steuerstrafe — nicht auch die nachzuzahlende Steuer — zu ermäßigen. Es sind in diesem Falle in dem Resolute neben dem dem Gewerbebetriebe angemessenen Steuersatze der Jahressteuer die ermäßigte Strafe und die Gründe für den Eintritt dieser Ermäßigung ausdrücklich anzugeben.

24. Kommt es jedoch zu einem gerichtlichen Strafverfahren, sei es in Folge der Provokation des Verurtheilten oder aus anderen Gründen, so fällt diese Strafermäßigung fort. Als Strafe ist dann das Vierfache des Betrages der dem Gewerbe angemessenen, von der Regierung festzusetzenden Jahressteuer auszusprechen, und dürfen die Gerichte auf die ermäßigte Strafe, welche die Regierung in Ausübung der ihr ertheilten Ermächtigung in ihrem Resolute arbitrirt hat, keine Rücksicht nehmen.

Das Gleiche gilt, wenn die Regierungen den an sich für das Gewerbe angemessenen Steuersatz ermäßigt und darnach die Strafen festgesetzt haben, wenn sie z. B. für ein Gewerbe, welches weder unter die Steuerermäßigung des Gesetzes vom 30. Mai 1820 noch unter die des Regulativs vom 4. December 1836 fällt, sonach zur Tragung des höchsten Steuersatzes verpflichtet ist, dennoch eine Steuerermäßigung haben eintreten lassen — Erk. des Ob.Trib. vom 23. October 1862 — Opp., Rechtspr. B. 3 S. 87 — vom 1. Mai 1868 — ebend. B. 9 S. 308 — vom 28. October 1868 — G.A. B. 17 S. 56.

25. Die durch den § 26 H.R. angeordnete „Nachzahlung der Steuer“

ist eine gesetzliche Folge der Verurtheilung, hat aber nicht den Charakter einer Strafe und kann daher, wenn die Entscheidung über den unbefugten Gewerbebetrieb dem Gerichte obliegt, nicht durch das und in dem Straferkenntnisse ausgesprochen werden. Das Erkenntniß hat vielmehr diesen Punkt unberücksichtigt zu lassen.

26. Mit der zu verhängenden Geldbuße soll nach § 26 H.R. die Konfiskation derjenigen Gegenstände verbunden werden, welche der Gewerbtreibende wegen seines Gewerbes „bei sich führt." Dieser Grundsatz weicht von dem in § 40 des deutschen St.G.B. aufgestellten insofern ab, als er dem Gesichtspunkte, wem die Gegenstände gehören, ob dem Hausirer selbst, einem Theilnehmer an der strafbaren Handlung oder einem unbetheiligten Dritten, keinen Einfluß einräumt. Er ist jedoch nach § 2 Einf.-Gesetzes zum St.G.B. nicht beseitigt, sondern in Geltung geblieben.

27. Als ein „Bei-sich-führen" ist es anzusehen, wenn sich die Waaren rc. auch in einem verschlossenen Kasten auf dem Wagen befinden, auf welchem der Inhaber zum Betriebe des Hausirhandels an einen anderen (außer seinem Wohnorte belegenen) Ort gekommen ist. Des besonderen Nachweises der Absicht, mit diesen Waaren hausiren zu wollen, bedarf es nicht — Erk. des Ob.Trib. vom 4. December 1856 — Hartmann S. 134.

28. Im Falle einer Hausir-Kontravention ist nicht nur die Konfiskation derjenigen Waaren auszusprechen, welche der Gewerbtreibende in die Wohnungen der gesuchten Käufer mitgenommen und letzteren vorgelegt, sondern aller derjenigen, welche er zum Zwecke der Ausübung des Hausir-Handels an den fremden Ort gebracht hat — Erk. d. Ob.Trib. vom 31. Mai 1862 — Opp., Rechtspr. B. 2 S. 439.

29. Ebenso unterliegen der Konfiskation auch diejenigen Waaren, welche der Defraudant zwar nicht unmittelbar bei sich hat, die er aber vorausgeschickt hatte oder sich nachkommen läßt — Erk. des Ob.Trib. v. 2. November 1854 — Opp., Rechtspr. B. 8 S. 574.

30. Ueberhaupt sind zu konfisziren alle Waaren, welche der Kontravenient im Augenblicke des Einschreitens der Behörde und nicht blos diejenigen, welche er nachweislich im Augenblick des unbefugten Gewerbebetriebes bei sich führte (vorausgesetzt, daß bei jenem Zeitpunkte der unbefugte Gewerbebetrieb nicht bereits ganz aufgegeben oder z. B. zu einem stehenden geworden ist) — Erk. des Ob.Trib. vom 9. October 1867 — Opp., Rechtspr. B. 8 S. 573.

Es liegt, führt die Entscheidung aus, in der Natur der Sache, daß zwischen den einzelnen Fällen des unbefugten Gewerbebetriebes und dem Einschreiten der Behörde in der Regel ein größerer oder geringerer Zeitraum liegt, und es würde praktisch unausführbar sein, bei der Beschlagnahme zuvörderst zu ermitteln, welche Waaren der Defraudant zur Zeit der einzelnen Fälle bei sich führte, und welche ihm erst später nachgeschickt sind. So wie es ihm zu Gute kommt, wenn er bis zur Beschlagnahme sich noch einiger Waaren entäußert haben sollte, welche er zur Zeit der die Defraude bildenden That bei sich führte, so muß er es umgekehrt sich auch gefallen lassen, wenn ihm inzwischen noch Waaren behufs seines Gewerbebetriebes nachgeschickt sind, daß diese mit konfiszirt werden, sobald sie sich zur Zeit der Beschlagnahme noch in seinem Besitze befinden.

31. Die Beschlagnahme von Gegenständen wegen unbefugten Hausirens ist eine polizeiliche Maßregel, und daher der Rechtsweg zur Erlangung einer Entschädigung für eine angeblich ungerechtfertigte Beschlagnahme nur in den Fällen gestattet, in welchen der Rechtsweg gegen polizeiliche Verfügungen überhaupt ausnahmsweise zulässig ist — Erk. des Ger. für Komp. Konflikte vom 3. April 1858 — J.M.Bl. S. 361.

32. Der Konfiskation unterliegen dagegen nicht: 1) die Transportmittel, als Wagen, Schlitten, Pferde, Schiffe und dergl. — Min.Reskr. vom 21. Juni 1826 — v. Kamptz Jahrbücher B. 28 S. 112 — Min. Reskr. vom 21. Juni 1846 — Schimmelfennig S. 806 — Erk. des Ob.Trib. vom 5. November 1862 — Opp., Rechtspr. B. 3 S. 107 2) das Geld, welches der Gewerbtreibende bei sich führt, selbst wenn es geständlich oder erweislich die Lösung für Waaren ist, welche in dem unerlaubten Gewerbebetrieb verkauft worden sind — Min.Reskr. vom 20. Juni 1825 — Hoffmann S. 249. — 3) die von dem Hausirer zur Vermittelung der Verkaufsgeschäfte mitgeführte Waage und Gewichte — Min.Reskr. vom 20. März 1846 — Schimmelfennig S. 816. — 4) musikalische Instrumente umherziehender Musiker, Handwerkszeug umherziehender Handwerker und dergl. — Min.Reskr. vom 26. Mai 1854 — Schimmelfennig S. 816.

33. Beim Vorliegen einer idealen Konkurrenz einer Hausir-Kontravention und einer Verletzung des § 328 St.G.B. — tritt nur die Strafe des letztern §, nicht auch gleichzeitig die des § 26 H.R. ein und darf demgemäß auf Grund des ersteren § nicht auch auf Konfiskation des Viehs resp. derjenigen Gegenstände erkannt werden, durch welche die Verletzung der Absperrungsmaßregeln geschehen ist — Erk. des Ob. Trib. vom 1. October 1868 — G.A. B. 17 S. 78.

34. Auch der Gewerbebetrieb mit Gegenständen, Diensten oder Leistungen, für welche ein Gewerbeschein überhaupt nicht ertheilt werden kann, verfällt der Steuerstrafe, da aus dem Verbot der Gewährung eines Gewerbescheins nicht gefolgert werden darf, daß der Gewerbebetrieb zwar nicht erlaubt, aber nicht steuerpflichtig sei. — Es trifft daher die Strafe des § 26 Abs. 2 H.R. Jeden, der umherziehend ein Gewerbe

Gewerbebetrie mit unstatthaf Gegenständen

betreibt, für welches nach der Landes-Gesetzgebung ein Gewerbeschein versagt werden muß — Erk. des Ob.Trib. vom 9. Mai 1867 — Opp., Rechtspr. B. 8 S. 306. — Diese unstatthaften Gegenstände zählt § 56 B.G.O. auf. Sollte daher auch die Forderung auf Lösung eines Gewerbescheins für den im Umherziehen geübten Gewerbebetrieb eines Versicherungs-Agenten nicht erhoben werden, so würde dennoch ein solcher Agent, wenn er im Umherziehen Geschäfte mit der Versicherungs-Gesellschaft vermittelt, ohne im Besitz eines Gewerbescheins zu sein, zur Steuerstrafe verurtheilt werden müssen — Erk. des Ob.Trib. vom 25. Febr. 1864 — Opp., Rechtspr. B. 4 S. 391 — des Ob.App.Ger. v. 1. März 1871 — ebend. B. 12 S. 121.

35. In Ansehung der in diesem Falle zu erkennenden Strafe sind die Bemerkungen Nr. 4 bis 33 maßgebend.

Gewerbebetrieb mit andern Gegenständen und Leistungen, als auf welche der Gewerbeschein lautet — § 27 H.R.

36. Auch derjenige verfällt der Strafe des § 26 H.R., welcher zwar einen Gewerbeschein gelöst hat, aber ein Gewerbe betreibt, auf welches der Gewerbeschein nicht lautet, sobald dieses gleichfalls ein steuerpflichtiges Hausir-Gewerbe ist. Gleichgültig ist es, ob er dasselbe allein, oder neben dem ihm durch den Gewerbeschein gestatteten betreibt. Zur Anwendung der §§ 26, 27 H.R. genügt die thatsächliche Feststellung nicht, daß das betriebene Gewerbe nicht in dem Gewerbeschein angegeben sei, vielmehr muß dieselbe auch die Art des betriebenen Gewerbes und ihre Steuerpflichtigkeit umfassen.

37. Der Thatbestand eines Gewerbebetriebes erfordert nicht die Ausübung des Gewerbes, also z. B. das Verrichten der Dienste, die Aufführung der Schaustellung u. s. w.; es genügt schon das Anbieten oder Ankündigen derselben. Auch das Aufsuchen der Waaren-Bestellungen reicht aus.

38. Bei dem eigentlichen Hausir-Gewerbe, also dem Feilbieten von Waaren im Umherziehen soll nach § 27 H.R. schon das „Führen" anderer, als der im Gewerbeschein bezeichneten Waaren die Strafe des § 26 ib. nach sich ziehen. Allein gleichwie in dem Nr. 36 gedachten Falle das Gewerbe ein Hausir-Gewerbe sein muß, so wird auch hier das „Führen" der anderen Waaren nur strafbar, wenn es in der Absicht geschieht, mit denselben das Hausir-Gewerbe zu treiben. — Die Ausführung, daß die Vorschrift des § 27 cit. einen polizeilichen Charakter habe, die für das Hausir-Gewerbe nothwendige Kontrolle erleichtern solle, und deshalb schon das bloße „Führen" ganz ohne Rücksicht auf den beabsichtigten Gebrauch strafbar sei, ist vom Ob.Trib. in dem Erk. vom 15. October 1868 — Opp., Rechtspr. B. 9 S. 557 — nicht gebilligt, sondern ausgeführt worden, daß unter dem „Führen" nicht sowohl das Beisichtragen der in dem Gewerbeschein nicht bezeichneten Waaren, sondern nur das Herumtragen derselben zum Zwecke des Ver-

kaufs zu verstehen sei. — Ebenso Erk. des Ob.Trib. v. 21. April 1858 — G.A. B. 6 S. 411.

39. Wem das Eigenthum der mitgeführten Waaren zusteht, ist gleichgültig. Es kommt zur Strafanwendung lediglich darauf an, daß der Gewerbtreibende unbefugter Weise andere Waaren mit sich führt, als der Gewerbeschein gestattet. — Erk. des Ob.Trib. v. 10. Septbr. 1858 — Hartmann S. 135.

40. Es ist zur Begründung der thatsächlichen Feststellung einer Verletzung des § 27 H.R. der Nachweis nicht erforderlich, daß der Gewerbtreibende die „anderen" Waaren schon feil geboten habe; es genügt vielmehr, wenn er sie des Hausirens wegen mit sich geführt hat — Erk. des Ob.Trib. vom 15. Juni 1864 — Opp., Rechtspr. B. 5 S. 3. — Die Strafbarkeit der Handlung fällt dagegen weg, sobald die anderen Waaren schon vorher bei ihm bestellt waren, und er dieselbe keinem Anderen, als dem Besteller zum Kauf anbietet.

41. Die Anwendbarkeit des § 27 H.R. wird durch den Umstand nicht ausgeschlossen, daß die mitgeführten, in dem Gewerbeschein nicht genannten Waaren zu den für den Hausir-Handel verbotenen, oder das dort nicht angegebene Gewerbe zu denjenigen gehört, für dessen Betrieb ein Gewerbeschein nicht ertheilt werden darf.

42. Die für einen derartigen unbefugten Gewerbebetrieb auszusprechende Strafe ist die Steuerstrafe des § 26 H.R. mit der einzigen Ausnahme, daß eine Nachzahlung der Jahressteuer nicht stattfindet. Dagegen tritt als Theil der Strafe die Konfiskation der mitgeführten Waaren in demselben Umfange — cf. oben Nr. 26 bis 32 — ein, jedoch mit der Maßgabe, daß sie sich nur auf die in dem Gewerbescheine nicht bezeichneten Waaren erstreckt, nicht also auch die dort genannten Waaren umfaßt, weil für diese die Zahlung der gesetzlichen Steuer durch den Gewerbeschein nachgewiesen ist.

Gewerbebetrieb auf Grund eines für einen Andern ausgestellten Gewerbescheins oder für Rechnung eines Anderen. § 28 H.R.

43. Während die bisher gedachten Arten des unbefugten mit der Steuerstrafe bedrohten Gewerbebetriebs nur die eine Person des Gewerbtreibenden zum Subjekt haben, treten bei dem auf Grund eines für eine andere Person ausgestellten Gewerbescheins oder für Rechnung eines Anderen ausgeübten Gewerbebetriebe zwei Personen als Subjekte der strafbaren Handlung auf. In jedem dieser Fälle machen beide Personen sich strafbar, sowohl diejenige, welche das Gewerbe thatsächlich ausübt, wie diejenige, welche ihren Gewerbeschein dazu hergiebt, resp. für deren Rechnung der Betrieb erfolgt. Beide trifft die Strafe des § 28 H.R. Das in diesem § vertretene Prinzip bildet insofern eine Ausnahme von den allgemeinen Grundsätzen des deutschen St.G.B. über die Theilnahme, als es dem Inhaber des Gewerbescheins, wenn er ihn einem Andern abtritt, der vollen Steuerstrafe, also derselben Strafe

unterwirft, wie denjenigen, welcher durch die thatsächliche Ausübung des Gewerbes das Steuergesetz verletzt, während das deutsche St.G.B. wohl den Anstifter, nicht aber den Gehülfen d. h. den zur Begehung der Handlung durch Rath oder That wissentlich Hülfe Leistenden, dem Thäter gleich bestraft.

Nach § 2 des Einf.-Ges. zum deutschen St.G.B. sind die Vorschriften des Spezial-Gesetzes, also des § 28 H.R. allein maßgebend.

44. Der Thatbestand eines nach § 28 H.R. strafbaren Abtretens des Gewerbescheins an einen Anderen erfordert einerseits, daß dieser Andere von dem fremden Gewerbeschein auch in der That Gebrauch macht, gleichgültig, ob er selbst im Besitz eines für ihn ausgestellten und ihn zur Ausübung des Gewerbes berechtigenden Gewerbescheins ist, oder nicht, und andererseits, daß der Inhaber des Gewerbescheins bei dem Ueberlassen desselben gewußt hat, welchem Zwecke er dienen sollte, oder daß er wenigstens die demnächstige Benutzung gekannt und geduldet hat. Die bloße Ueberlassung ist, wenn eine Benutzung des Scheines oder ein strafbarer Versuch einer solchen nicht hinzutritt, ebensowenig strafbar, als es dem Ueberlassenden zugerechnet werden kann, wenn der Andere ohne sein Wissen und Willen den ihm zu einem nicht unerlaubten Zwecke gegebenen Gewerbeschein zu seinem Vortheil benutzt. Es ist daher die Einrede des Inhabers, daß er den Mißbrauch des für ihn ausgestellten Gewerbescheins weder gewollt, noch gekannt habe, von Erheblichkeit und muß der richterlichen Prüfung unterbreitet werden.

45. Dagegen ist es für die Strafbarkeit des Inhabers ohne Bedeutung, ob die Abtretung des Gewerbescheins gegen Entgeld oder unentgeldlich erfolgt ist, und ob er bei der Benutzung desselben durch den Anderen irgend einen Vortheil bezweckt oder erreicht. Die Strafe wird selbst dann nicht ausgeschlossen, wenn der Andere das auf Grund des fremden Gewerbescheins ausgeübte Gewerbe nur zu seinem eigenen Vortheile betreibt.

46. Für Rechnung des Inhabers des Gewerbescheins erfolgt der Gewerbebetrieb, wenn der Gewinn desselben ihm ganz oder theilweise zu Gute kommt. Das gilt auch dann, wenn derjenige, welcher den Betrieb thatsächlich ausübt, selbst irgend einen Vortheil, z. B. eine Tantieme oder einen Antheil an dem Gewinne, von dem Gewerbebetriebe zu beanspruchen hat. — Gleichgültig ist es, ob der Letztere bei der Ausübung des Gewerbes den Gewerbeschein des Inhabers bei sich führt oder nicht; auch derjenige macht sich einer nach § 26, 28 H.R. strafbaren Hausir-Kontravention schuldig, welcher für einen Andern und in dessen Auftrage umherziehend das Gewerbe betreibt, sollte dieser Andere auch im Besitze eines Gewerbescheins sein. Beide trifft die Strafe des § 28 H.R. — Erk. des Ob.Trib. vom 12. April 1861 — Opp., Rechtsspr. B. 1 S. 340.

47. Die Strafbarkeit der Handlung fällt weg, sobald derjenige, welcher das Gewerbe für Rechnung eines Andern thatsächlich ausübt, sich im Besitze eines für ihn ausgestellten Gewerbescheins befindet, oder in dem Gewerbeschein des Andern als zum Gewerbebetriebe berechtigt mitbenannt ist.

Das Letztere kann geschehen, wenn er als „Stellvertreter" des Inhabers des Gewerbes (z. B. im Falle des § 44 B.G.O.) oder als Mitglied einer Gesellschaft (z. B. einer Musik-, Kunstreiter-, Schauspieler- rc. Gesellschaft) in dem Gewerbeschein verzeichnet ist.

48. Wer dagegen nur als „Begleiter" zu Handreichungen, als „Träger" oder unter ähnlichen Ausdrücken in dem Gewerbeschein aufgeführt wird, ist zur Ausübung des Gewerbes nicht berechtigt. Wer daher auf Grund eines fremden Gewerbescheins als Vertreter des Inhabers das Gewerbe im Umherziehen betreibt, ist selbst dann strafbar, wenn er in jenem Gewerbeschein bezeichnet ist, jedoch nur als Begleiter oder Träger rc. — Erk. des Ob.Trib. vom 12. September 1866 — Opp., Rechtspr. B. 7 S. 454 — J.M.Bl. S. 307. — Er ist auch dann strafbar, wenn er sich nur an dem von dem Inhaber des Gewerbescheins selbst ausgeübten Gewerbebetriebe betheiligt, und findet auch in diesem Falle gegen beide die Strafe des § 28 H.R. Anwendung.

49. Diese Strafe kann auch durch den auf § 59 des deutsch. St.G.B. gestützten Einwand des „Begleiters" oder „Trägers", nicht gewußt zu haben, daß er nur als Träger rc. in dem Gewerbeschein benannt sei, nicht abgewendet werden, da es ihm obliegt, seine Berechtigung zum Gewerbebetriebe durch einen Gewerbeschein nachzuweisen, es sonach seine Pflicht war, sich von der Richtigkeit seiner Befugniß zu überzeugen — Erk. des Ob.Trib. vom 21. October 1868 — Opp., Rechtspr. B. 9 S. 574.

50. Die Strafe, welche in den Nr. 43 ff. gedachten Fällen sowohl den Inhaber des Gewerbescheins, wie den Dritten, der das Gewerbe betreibt, trifft, bestimmt der § 28 H.R. Die Worte desselben „dasselbe findet statt" beziehen sich auf den § 27, nicht den § 26 H.R. und haben deshalb die Bedeutung, daß gemäß § 27 von einer Nachzahlung der Jahressteuer der Regel nach Abstand zu nehmen ist. Eine ausdrückliche Ausnahme macht § 28 in dieser Beziehung dann, wenn der Gewerbebetrieb für Rechnung des Inhabers des Gewerbescheins unbefugt erfolgt; in diesem Falle hat der das Gewerbe unbefugt Betreibende, nicht auch der Inhaber des Gewerbescheins, die Jahressteuer nachzuzahlen.

51. Dagegen greift auch hier die Strafe der Konfiskation Platz, und umfaßt dieselbe nicht blos diejenigen Waaren, welche der unbefugte Gewerbtreibende des Gewerbebetriebes wegen mit sich führt, sondern auch diejenigen, welche der Inhaber des Gewerbescheins, sobald er an dem

Gewerbebetriebe thatsächlich Theil nimmt, zu gleichem Zwecke bei sich hat; denn „jeder der beiden hat die volle Defraudationsstrafe, also auch die accessorische Strafe der Konfiskation derjenigen Waaren verwirkt, welche er wegen des unbefugten Gewerbebetriebes bei sich führt." — Erk. des Ob.Trib. vom 9. Oktober 1867 — Opp., Rechtspr. B. 8 S. 573.

52. Für die gegen beide Kontravenienten erkannte Strafe, nicht auch für die nachzuzahlende Steuer, haben beide solidarisch zu haften. Die Worte des § 28 H.R. „auch muß Einer für den Andern solidarisch haften" beziehen sich nicht auf die Steuer, sondern nur auf die von dem Genossen verwirkte Strafe. — Erk. des Ob.Trib. vom 6. März 1857 — G.A. B. 5 S. 410.

53. Die verabsäumte Verurtheilung zur solidarischen Haftung für die wider Beide verhängten Geldstrafen kann von einem der Angeklagten nicht durch die Nichtigkeitsbeschwerde gerügt werden, sollte er auch geltend machen, daß gegen ihn jetzt die subsidiäre Gefängnißstrafe vollstreckt werde, während im regelrechten Verfahren zunächst der Mitangeklagte zur Zahlung angehalten worden wäre. (da er nicht berechtigt ist, auf die Verschärfung der Strafe eines Mitangeklagten anzutragen, wenn die Staats-Anwaltschaft sich dabei beruhigt hat) — Erk. des Ob.Trib. vom 21. Oktober 1868 — Opp., Rechtspr. B. 9 S. 574. —

Gewerbebetrieb unter Verletzung der K.O. v. 8. December 1843.

54. Die Strafe der Steuer-Defraudation, bestehend in dem Vierfachen des Betrages der Jahressteuer und in der Konfiskation der betreffenden Gegenstände, soll endlich ausnahmsweise nach Nr. 3 der K.O. vom 8. December 1843 verwirkt sein, wenn

a) Waaren-Bestellungen bei Anderen als Gewerbtreibenden gesucht werden;
b) der Behufs Aufkaufs von Waaren zum Wiederverkauf oder Behufs Aufsuchens von Waaren-Bestellungen Umherreisende nicht blos Proben oder Muster, sondern Waaren irgend einer Art mit sich führt.

Ist in diesen Fällen der Gewerbtreibende nicht im Besitze eines Gewerbescheins, so trifft ihn die Strafe des § 26 H.R., welche sich von der durch die K.O. vom 8. December 1843 angedrohten dadurch unterscheidet, daß sie den Kontravenienten noch außerdem zur Nachzahlung der Jahressteuer verpflichtet; kann er sich durch einen Gewerbeschein legitimiren, so verfällt er nur der Strafe der K.O. vom 8. December 1843. —

55. Unter den „Gewerbtreibenden", bei welchen nur Waaren-Bestellungen gesucht werden dürfen, sind nicht blos Kaufleute (Handeltreibende), sondern auch alle Handwerker zu verstehen, welche ein stehendes Gewerbe betreiben, ebenso Gast- und Schankwirthe. Min.Reskr. vom 31. Mai 1857 — Schimmelfennig S. 338.

56. Wer durch einen Gewerbeschein die Befugniß erlangt hat, Bestellungen auf Waaren bei Gewerbtreibenden zu suchen, ist nicht berechtigt, Privatpersonen mündlich oder schriftlich, oder durch gedruckte Anzeigen, Karten, durch Boten u. s. w. direkt oder indirekt einzuladen, bei ihm an einem Orte außerhalb seines Wohnorts Waaren-Bestellungen zu machen, und solche Bestellungen an jenem Orte in Gasthöfen, Privatgelassen oder sonst wo entgegen zu nehmen. — Min.Reskr. vom 20. März 1844 — Schimmelfennig S. 334.

57. Hinsichtlich des Jahrmarktverkehrs hat die K.O. vom 8. December 1843 keine Aenderung getroffen. Es ist daher zulässig, auf Jahrmärkten neben Auslegung von Waaren zum Verkauf auch Proben vorzulegen und nach diesen Proben Bestellungen entgegen zu nehmen. Ebenso fällt die Strafbarkeit fort, sobald das Suchen von Waaren-Bestellungen bei Anderen als Gewerbtreibenden von diesen veranlaßt worden ist. Wenn also der Gewerbtreibende zu dem Besuch und dem Vorlegen der Proben und Muster bestellt worden ist, so handelt er auch dann nicht strafbar, wenn in Folge dessen Bestellungen auf Waaren bei ihm gemacht werden — Min.Reskr. vom 9. August 1844 — Schimmelfennig S. 336. —

58. Muster und Proben sind Sachen, nach denen andere Sachen, welche das Objekt des Kaufgeschäfts bilden, bestellt werden; Waaren dagegen sind unmittelbare Objekte des Kaufgeschäfts. Nicht die Quantität der Waaren ist es, welche das unterscheidende Merkmal zwischen Muster und Waaren bildet, sondern der von ihnen gemachte Gebrauch — Min.Reskr. vom 4. April 1844 Nr. 2 — Schimmelfennig S. 335.

59. Bei Schießpulver darf jede einzelne Probe nicht über 1 Loth wiegen, und das Gewicht sämmtlicher Proben nicht über zwei Pfund betragen. Die Proben müssen einzeln in besonderen Dosen verwahrt und zusammen in einem besondern Behältniß verpackt werden Min. Reskr. vom 31. December 1843 — Schimmelfennig S. 333. —

Verletzungen der gewerbepolizeilichen Vorschriften.

60. Die gewerbepolizeilichen Vorschriften, deren Verletzung mit Strafe bedroht wird, sind theils in der B.G.O., theils in dem H.R. enthalten. Soweit sie dem letzteren angehören, und durch die B.G.O. nicht aufgehoben sind, fällt ihre Verletzung unter die Strafandrohungen des H.R. Die betreffenden Vorschriften der B.G.O. beziehen sich der Hauptsache nach auf drei Punkte, nämlich a) die Führung der Legitimation — b) die Uebertretung des gestatteten Betriebsbezirks — und c) die unbefugte Mitführung von Begleitern, Punkte, welchen sich noch eine, den § 44 betreffende, also das stehende Gewerbe angehende Anordnung anschließt. — Neben diesen sind diejenigen Polizei-Vorschriften des H.R.

in Kraft geblieben, welche sich auf die thatsächliche Ausübung des Gewerbebetriebes im Umherziehen beziehen, und deren im Kap. VII näher gedacht ist. Für ein Zuwiderhandeln gegen diese hat die G.O. keine Strafen, und müssen deshalb diejenigen Strafbestimmungen zur Anwendung gebracht werden, welche das H.R. vorschreibt.

Legitimationsführung. 61. Gegen die Anordnungen der G.O. in Ansehung der Legitimationsführung kann in vier verschiedener Weise gefehlt werden, und zwar:

a) durch Betreibung des Gewerbes im Umherziehen ohne vorherige Lösung eines Legitimationsscheins in den Fällen, in welchen die G.O. einen solchen erfordert, gleichgültig, ob dies ein solcher I. oder II. Klasse ist — § 148 Nr. 7. — Da dasjenige Gewerbe, dessen Betrieb von dem Besitze eines Legitimationsscheins I. Klasse abhängig, in der Regel gewerbescheinpflichtig ist, und die Lösung eines Gewerbescheins (cf. Kap. II.) durch das Gesuch um Ertheilung eines Legitimationsscheins bedingt wird, so kann der Betrieb eines Gewerbes, zu welchem ein Legitimationsschein I. Klasse erforderlich ist, nicht legitimationsscheinlos erfolgen, ohne zugleich wegen des Fehlens des Gewerbescheins den Thatbestand einer Steuerdefraude zu enthalten.

Weil nun nach den Vorschriften der G.O. in solchem Falle nicht die Polizei-, sondern die Steuerstrafe zur Anwendung gelangt, so lautet für Preußen die Vorschrift des § 148 Nr. 7 der G.O. dahin, daß derjenige, welcher ein Gewerbe im Umherziehen betreibt, ohne im Besitz des erforderlichen Legitimationsscheins zu sein, wenn dieser ein solcher I. Klasse war, der Strafe des § 26 H.R., wenn er einer II. Klasse, der des § 148 Nr. 7 G.O. verfällt. Eine Ausnahme macht der oben Kap. VI. Nr. 3 und 8 gedachte Fall.

b) Es fehlt ferner der Gewerbtreibende, wenn er bei der thatsächlichen Ausübung des Gewerbes den ihm ertheilten Legitimationsschein nicht bei sich führt — § 149 Nr. 2 G.O. — Gleichgültig ist es, ob es ein Legitimationsschein I. oder II. Klasse ist. — Auch das Hausir-Regulativ erfordert im § 23, daß der Gewerbtreibende bei dem Betriebe des Gewerbes den Gewerbeschein in Urschrift bei sich führen muß, und bedroht die Zuwiderhandlung mit der im § 30 festgesetzten Ordnungsstrafe. Sind Gewerbe- und Legitimationsschein I. Klasse untrennbar verbunden, so daß die Nichtführung des einen die des andern bedingt, so greift der § 149 Nr. 2 G.O. Platz. In denjenigen Fällen dagegen, in welchen der Gewerbeschein besonders und neben dem Legitimationsscheine ausgefertigt worden, — cf. Kap. II. Nr. 6 sub II und Kap.

VII. Nr. 22 — ist, wenn der Gewerbtreibende zwar seinen Legitimationsschein, nicht aber den Gewerbeschein bei sich führt, der § 30 H.R. gegen ihn anzuwenden.

Einfache oder beglaubte Abschriften des Legitimationsscheins können ebenso wenig, wie die des Gewerbescheins die Strafen für das Nichtbeisichführen des Scheins beseitigen.

c) Es verstößt ferner gegen das Gesetz, wenn der Gewerbtreibende den ihm ertheilten Legitimationsschein einem Andern zum Gebrauch überläßt, und dieser ihn in der That benutzt. Handelt es sich um einen Legitimationsschein II. Klasse, oder einen solchen I. Klasse, mit welchem ein Gewerbeschein nicht verbunden ist, so daß ein gleichzeitiges Ueberlassen des Gewerbescheins nicht konkurrirt, so trifft den Ueberlassenden die Strafe des § 149 Nr. 2 B.G.O., wogegen der Andere, welcher den fremden Legitimationsschein gebraucht, der des § 148 Nr. 7 ibid. verfällt. —

Da der Ueberlassende nur dann strafbar handelt, wenn er bei der Hingabe des Scheins den beabsichtigten Mißbrauch gekannt hat (eine Behauptung, welche durch die Wahl des Wortes „überlassen" gerechtfertigt wird), seine Handlungsweise aber die Kriterien der Theilnahme trägt, so enthält das Gesetz hier eine Abweichung von § 49 des deutschen St.G.B. insofern, als es die Gehülfenschaft zu einer Uebertretung mit Strafe bedroht, eine Abweichung, die durch das St.G.B. nicht aufgehoben ist, weil die Theilnahme unter der Form einer selbständigen strafbaren Handlung auftritt.

War mit der Ueberlassung des Legitimationsscheins zugleich die des Gewerbescheins verbunden, so haben beide Personen gegen den § 28 H.R. verstoßen und verfallen der dort angedrohten Steuerstrafe. Neben dieser muß, da § 149 B.G.O. den Vorbehalt des § 148 in Ansehung der Steuerstrafen nicht wiederholt, gegen den Ueberlassenden noch eine Strafe aus § 149 Nr. 2 cit. erkannt werden, wogegen die gegen den Anderen aus § 148 Nr. 7 cit. auszusprechende Strafe durch die Steuerstrafe absorbirt wird.

d) Es verletzt endlich der Gewerbtreibende das Gesetz, wenn er den ihm ertheilten und von ihm mitgeführten Legitimations- und bez. Gewerbeschein der zuständigen Behörde auf Erfordern nicht vorzeigt, oder auf Geheiß der Behörde den Betrieb nicht einstellt, wenn er zur Vorzeigung außer Stande ist. § 149 Nr. 4 B.G.O. Ist der Gewerbeschein mit dem Legitimationsschein nicht untrennbar verbunden und wird nur seine Vorzeigung verweigert, so trifft den Gewerbetribenden die Strafe des § 30 H.R., da die Pflicht der Vorzeigung an die Stelle der im § 23 H.R. geforderten persönlichen Meldung bei der Ortspolizei-Behörde getreten ist. —

Ueberitretung des gestatteten Bezirks.

62. Da sowohl die Legitimationsscheine II. Klasse mit Ausnahme des für den Aufkauf und Verkauf selbstgewonnener Erzeugnisse der Jagd und des Fischfangs ertheilten, als auch diejenigen I. Klasse, welche sich auf die im § 59 B.G.O. gedachten Gewerbe beziehen, nur die Berechtigung zum Gewerbebetriebe innerhalb eines bestimmten Bezirks gewähren, so macht sich der Gewerbtreibende strafbar, wenn er über die Gränzen dieses Bezirks hinausgeht. — Hier ist zu unterscheiden, ob es sich um den erstgedachten Fall handelt, oder um den andern. In jenem wird bei der Ueberschreitung der Gränze der Gewerbebetrieb gewerbscheinpflichtig und bedarf eines Legitimationsscheins I. Klasse, und verfällt daher der Gewerbtreibende der Steuerstrafe des § 26 H.R., in diesem dagegen liegt nur die Verletzung einer Polizei-Vorschrift vor, da der Gewerbtreibende bereits einen Legitimationsschein I. Klasse und einen Gewerbeschein gelöst hatte; er ist daher nur aus § 149 Nr. 3 B.G.O. zu strafen.

Durch die Ueberschreitung der Gränzen des im Legitimations- resp. Gewerbescheine vorgeschriebenen Hausirbezirks wird nur eine Ordnungsstrafe, nicht die Strafe der §§ 26 bis 28 H.R. verwirkt, weil diese §§ den Mangel eines Gewerbescheins überhaupt zur Voraussetzung haben. — Erk. des Ob.Trib. vom 23. November 1870 — Opp., Rechtspr. B. 11 S. 562. — Dies gilt selbst dann, wenn für die Ausdehnung des Gewerbescheins auf den unbefugt betretenen Bezirk eine Nachsteuer hätte entrichtet merden müssen. — Min.Reskr. vom 17. December 1834 Hoffmann S. 256. —

Mitführen von Begleitern.

63. Die unbefugte Annahme von Begleitern, d. h. solchen Personen, welche zu Dienstleistungen bei dem Betriebe des Gewerbes dienen sollen, ist im § 20 H.R. bei Vermeidung der Strafe des § 30 ibid. untersagt. Auch die B.G.O. bedroht diese Handlung im § 149 Nr. 5 mit Strafe und unterwirft derselben Strafe auch den unbefugten Begleiter. Da es sich hierbei nicht um ein Steuer-Interesse handelt, weil für den Begleiter eine Steuer nicht zu entrichten ist, so hat die B.G.O. vor dem Landesgesetz den Vorrang, und muß daher in denjenigen Fällen, in welchen die B.G.O. überhaupt zur Anwendung gelangen kann, unter Ausschluß des § 30 H.R. der § 149 Nr. 5 B.G.O. dem Straferkenntniß zu Grunde gelegt werden.

Zuwiderhandlungen der im § 44 B.G.O. bezeichneten Gewerbtreibenden.

64. Mit besonderen Strafen bedroht die B.G.O. die Kaufleute, Fabrikanten und diejenigen Personen, welche ein stehendes Gewerbe betreiben, wenn sie

a) außerhalb des Orts ihrer gewerblichen Niederlassung Waaren aufkaufen oder Waaren-Bestellungen aufsuchen, ohne sich im Besitze eines Handels-Legitimationsscheins zu befinden oder denselben bei sich zu führen:

b) und die aufgekauften Waaren nicht blos Behufs deren Beförderung nach dem Bestimmungsorte, oder beim Aufsuchen von Waaren-Bestellungen nicht blos Proben oder Muster bei sich führen.

Im ersteren Falle soll den Zuwiderhandelnden die Strafe des § 149 Nr. 1 unbedingt, im andern die des § 148 Nr. 6 jedoch nur dann treffen, wenn die Handlung nicht zugleich eine Zuwiderhandlung gegen die Steuergesetze enthält.

Da in Preußen die K.O. vom 8. December 1843 Geltung behalten und in dieser sub Nr. 3 der Behufs Aufkaufs von Waaren zum Wiederverkauf oder Behufs Aufsuchens von Waaren-Bestellungen Umherreisende trotz des Besitzes eines Gewerbescheins mit der Steuerstrafe bedroht wird, wenn er nicht blos Proben und Muster, sondern Waaren mit sich führt (nämlich zum Zweck des Hausir-Gewerbes), so kann in solchem Falle nicht die Strafe der B.G.O., sondern nur die der K.O. vom 8. December 1843 zur Anwendung kommen.

Dagegen ist im Falle ad a neben der durch die B.G.O. gebotenen Strafe auf die aus § 26 H.R. sich ergebende Steuerstrafe zu erkennen, wenn der betreffende Gewerbtreibende resp. sein Reisender nicht neben dem Handels-Legitimationsscheine noch im Besitze eines für ihn erforderlichen Gewerbescheines — cf. Kap. II. Nr. 5 ad f. — ist.

Strafbare Handlungen der Stellvertreter.

65. Hat der Stellvertreter eines Gewerbtreibenden (cf. Kap. IV. Nr. 2) eine polizeiliche Vorschrift übertreten, so soll unterschieden werden, ob dies mit Vorwissen des Gewerbtreibenden geschehen oder nicht, und soll im ersteren Falle die Polizeistrafe auch den Gewerbtreibenden treffen — § 151 B.G.O.

Enthält jedoch die Handlung des Stellvertreters ein Steuervergehen, überschreitet z. B. derselbe bei der Ausübung des Gewerbes den im Legitimationsschein festgesetzten zweimeiligen Umkreis des Wohnorts, so ist die That sowohl in Ansehung seiner, wie des Gewerbtreibenden, für dessen Rechnung er das Gewerbe ausübt, nach § 28 H.R. zu beurtheilen.

Strafminimum.

66. Die in den §§ 148 und 149 B.G.O. angedrohten Geldstrafen, von welchen die erstere bis funfzig, die andere bis zehn Thaler reicht, charakterisiren die strafbaren Handlungen als Uebertretungen im Sinne des § 1 des deutschen St.G.B. — Da nach § 145 B.G.O. das Mindestmaaß der Strafen nach den allgemeinen Landes-Gesetzen bestimmt werden soll, so ist in beiden Fällen das Strafminimum in Gemäßheit des § 27 des deutschen St.G.B. ein Drittheil Thaler.

§ 29 des H.R.

67. Zu diesen Strafvorschriften der B.G.O. treten noch die des H.R., wie und soweit sie in den §§ 29 und 30 ibid. enthalten sind. Von ihnen ist die Strafandrohung des § 29 bedingungslos und in

allen Fällen gültig, weil die die Ausübung des Gewerbes im Umherziehen beschränkende Vorschrift des § 25 ibid., auf deren Verletzung sie sich allein bezieht, noch unbeschadet der Einführung der B.G.O. in Kraft verblieben ist. An die Stelle der im Schlußsatz des § 25 enthaltenen Ausnahme in Ansehung des Aufsuchens von Waaren-Bestellungen sind die Bestimmungen der A.K.O. vom 8. December 1843 getreten, welche ihre eigenen Strafandrohungen haben; daher steht die Sache zur Zeit so, daß bei jedem Gewerbebetriebe im Umherziehen das unaufgeforderte Eintreten in Privathäuser oder Gasthöfe zum Zwecke der Ausübung des Gewerbes mit Strafe bedroht ist, und zwar bei dem Aufsuchen von Waaren-Bestellungen mit der der Steuerübertretung, bei jeder anderen Art mit der des § 29 — cf. oben Nr. 54 ff.

68. Das Wort „muthwillig" im § 29 cit. bildet den Gegensatz einestheils zu „unwissentlich" anderntheils zu „fahrlässig" und enthält daher den Begriff des Wissentlichen oder Vorsätzlichen. Wer unaufgefordert in ein Privathaus Behufs Ausübung des Gewerbes tritt, ohne die Qualität des Hauses zu kennen, oder in dem irrthümlichen Glauben befangen, einer an ihn gerichteten Aufforderung zu genügen, ist nicht aus § 29 strafbar.

69. Auf den Charakter und das Wesen der angedrohten Gefängnißstrafe haben die Grundsätze des deutsch. St.G.B. keinen Einfluß, weil der § 29 sich in einem durch § 2 des Einf.Gesetzes vom 31. Mai 1870 ausdrücklich aufrecht erhaltenen Special-Gesetze befindet, er übrigens auch eine Materie betrifft, welche nicht Gegenstand des St.G.B. geworden ist. Es ist deshalb nicht zulässig, an die Stelle der Gefängnißstrafe die nach § 1 St.G.B. für Uebertretungen maßgebende Freiheitsstrafe zu setzen und demgemäß aus § 29 auf Haft zu erkennen.

§ 30 des H.R. Anders steht es mit der Strafandrohung des § 30 H.R. — Diese Vorschrift soll überall da Anwendung finden, wo eine Verletzung der Vorschriften des H.R. vorliegt, die von den Strafbestimmungen der §§ 26 bis 28 und des § 29 nicht getroffen wird. Da jedoch die Vorschriften des H.R. durch die Anordnungen der B.G.O. vielfach modificirt worden sind, so wird auch in vielen Fällen der § 30 durch die Strafvorschriften der B.G.O. ausgeschlossen. Er findet ausschließlich Anwendung bei den Uebertretungen der das Hausir-Gewerbe treibenden Ausländer, auf welche sich die B.G.O. nicht bezieht, und auf die Verletzung derjenigen polizeilichen Beschränkungen, welche das H.R. auch dem Inländer bei der Ausübung des Gewerbebetriebes auferlegt, und welche trotz der B.G.O. in Kraft verblieben sind, — cf. Kap. VII. — sowie endlich in denjenigen Fällen, für welche die B.G.O. keine Strafandrohung hat z. B. dann, wenn der Gewerbtreibende den ihm besonders und nicht in Verbindung mit dem Legitimationsscheine ausgefertigten Gewerbeschein bei der Ausübung des Gewerbes nicht bei sich führt.

Umwandlung der Geld- in Freiheitsstrafen.

71. Während der § 145 B.G.O. für das Verhältniß der Geldstrafe zur Gefängnißstrafe die Bestimmungen der Landesgesetze als maßgebend erklärt, sonach für die Umwandlung der Geld- in Freiheitsstrafen das allgemeine Recht den Ausschlag giebt, hat der § 31 H.R. ein besonderes Verhältniß dahin festgesetzt, daß eine achttägige Gefängnißstrafe einer Geldstrafe von fünf Thalern gleich geachtet werden soll. Diese, im Vergleich zur jetzigen Lage der Gesetzgebung äußerst harte Vorschrift ist durch die K.O. vom 31. December 1836 — G.S. pro 1837 S. 13 — modifizirt, indem diese vorschreibt:

> Wenn nach § 31 des Regulativs vom 28. April 1824 die verwirkte Geldbuße in Gefängnißstrafe zu verwandeln ist, sind nicht unbedingt achttägige Gefängnißstrafe und fünf Thaler Geldbuße gleichzustellen, vielmehr darf nach Bewandniß der Umstände ein milderes Verhältniß angenommen werden.

Diese Vorschrift ist ein Zusatz zum § 31 H.R. und muß daher überall da zur Anwendung kommen, wo der § 31 herangezogen wird, also auch bei der Umwandlung einer auf Grund der K.O. vom 8. December 1843 erkannten Geldstrafe, obwohl diese K.O. sich ausdrücklich nur auf den § 31 H.R. bezieht und der K.O. vom 31. December 1836 nicht gedenkt.

Hiernach ist bei den Umwandlungen zu unterscheiden, ob die zu verwandelnde Geldstrafe auf Grund der B.G.O. oder der Landesgesetze erkannt worden ist.

72. Der § 145 B.G.O. gedenkt nur des Verhältnisses zwischen Geld- und Gefängnißstrafe. Da jedoch zur Zeit der Emanation der B.G.O. in Preußen das preußische St.G.B. Geltung hatte, welches zwar eine polizeiliche Gefängnißstrafe kannte, ihr aber einen besonderen Namen nicht gab, so tritt jetzt an deren Stelle die von dem deutschen St.G.B. eingeführte Haft. Wenn daher eine aus der B.G.O. erkannte Geldstrafe in Freiheitsstrafe umzuwandeln ist, und dieselbe den Betrag von 50 Thlrn. nicht übersteigt, so vertritt ein Tag Haft eine Geldbuße von zehn Silbergroschen bis fünf Thaler — §§ 28, 29 St.G.B.

73. Anders bei den auf Grund des H.R. erkannten Geldstrafen. Wenn auch die Erwägung, daß die nach dem H.R. strafbaren Handlungen weder wegen ihres Charakters noch wegen der Hartnäckigkeit des verbrecherischen Willens schwerwiegender sind, als die durch das St.G.B. bedrohten Strafthaten, und daß daher ein innerer Grund nicht vorliegt, bei jenen einen schwereren Umwandlungs-Maßstab gelten zu lassen, als

bei diesen, dahin führt, in Anwendung der durch die K.O. vom 31. December 1836 gegebenen Ermächtigung die Grundsätze des St.G.B. auch hier beizubehalten, so ist doch eine Umwandlung der Gefängnißstrafe in Haft hier unstatthaft. Es kann somit zwar einer Geldstrafe von einem bis fünf Thalern resp. von 10 Sgr. bis 5 Thlr. eine eintägige Gefängnißstrafe, niemals aber ein Tag Haft substituirt werden.

74. Wird die Geldbuße durch richterliches Erkenntniß ausgesprochen, so erfolgt in dem Urtel selbst die Substituirung einer im Falle des Unvermögens des Verurtheilten zur Anwendung gelangenden, entsprechenden Freiheitsstrafe. Ist sie dagegen durch Resolut der Verwaltungs-Behörden rechtskräftig festgesetzt worden, muß, wenn sich die Zahlungsunfähigkeit resp. Vermögenslosigkeit des Bestraften herausstellt, die Umwandlung in eine Freiheitsstrafe durch ein Resolut des Gerichts geschehen. Das dabei einzuschlagende Verfahren regelt der Art. 157 des Gesetzes vom 3. Mai 1852 dahin, daß die Verwaltungs-Behörde die das Strafresolut und die exekutivische Einziehung der Strafe betreffenden Verhandlungen (statt der letzteren genügt auch die amtliche Auskunft über den Ausfall der vollstreckten Exekution) und zwar bei einem Betrage der Strafe über 50 Thlr. an den Staats-Anwalt, anderenfalls an den Polizei-Anwalt des Wohnorts des Verurtheilten mit der Umwandlungs-Requisition abgiebt: daß unter Beifügung dieser Verhandlungen ersterer bei dem Gerichts-Kollegium, letzterer bei dem Polizei-Richter schriftlich den in motivirter Form einzureichenden Antrag auf Umwandlung stellt, in welchem er den Umwandlungsmaßstab vorschlägt, daß diese Behörden in nicht öffentlicher Sitzung den Antrag prüfen, über ihn Beschluß fassen und das unter Angabe von Gründen niedergeschriebene Resolut, bei dessen Fassung das Verfahren der Verwaltungsbehörde einer Beurtheilung oder Kritik nicht unterliegt, dem Verurtheilten und dem Antragsteller — letzterem unter Wiederbeilegung der betr. Akten der Verwaltungsbehörde — zustellen, und daß der Letztere die ihm ertheilte Ausfertigung der Verwaltungsbehörde übermittelt, welcher es überlassen bleibt, das Gericht um Vollstreckung der Freiheitsstrafe anzugehen. — Allg. Just.Min.Verf. vom 14. December 1849. — J.M.Bl. S. 499 — Schimmelfennig S. 859.

75. Gegen das Umwandlungs-Resolut steht dem Verurtheilten und dem Staats-, resp. Polizei-Anwalt — nicht auch der Verwaltungs-Behörde — binnen einer vom Tage der Zustellung laufenden Frist von zehn Tagen die Beschwerde bei dem Gerichte II. Instanz zu, eine Beschwerde, welche nur den zur Anwendung gebrachten Umwandlungsmaßstab betreffen darf.

76. Sowohl nach den Prinzipien des deutschen St.G.B., auf welche der § 145 B.G.O. — cf. oben Nr. 71 — hinweist, wie nach

dem Inhalt des § 31 H.R. und der K.O. vom 31. December 1833 ist bei den an die Stelle von Geldstrafen tretenden Freiheitsstrafen der Tag als Einheit festgehalten (cf. auch § 29 H.R.). Es ist daher dieser Grundsatz auch bei den Umwandlungs-Resoluten zu beachten und demgemäß unzulässig, die zu substituirende Freiheitsstrafe auf den Bruchtheil eines Tages, sei es allein oder in Verbindung mit vollen Tagen festzusetzen.

77. Ist auch das Strafverfahren der Verwaltungsbehörden einer Beurtheilung der Gerichtsbehörden entzogen, so steht es diesen im Falle einer zu bewirkenden Straf-Umwandlung doch zu, vor der Verwandlung der im Verwaltungswege festgesetzten Geldstrafe in Freiheitsstrafe selbstständig zu prüfen, ob der Angeschuldigte die Strafe überhaupt noch verschuldet, oder ob er sie bereits bezahlt hat. — Beschl. des Ob.Trib. vom 1. Februar 1861 — G.A. B. 9 S. 199.

78. Es ist die Umwandlung nicht dadurch bedingt, daß noch kein Theil der Geldstrafe bezahlt worden, vielmehr kann auch die des uneinziehbaren Restes der Geldstrafe in Freiheitsstrafe erfolgen, wie andererseits auch trotz der bereits geschehenen Umwandlung durch Zahlung der Geldstrafe die Vollstreckung der Freiheitsstrafe verhindert werden kann. Dieser im § 28 des deutsch. St.G.B. aufgestellte Grundsatz kommt hier zur Anwendung, weil weder die V.G.O. noch die Landesgesetzgebung einen ihm widersprechenden, besonderen Satz enthält, somit das gemeingültige Recht neben sich bestehen läßt.

79. Auch nach theilweiser Verbüßung der Freiheitsstrafe kann der Rest derselben durch Zahlung eines verhältnißmäßigen Theils der Geldstrafe getilgt werden; auch ist es nicht unzulässig, daß Dritte für den Bestraften die Zahlung leisten, um ihn von der Verbüßung der Freiheitsstrafe zu befreien.

80. Den Gerichtsbehörden steht es auch zu, die vom Verurtheilten an die Verwaltungsbehörde eingezahlten Beträge zuerst auf die Geldstrafe zu verrechnen. Ist daher die Einzahlung ausdrücklich auf die Strafe und nicht auf den Betrag der nachzuzahlenden Steuer geschehen, so hat die fiskalische Behörde nicht das Recht, wenn sie gegen jene Einzahlungs-Erklärung keinen Widerspruch erhoben, den Betrag später auf die Steuer zu rechnen und die Umwandlung der ganzen oder theilweisen Geldstrafe in Gefängnißstrafe zu fordern. — Beschl. des Ob.Trib. vom 7. April 1869 — G.A. B. 17 S. 519.

Kap. IX. Von dem Verfahren.

§ 145 Abs. 2 B.G.O. — §§ 32 bis 34 H.R.

B.G.O.

§ 145 Abs. 2. **Die in diesem Titel mit Strafe bedrohten Handlungen verjähren binnen drei Monaten, von dem Tage an gerechnet, an welchem sie begangen sind.**

H.R.

§ 32. In den Provinzen, wo das Allgemeine Landrecht und die Allgemeine Gerichtsordnung eingeführt sind, ist über die polizeilichen Straffälle (§§ 29 und 30) von den respektiven Kreis- oder Stadtpolizeibehörden, jedoch mit Vorbehalt des Rekurses an die Regierung, überall auch mit Vorbehalt der Berufung auf richterliches Erkenntniß, soweit solche nach den Gesetzen stattfindet, zu entscheiden.

In denjenigen Provinzen aber, wo das Allgemeine Landrecht und die Allgemeine Gerichtsordnung nicht eingeführt sind, gehet die Festsetzung und Einziehung der Strafen von denjenigen Behörden aus, welche nach den dort bestehenden allgemeinen gesetzlichen Vorschriften über Polizeistrafen zu erkennen und deren Einziehung zu bewirken haben.

Ueber das Verfahren bei finanziellen Straffällen §§ 26, 27, 28 bestimmt bereits das Gewerbesteuer-Gesetz vom 30. Mai 1820, § 42.

§ 33. Von jeder Vollstreckung einer aus den §§ 26, 27 und 28 erkannten Strafe soll der Ortsobrigkeit des Kontravenienten von Amtswegen Nachricht gegeben werden, und letztere, sobald ein solcher Straffall bei einem und demselben Kontravenienten zum dritten Mal vorgekommen ist, verpflichtet sein, davon bei der gewöhnlichen Berichtserstattung über die Erneuerung der Gewerbescheine der Regierung Anzeige zu machen, die Regierung aber alsdann die Befugniß haben, die Erneuerung des Gewerbescheins zu versagen.

§ 34. Von allen Geldstrafen und Konfiskaten erhält der angebende Beamte ein Drittheil.

1. Ueber das Verfahren, welches bei der Verfolgung und Bestrafung der in Ausübung des Gewerbes im Umherziehen begangenen strafbaren Handlungen eingeschlagen werden soll, sei es, daß dieselben eine Verletzung des Polizei- oder des Steuer-Gesetzes enthalten, trifft die B.G.O. keine Bestimmung. Sie überläßt dies dem Landesrecht, das sie im § 143 insofern mehr oder weniger ausdrücklich anerkennt, als sie dort die Möglichkeit ebensowohl eines gerichtlichen, wie eines administrativen Verfahrens voraussetzt.

B.G.O. über das Verfahren

2. Das H.R. unterscheidet im § 32 die Polizei- und die Steuer-Verletzungen überweist jene in den Provinzen, in welchen die A.G.O. eingeführt ist, den Administrativ-Behörden und führt auch für diese ein vorgängiges Administrativ-Verfahren ein. Diese Vorschriften sind durch die Aenderungen, welche die Strafprozeß-Gesetze seit 1824 erlitten, mehrfach modifizirt und gilt demgemäß zur Zeit folgendes Verfahren:

Preuß. Landes-Gesetz.

Bei Uebertretungen der Gewerbepolizei-Vorschriften.

3. Auch hier kann ein zweifaches Verfahren eintreten, entweder ein administratives oder ein gerichtliches. — In Ansehung des ersteren ist an die Stelle der desfallsigen Vorschriften des § 32 H.R. das Gesetz über die vorläufige Straffestsetzung wegen Uebertretungen vom 14. Mai 1852 — G.S. S. 245 — getreten, durch welches derjenige, der die Polizeiverwaltung in einem bestimmten Bezirke auszuüben hat, ermächtigt wird, wegen der in diesem Bezirke verübten Uebertretungen die Strafe vorläufig festzusetzen. Gegen diese Strafverfügung findet eine Beschwerde bei der vorgesetzten Behörde nicht statt, vielmehr steht es dem Betroffenen nur frei, innerhalb zehn Tagen auf gerichtliche Entscheidung anzutragen, ein Antrag, der sowohl bei dem Polizeiverwalter, als dem Polizei-Richter oder Polizei-Anwalte angebracht werden kann. Erfolgt ein derartiger Antrag nicht, so wird die Strafverfügung vollstreckbar, und ist von dem Polizei-Verwalter zur Vollstreckung zu bringen; im andern Falle tritt das gerichtliche Verfahren mit der Maßgabe ein, daß sofort und ohne vorherige Erhebung einer besonderen Anklage durch den Polizei-Anwalt zur mündlichen Verhandlung geschritten wird.

Administrativ-Verfahren.

4. Dieses administrative Verfahren ist ausgeschlossen, sobald die festzusetzende Strafe fünf Thaler Geld oder dreitägige Gefängnißstrafe überschreiten soll. Erachtet daher der Polizei-Verwalter eine höhere Strafe für gerechtfertigt, so muß er die Verfolgung dem Polizei-Anwalte überlassen und zu dem Ende diesem die erfolgte Uebertretung unter Angabe der erforderlichen Beweismittel anzeigen.

5. Es ist ebenso ausgeschlossen, wenn die Verhaftung des Uebertreters erforderlich wird. Auch wenn in solchen Fällen schon die vor-

läufige Straffestsetzung ergangen sein sollte, der Uebertreter aber weder Sicherheit für die zu zahlende Strafe sofort bestellen, noch sich der Strafverfügung unterwerfen will, hat doch der Polizei-Verwalter ihn dem Polizei-Anwalt zu überweisen. § 22 des Reglements vom 30. September 1852 — J.-M.Bl. S. 342.

6. Die von dem Polizei-Verwalter festgesetzten und eingezogenen Geldstrafen fließen in die Kasse der betreffenden Polizei-Verwaltung (Gemeinde), selbst dann, wenn die Polizei-Verwaltung einem besonderen Staatsbeamten übertragen worden ist. Gesetz vom 26. März 1856 über die Nutzungen und Lasten aus der vorläufigen Straffestsetzung — G.S. S. 225. — Dagegen fällt auch die Strafvollstreckung, wenn die Strafe eine Freiheitsstrafe ist, der Polizei-Verwaltung zur Last, welche sie auf ihre Kosten in ihrem Polizei-Gefängniß vollstrecken muß.

Gerichtliches Verfahren.

7. Die Einleitung des administrativen Verfahrens ist nicht nothwendig geboten. Wird daher oder kann (Nr. 4 und 5) von demselben kein Gebrauch gemacht werden, so tritt das gerichtliche Verfahren ein, über welches die §§ 29 bis 35 und 37 der Verordnung vom 3. Januar 1849 und die Art. 120 ff. des Gesetzes vom 3. Mai 1852 Bestimmung treffen. Das Mandats-Verfahren ist hierbei nicht ausgeschlossen.

8. Wird über einen vom Angeschuldigten gegen die richterliche Strafverfügung erhobenen Einspruch verhandelt, so hat, wenn der Angeschuldigte nicht erscheint, der Richter ohne weitere mündliche Verhandlung den Einspruch durch Urtel zu verwerfen; erscheint er dagegen im Termin, dann erfolgt die Verhandlung, und ist der Polizei-Richter im Falle der Verurtheilung an die in der Strafverfügung festgesetzte Strafe nicht gebunden. Das Gleiche findet statt, wenn gegen eine vorläufige Straffestsetzung einer Polizei-Verwaltung auf gerichtliche Entscheidung provozirt worden ist — § 6. Gesetzes vom 14. Mai 1852.

Bei Uebertretungen der Steuer-Gesetze.

Administrativ-Verfahren.

9. Ueber das Verfahren bei finanziellen Straffällen, d. h. bei Handlungen, welche gleichzeitig eine Verletzung der Steuergesetze enthalten, verweist der § 32 H.R. auf den § 42 des Gewerbesteuer-Gesetzes vom 30. Mai 1820, welcher wiederum Bezug nimmt auf die §§ 91 bis 95 der Steuer-Ordnung vom 8. Februar 1819 — G.S. S. 116. — Unter Allegirung der §§ 243, 244, 250, 251 und 253 des Anhangs zur A.G.O. regeln diese §§ das Verfahren, welches bei dem Vorliegen einer Steuer-Defraudation eingeschlagen werden soll, und vindiziren den ersten Angriff und die erste Entscheidung des Falles den Verwaltungsbehörden. Wenn auch die angezogenen §§ des Anhangs, die zum Abschnitt II. des Tit. 35 der A.G.O. über die „fiskalischen Untersuchungen" ergangen, durch die Beseitigung dieser Untersuchungen (§ 182

Verordnung vom 3. Januar 1849 (G.S. S. 46) außer Kraft getreten sind, ist doch das in der Steuer-Ordnung aufgestellte Princip noch jetzt maßgebend.

10. Dasselbe ist nicht blos zu befolgen in den alten Provinzen Preußens mit Ausschluß der Rheinprovinz, sondern auch in die neuen, durch die Gesetze vom 20. September und 24. December 1866 mit Preußen vereinigten Landestheile eingeführt. Auch dort gehören zu den Gewerbesteuer-Defraudationen und Kontraventionen, wegen deren gemäß §§ 91 bis 95 der Steuer-Ordnung vom 8. Februar 1819 zunächst ein administratives Strafverfahren unter Ausschluß der unmittelbaren Zuständigkeit der Gerichte einzuleiten ist, die Zuwiderhandlungen gegen die §§ 26 bis 28 H.R. — Allgem. Just.M.Verf. vom 18. November 1867 — J.M.Bl. S. 407 — vom 1. Februar 1869 — J.M.Bl. S. 28.

11. Demgemäß hat die Stadt- oder Kreis-Polizeibehörde desjenigen Orts, an welchem die strafbare Handlung stattgefunden, die Verhandlungen zur Konstatirung derselben zu führen und die Beschlagnahme der der Konfiskation unterliegenden Gegenstände vorzunehmen. Nach Abschluß dieser Verhandlungen sind sie der betr. vorgesetzten Regierung einzureichen, welche allein — cf. Min.Reskr. vom 11. April 1821, Schimmelfennig S. 829 — zur Abfassung des die Verletzung der Hausirsteuer-Gesetze betreffenden Straf-Resoluts kompetent ist. Dasselbe ist demnächst zur Publikation an den Verurtheilten den Lokal-Polizeibehörden, welche die Untersuchung geführt haben, zuzusenden.

12. Gegen dieses Resolut steht dem Verurtheilten ein doppeltes Recht zu, einmal nämlich das des Rekurses an das Ministerium des Innern und dann das der Provokation auf gerichtliche Entscheidung, welches letztere er auch schon im Laufe der gegen ihn schwebenden Untersuchung mit Erfolg geltend machen kann. Ist das Resolut ergangen, so ist die Frist zur Wahl eines dieser Rechtsmittel eine zehntägige vom Tage der Publikation des Resolutes an, und soll die Publikations-Verhandlung den Verurtheilten mit den ihm zustehenden Rechten ausdrücklich bekannt machen.

13. Ist von dem Verurtheilten die Wahl zwischen den ihm zustehenden Rechtsmitteln rechtzeitig getroffen worden, so ist diese insofern bindend, als er das gewählte Rechtsmittel nicht mehr zurücknehmen darf, um von dem anderen Gebrauch zu machen. Er kann daher z. B. zwar auf die gerichtliche Entscheidung, auf welche er provozirt hatte, verzichten und das Resolut rechtskräftig werden lassen, nicht aber noch nachträglich das Rechtsmittel des Rekurses einlegen — Min.Reskr. v. 20. November 1857 — Schimmelfennig S. 832.

14. Ist das Strafresolut rechtskräftig geworden, so hat die Ver-

waltungs-Behörde auch das Recht der Vollstreckung, sobald es sich nur um Einziehung einer Geldstrafe und der Konfiskate resp. der nachzuzahlenden Steuer handelt. Dagegen muß sie sich im Falle einer fruchtlos vollstreckten desfallsigen Exekution Behufs Umwandlung der Geldstrafe in eine Freiheitsstrafe und Behufs Vollstreckung der letzteren der Hülfe der Gerichte bedienen, indem sie wegen der ersteren durch Vermittelung des Staats-Anwalts, wegen der andern direkt das Gericht des Wohnorts des Verurtheilten requirirt.

15. Ausgeschlossen ist das administrative Verfahren bei Haftsachen. Ist ein einer Hausir-Kontravention Verdächtiger zur Haft gebracht und demnächst gemäß § 4 Gesetzes vom 12. Februar 1850 an das Gericht abgeliefert worden, so tritt mit dem gerichtlichen Beschlusse, welcher die Fortdauer der Haft anordnet, die ausschließliche gerichtliche Zuständigkeit ein. Ein administratives Verfahren findet dann nicht mehr statt — Erk. des Ob.Trib. vom 19. Mai 1870 — Opp., Rechtspr. B. 11 S. 322. — Dieselbe Ausnahme macht für die neuen Provinzen die Verordnung vom 29. Juli 1867 — G.S. S. 1270, — welche im § 6 vorschreibt, daß nur das gerichtliche, nicht noch vorher das administrative Strafverfahren einzutreten habe, wenn eine reale Konkurrenz mit andern strafbaren Handlungen vorliegt, oder der Angeschuldigte verhaftet ist.

16. Die Regierungen sind außerdem berechtigt, sich der Abfassung des Strafresoluts, also der Entscheidung des Falles, zu enthalten und die gerichtliche Entscheidung eintreten zu lassen, sobald die Umstände des konkreten Falles eine derartige Maßregel rechtfertigen. Sie sind zur Einschlagung dieses Weges verpflichtet, sobald der Beschuldigte das achtzehnte Lebensjahr noch nicht vollendet hat, es also darauf ankommt zu prüfen, ob er mit der zur Erkenntniß der Strafbarkeit seiner Handlung erforderlichen Einsicht gehandelt habe — Min.Reskr. vom 22. Juni 1853 — Schimmelfennig S. 839 — (das Reskript spricht zwar nur von Kindern unter 16 Jahren, muß jedoch in Verfolg der durch das deutsche St.G.B. eingeführten Aenderung seinem Prinzipe gemäß auf das achtzehnte Lebensjahr ausgedehnt werden. Opp., Kommentar zum deutsch. St.G.B. Note 2 zu § 56.)

Gerichtliches Verfahren. 17. Das gerichtliche Verfahren tritt der Regel nach nur ein nach vorhergegangenem Administrativ-Verfahren, und sind für dasselbe die Artikel 135, 136 ff. des Gesetzes vom 3. Mai 1852 maßgebend.

Die Erhebung einer Anklage und die Aburtheilung eines Hausirsteuer-Defraudationsfalles ohne vorgängiges Administrativ-Verfahren ist unzulässig; selbst wenn der Mangel von der Administrativ-Behörde nicht gerügt worden ist, weil jedes Gericht seine Kompetenz ex officio zu prüfen hat — Erk. des Ob.Trib. vom 13. November 1868 — G.A. B. 17 S. 45.

18. Es kann also im Allgemeinen (Ausnahmen cf. Nr. 15, 20) eine nach den Vorschriften des H.R. zu ahnende Verletzung des Steuergesetzes zum gerichtlichen Strafverfahren nur gelangen, wenn entweder der Angeschuldigte auf gerichtliche Entscheidung provozirt, oder die Verwaltungs-Behörde sich der Entscheidung enthält. Im ersteren Falle kann bereits ein Strafresolut ergangen oder die Provokation des Angeschuldigten schon vorher angebracht worden sein. — Ist bereits ein Resolut erlassen, so hat die Regierung die Akten an die Staats- resp. Polizei-Anwaltschaft zur weiteren Veranlassung abzugeben, welche ohne Abfassung einer Anklage*) unter Ueberreichung derselben bei dem Gericht den Antrag stellt, sofort zur Verhandlung der Sache einen Audienz-Termin anzuberaumen und zu demselben diejenigen, von ihr namhaft zu machenden Zeugen vorzuladen, deren Abhörung sie für erforderlich erachtet. War ein Strafresolut noch nicht ergangen, entweder weil die Regierung sich der Entscheidung enthält (cf. Nr. 16), oder weil der Angeschuldigte vorher die gerichtliche Entscheidung gefordert hat, so muß der Staats- resp. Polizei-Anwalt, dem die Akten von der Regierung zu übersenden sind, nach dem Inhalte derselben und nöthigenfalls nach vervollständigter Beweisaufnahme prüfen, ob der Thatbestand einer Steuer-Defraudation vorliegt und genügender Beweis für dieselbe vorhanden ist. Im Falle der Bejahung dieser Frage ist die formelle Anklage zu erheben und dem Gericht mit dem Antrage auf Einleitung der Untersuchung zu überreichen; im andern Falle sind die Akten der Regierung unter Motivirung der durch die Sachlage bedingten Ablehnung einer strafrechtlichen Verfolgung des Angeschuldigten zurückzusenden.

19. Bei allen Anträgen, welche die Verwaltung in Defraudationssachen stellt, kann stets nur darüber ein Zweifel aufkommen, ob die gerügte Thatsache ein strafbares Vergehen sei oder nicht. Im erstern Falle muß die Staats-Anwaltschaft einschreiten, im andern kann sie ablehnen, muß aber die Gründe angeben, welche sie veranlaßt, eine Strafthat für vorliegend nicht zu erachten, damit die Verwaltungs-Behörde sich entscheiden kann, ob sie die Sache fallen lassen, oder sich im Beschwerdewege an die Ober-Staats-Anwaltschaft wenden oder endlich gemäß Artikel 138 ff. des Gesetzes vom 3. Mai 1852 selbst einschreiten will — Just.Min.Reskr. vom 24. Februar 1853 — G.A. B. 1 S. 229.

*) Obwohl Art. 136 Gesetzes v. 3. Mai 1859 ausdrücklich vorschreibt, daß es der Einreichung einer Anklageschrift nicht bedarf, erscheint es doch nicht unzweckmäßig, dem Antrage auf Anberaumung des Termins zur mündlichen Verhandlung eine Sachdarstellung beizufügen, welche in Stelle der Anklage verlesen werden kann, dem Angeschuldigten aber nicht in Abschrift mitgetheilt werden darf. Ihm sind zugleich mit der Vorladung nur die Zeugen namhaft zu machen, welche in dem Termin vernommen werden sollen.

20. In dem sub Nr. 15 gedachten Ausnahmefalle ist, wenn die Beweisaufnahme genügenden Anhalt zur Begründung einer Anklage geboten, vor Erhebung derselben noch erst der für die Strafberechnung maßgebende Betrag der defraudirten Jahressteuer zu ermitteln. Da nicht die Gerichte, sondern nur die Regierungen zur Festsetzung dieses Betrages berufen sind, so muß Seitens der Staats-Anwaltschaft die Einreichung der Akten an die Regierung zu diesem Ende und zwar selbst dann erfolgen, wenn nach den Gesetzen für den in Frage kommenden Gewerbebetrieb eine Steuerermäßigung nicht zulässig ist (wie z. B. bei den durch einzelne Personen bewirkten Schaustellungen); ebenso in dem durch die K.O. vom 8. December 1843 bedrohten Falle, und endlich auch dann, wenn bereits ein den Betrag der Gewerbesteuer enthaltender Gewerbeschein vorliegt, wie z. B. in den Fällen des § 28 H.R.

Waren die Akten von der Regierung an die Staats-Anwaltschaft gelangt, so muß bei noch nicht erfolgtem Strafresolut die Festsetzung des Steuerbetrages aus den Akten (resp. dem Uebersendungs-Schreiben) ersichtlich sein, widrigenfalls die Akten zur Abstellung dieses Mangels zurückzusenden sind.

21. Ist es zur mündlichen Verhandlung gelangt, so unterscheidet sich der weitere Gang des Verfahrens von der gewöhnlichen Prozedur in Strafsachen nur dadurch, daß nach Art. 142 Gesetzes vom 3. Mai 1852 in allen Sachen ohne Rücksicht auf die Höhe der Strafe die Rechtsmittel der Appellation und der Nichtigkeitsbeschwerde zulässig sind.

22. Es darf jedoch aus dieser Vorschrift des Artikel 142 cit. nicht gefolgert werden, daß in jedem Falle auch in I. Instanz durch die Gerichts-Abtheilung verhandelt und erkannt sein müsse, vielmehr ist diese Bestimmung dahin auszulegen, daß ausnahmsweise die gedachten Rechtsmittel zulässig sind, wenn in I. Instanz auch nur auf den Antrag des Polizei-Anwalts von dem Einzelrichter erkannt ist — Erk. des Ob.Trib. vom 10. Juni 1853 — G.A. B. 1 S. 555.

23. Ob die gerichtliche Entscheidung in I. Instanz, mag sie in Folge der Provokation des Angeschuldigten oder aus anderem Grunde nothwendig werden, durch den Polizeirichter oder die Gerichts-Abtheilung zu erfolgen hat, ob also demgemäß der Polizei-Anwalt oder der Staats-Anwalt die erforderlichen Schritte zur Herbeiführung dieser Entscheidung thun muß, richtet sich nach der Höhe der für die That angedrohten Strafe; übersteigt sie den Betrag von fünfzig Thalern, so ist nur die Gerichts-Abtheilung, andernfalls der Polizeirichter kompetent. Da die Höhe der absolut angedrohten Strafe von der Höhe des Steuerbetrages abhängt, so ergiebt sich schon zur Kompetenz-Bestimmung die Nothwendigkeit der vorherigen Festsetzung der Steuer durch die Regierung.

24. Bei der Bestimmung der Strafhöhe ist nur das Vierfache der

Jahressteuer maßgebend, und darf weder der Betrag der nachzuzahlenden Steuer, da diese kein Theil der Strafe, noch der Werth der Konfiskate, weil die Konfiskation nur ein accessorisches Uebel der Strafe ist, mit eingerechnet werden.

25. Kompetent zur Entscheidung ist dasjenige Gericht, in dessen Bezirk die That begangen ist, und zwar ausschließlich — Verf. des Ob.Trib. vom 25. Mai 1864 — J.M.Bl. S. 190.

25a. Der Militär-Gerichtsstand ist ausgeschlossen; den Civilbehörden bleibt die Untersuchung und Entscheidung der Kontraventionen gegen Finanz-Gesetze. § 3 Theil II. Strafgesetzbuch für das Heer v. 3. April 1845 — G.S. S. 330.

Benachrichtigungen nach ergangenem Erkenntniß.

26. Ist auch der im § 33 H.R. angegebene Zweck der vorgeschriebenen Benachrichtigung beseitigt, weil nach den in dieser Beziehung maßgebenden Vorschriften der B.G.O. die wegen einer Steuer-Defraudation erfolgte Verurtheilung niemals einen Grund bieten darf, einem Gewerbtreibenden den Legitimations- und Gewerbeschein zu versagen (cf. § 57 ibid), so ist doch die Pflicht der Benachrichtigung geblieben, indem die Allg. Just.Min.Verf. vom 4. Mai 1852 — Schimmelfennig S. 861 — vorschreibt, daß in denjenigen Sachen, in welchen ein gerichtliches Straf-Erkenntniß ergangen, sobald sie eine Hausirsteuer-Defraudation zum Gegenstande haben, das Gericht nach dem fruchtlosen Ausfall der Behufs Einziehung der erkannten Geldstrafe angeordneten Exekutionsvollstreckung der betr. Regierung eine Bescheinigung über die fruchtlos vollstreckte Exekution zugehen lassen soll. Zweck dieser Anordnung ist es, daß die Regierung in den Stand gesetzt werde, die betreffende Sache rechnungsmäßig als beendet nachweisen zu können.

27. Außer dieser Benachrichtigung liegen noch andere der Staats- resp. Polizei-Anwaltschaft ob, welche in Gemäßheit der Allg. Just.Min. Verf. vom 29. Juni 1851 — J.M.Bl. S. 230 — zu machen sind, nämlich:

a) nach Nr. 2 von dem Tenor des rechtskräftigen Erkenntnisses, welches eine, den Betrag von 50 Thalern übersteigende Strafe ausspricht, der Polizei-Behörde des Wohnsitzes und zwar, wenn die Stadt einem landräthlichen Kreise angehört, unter der Adresse des Landraths, oder der Polizei-Behörde des letzten Aufenthaltsorts, wenn der Wohnsitz des Verurtheilten nicht bekannt ist;

b) nach Nr. 10 von dem Tenor der ergangenen Entscheidung sogleich nach der Verkündung unter Beifügung einer beglaubten Abschrift desselben in allen Steuer-Defraudations-Sachen (nicht blos in denjenigen, welche sich als ein Vergehen darstellen) der betr. Regierung.

Von der Verjährung.

28. Die strafrechtliche Verfolgung der nach der G.O. zu strafenden Verletzungen der gewerbepolizeilichen Vorschriften verjährt nach § 145 ibid. binnen drei Monaten von dem Tage ab, an welchem die Handlung begangen worden. Unter den Monaten sind die Kalender-Monate zu verstehen.

Das H.R. enthält über die Verjährung keine Vorschriften, und tritt daher in die Stelle dieser Lücke das allgemeine Recht. Es ist demgemäß auf die durch das H.R. mit Strafe bedrohten Uebertretungen der Polizei-Gesetze (§§ 29, 30) die Anordnung des § 67 des deutschen St.G.B. anzuwenden, nach welcher ihre strafrechtliche Verfolgung durch den Ablauf eines dreimonatlichen Zeitraums ausgeschlossen wird.

29. Anders steht es mit den Verletzungen der Hausirsteuer-Gesetze. Nach Artikel V. des Gesetzes vom 22. Mai 1852 verjähren sie, ohne Rücksicht darauf, ob sie in der Form einer Uebertretung oder eines Vergehens auftreten, mit dem Ablauf von fünf Jahren. Diese dem Prozeßrechte, nicht dem materiellen Rechte, angehörige Bestimmung ist durch das deutsche St.G.B. nicht aufgehoben, und um so weniger, als § 7 des Einführungs-Gesetzes vom 31. Mai 1870 nur der Defraudation gegen die Bier- und Branntweinsteuer gedenkt — Opp., Kommentar Note 6 zu § 7 cit.

30. Der Artikel V. cit. unterscheidet nicht zwischen solchen Handlungen, welche direkt zum Zwecke einer Steuerdefraude begangen werden, und solchen, welche blos eine Verletzung allgemeiner im Interesse der Steuer-Verwaltung erlassener Vorschriften involviren, sei es durch Ueberschreitung der ertheilten Gewerbe-Konzession, durch unerlaubten Gewerbebetrieb oder in ähnlicher Weise. Er findet daher auch Anwendung auf die Anordnungen der K.O. vom 8. December 1843, als einer erläuternden und ergänzenden Vorschrift des Gewerbesteuer-Gesetzes vom 30. Mai 1820 und des Hausir-Regulativs vom 28. April 1824 — Erk. des Ob.Trib. vom 18. October 1855 — G.A. B. 4 S. 237.

31. Ueber die Unterbrechung der Verjährung und den Beginn einer neuen enthält weder das H.R. noch die spätere Landes-Gesetzgebung eine besondere Vorschrift. Es ist diese Frage deshalb nach dem allgemeinen Strafrechte und demgemäß nach § 68 des deutschen St.G.B. dahin zu beantworten, daß nicht eine Handlung des Staats- oder Polizei-Anwalts, sondern nur eine des Richters, wenn sie wegen der begangenen That gegen den Thäter gerichtet war, die Unterbrechung bewirkt. Dies gilt nicht allein von den gewerbesteuerlichen, sondern auch von den gewerbepolizeilichen Vergehungen.

32. Aus gleichem Grunde muß auch das durch das deutsche St.G.B. eingeführte Institut der Verjährung rechtskräftig erkannter Strafen

bei den Vergehungen der das Gewerbe im Umherziehen treibenden Personen, seien sie gegen die gewerbesteuerlichen oder gegen die gewerbepolizeilichen Vorschriften gerichtet gewesen, Anwendung finden. Bei der Bestimmung der die Verjährungsfristen des § 70 des deutschen St.G.B. bedingenden Höhe der Strafe bleiben der Betrag der nachzuzahlenden Steuer und der Werth der Konfiskate außer Ansatz.

Denunzianten-Antheil.

33. Das dem anzeigenden Beamten durch § 34 H.R. zugesicherte Drittheil der Strafe und Konfiskate wird erst gezahlt nach dem Eingange der Strafe und der Versilberung der Konfiskate, nicht aber von den letzteren selbst.

Kap. X. Uebergangsbestimmungen.

§ 63 B.G.O. — §§ 35 bis 37 H.R.

B.G.O.

§ 63. **Der Gesetzgebung jedes Bundesstaates bleibt vorbehalten, für das Gebiet des letzteren den Verkauf oder Aufkauf im Umherziehen von näher zu bezeichnenden Gegenständen des gemeinen Verbrauches von den beschränkenden Vorschriften dieses Titels auszunehmen.**

H.R.

§ 35. Personen, welche ein nach diesem Regulativ auch künftig erlaubtes Gewerbe umherziehend, bis zur Publikation desselben vorwurfsfrei getrieben haben, soll die Erlaubniß nicht versagt werden, solches fortzusetzen, wenn sie die erforderlichen persönlichen Eigenschaften (§ 11) nachträglich nachweisen, wobei jedoch das etwa fehlende Alter (Nr. 5 daselbst) ihnen nicht entgegen stehen soll.

§ 36. Gehört aber in dem § 35 gedachten Falle das bisher umherziehend getriebene Gewerbe zu den künftig nicht erlaubten Gewerben, so soll, übrigens unter gleichen Bedingungen, die Fortsetzung nur noch auf 6 Monate, nach Publikation dieses Regulativs gestattet werden.

§ 37. Den sogenannten Lingenschen und andern Packenträgern und Schnittgängern, den Holz-Uhrmachern, Schleifern, Kesselführern und Eisenwaaren- und Leinenhändlern, soll auch ausnahmsweise gestattet werden, die ihnen bisher zugestandenen

Gehülfen noch sechs Monate hindurch beizubehalten, aber keine neue anzunehmen, es geschähe denn solches diesem Regulativ (§ 13) gemäß.

Berlin, den 28. April 1824.

Ministerium des Handels	Ministerium des Innern und der Polizei	Ministerium der Finanzen
Gr. v. Bülow.	v. Schuckmann.	v. Klewiz.

---

1. Die §§ 35 bis 37 H.R. enthalten in wenig prägnanter Form Uebergangs-Bestimmungen, welche zur Zeit keine Geltung haben, auch Prinzipien vertreten, denen ein Anspruch auf allgemeine Gültigkeit nicht zuerkannt werden kann. Die dem Gewerbebetriebe gewährte Frist von sechs Monaten, welche sich sogar auf die nach dem neuen Gesetz dem Gewerbe entzogenen Gegenstände bezieht, und, da die Publikation des H.R. erst am 13. Juli 1824 erfolgt ist, nicht mit dem Jahresschluß endigt, ist eine Singularität, deren Nachahmung nicht zu empfehlen sein dürfte.

2. Anders die B.G.O. — Sie macht im § 63 dem Landesrecht eine Konzession, indem sie demselben das Recht einer Aenderung ihrer Bestimmungen, jedoch nur unter drei Bedingungen zugesteht. Es soll nämlich eine solche Aenderung, wenn sie eintritt, nicht beschränkender, sondern befreiender Natur sein, sie soll also wohl die Banden lockern dürfen, in welche die B.G.O. den Gewerbebetrieb im Umherziehen gefesselt, nicht aber neue Schranken für ihn errichten; sie darf sich nur beziehen auf Gegenstände des gemeinen Gebrauchs, also auf die erste und zweite Art des Hausir-Gewerbes; und sie muß endlich durch ein Gesetz eingeführt werden.

3. „Gegenstände des gemeinen Verbrauchs" sind nicht blos Lebens- und Nahrungsmittel; ebenso wenig sind sie identisch mit den Wochenmarkts-Gegenständen; es sind vielmehr unter ihnen alle diejenigen Sachen zu verstehen, welche im allgemeinen Gebrauch zu stehen pflegen und im täglichen Leben nicht blos von einzelnen Menschen, sondern von der größeren Mehrheit benutzt werden.

4. Die „beschränkenden Vorschriften" des Tit 3 der B.G.O. sind der Hauptsache nach die Verpflichtung, einen Legitimationsschein zu lösen und die mit dem Besitze desselben verbundenen Pflichten zu erfüllen, und die Verbindlichkeit, den an die persönlichen Eigenschaften des Gewerbetreibenden gestellten Anforderungen zu genügen. Von allen diesen

Pflichten oder einzelnen derselben denjenigen Gewerbtreibenden zu befreien, der den An- oder Verkauf bestimmter Gegenstände umherziehend betreiben will, soll der Landesgesetzgebung gestattet sein.

5. Welche Beweggründe und Motive vorhanden sein müssen, um eine derartige Aenderung des Bundesrechts zu rechtfertigen, giebt der § 63 nicht an. Es bleibt sonach den gesetzgebenden Faktoren des einzelnen Bundesstaates anheimgestellt, zu prüfen, ob die Verhältnisse dieses Staats, die Lage des stehenden Gewerbes, das öffentliche Bedürfniß oder dergleichen wichtige Gründe eine Ausnahme von dem Bundesrechte dringend erfordern.

6. Auf die Bewegung der Gesetzgebung in den Steuersachen und die — übrigens dringend gebotenen — Aenderungen der Steuergesetze in den einzelnen Bundesstaaten hat der Vorbehalt des § 63 keinen Einfluß.

Nachtrag.

Durch das inzwischen ergangene Reichsgesetz vom 10. Novbr. 1871 — R.G.Bl. S. 392 —, betreffend die Einführung der Gewerbe=Ordnung des Norddeutschen Bundes vom 21. Juni 1869 in Württemberg und Baden, welches bestimmt:

§ 1. **Die Gewerbe-Ordnung für den Norddeutschen Bund vom 21. Juni 1869 tritt im Königreich Württemberg und im Großherzogthum Baden am 1. Januar 1872 als Reichsgesetz in Kraft.**

§ 2. **Die Einführung des durch § 21 der Gewerbe-Ordnung vorgeschriebenen mündlichen und öffentlichen Verfahrens kann in Württemberg bis zum 1. Juli 1873 verschoben werden.**

wird der G.O. die Stellung eines Reichs=Gesetzes auch in den Bundes=Staaten Württemberg und Baden gewährleistet. Diese Stellung, durch den Art. 2. der Verfassung des deutschen Reichs vom 16. April 1871 dahin präzisirt, daß sie als Reichs=Gesetz den Landes=Gesetzen vorgeht, schafft ihr Bedeutung und Wirksamkeit nach zwei Seiten hin, je nachdem nämlich die gedachten Staaten als selbständige Ganze, oder als Theile des deutschen Reichs, als Staaten mit eigenem Leben und Wirken, oder als Mitglieder der in der Verfassung zum Ausdruck gelangten Staaten=Vereinigung auftreten, je nachdem sie also in Frage kommen in dem Verhältniß zu ihren eigenen Institutionen und eigenen Angehörigen, oder in ihrer Stellung zu den übrigen Bundesstaaten und zu deren Angehörigen.

Innerhalb der beiden Staaten und gegenüber deren Gesetzen und Einrichtungen führt sie das Bundesrecht ein. Alle diejenigen bisher gültigen Gesetze und Vorschriften des Landesrechts, welche sich mit der Gewerbepolizei beschäftigen, werden beseitigt und außer Kraft gesetzt, soweit sie nicht neben ihr bestehen können, ohne zu Konflikten Veranlassung zu geben. Namentlich fallen bei dem Gewerbe im Umherziehen alle landesgesetzlichen Vorschriften, die dem Beginn dieses Gewerbebetriebs Schranken und Hindernisse entgegensetzen, sei es, daß sie dieselben an die Person des Gewerbtreibenden oder an die Objekte des Gewerbes knüpfen. An ihre Stelle treten die Bestimmungen der B.G.G. — Unberührt dagegen bleiben ebensowohl diejenigen beschränkenden Polizei-Vorschriften, welche im Interesse des öffentlichen Wohls die Ausübung des Betriebs regeln, wie die das Gewerbe im Umherziehen behandelnden Steuer-Gesetze. Kurz, es tritt die Landes-Gesetzgebung Württembergs und Badens ganz in dieselbe Stellung, welche das Preußische Landesrecht der B.G.O. gegenüber behauptet. Ueberall, wo in Preußen die Steuer-Gesetzgebung und das Hausir-Regulativ vom 28. April 1824 nebst den späteren, es modifizirenden Gesetzen Geltung beanspruchen, ist auch das Landesrecht jener beiden Staaten zu dem Verlangen auf fernere Anerkennung berechtigt.

Für das Verhältniß zu den übrigen Staaten des deutschen Reichs, in welchen die B.G.O. als Reichsgesetz aufgenommen, ist die Wirkung der Einführung derselben in Württemberg und Baden insofern eine doppelte, als die Angehörigen jener bei einem Gewerbebetrieb innerhalb des Gebietes der letzteren nicht ferner und zwar, soweit sich die Geltung der B.G.O. erstreckt, als Ausländer angesehen werden dürfen, sondern den Inländern gleich zu behandeln sind, und umgekehrt den Angehörigen Württembergs und Badens das gleiche Recht für die Ausübung des Gewerbes im Umherziehen innerhalb der Gränzen der gedachten anderen Staaten gewährt wird. — Es ändert sich demgemäß ihre Lage auch gegenüber der Preuß. Gesetzgebung, von welcher sie bisher sowohl in gewerbesteuerlicher, wie gewerbepolizeilicher Beziehung als Ausländer angesehen und allen denjenigen Beschränkungen und Verpflichtungen unterworfen wurden, welche die Landesgesetzgebung den Ausländern auferlegte. Jener Vorbehalt des § 57 B.G.O. — cf. Kap. III. Nr. 13. ff. — in Betreff der Ausländer und seine Folgen für die Landesrechte treffen sie nicht mehr, und sind es allein noch die Angehörigen Bayerns, welche in Ansehung des Gewerbebetriebes den Angehörigen der übrigen deutschen Bundesstaaten als Ausländer gegenüberstehen.

Die Hauptpunkte, in welchen diese Wirkung der Einführung der B.G.O. bei einem Gewerbebetriebe innerhalb des Preuß. Landesgebiets sich geltend macht, sind:

1. Die Zulassung zu der Ausübung des Hausir-Gewerbes ist nicht mehr abhängig von der Erfüllung derjenigen Bedingungen, welche das Hausir-Regulativ vom 28. April 1824 — § 12 — (cf. Kap. III. Nr. 14) für die Ausländer aufgestellt hat, vielmehr genügt ein von der Heimathsbehörde ausgefertigter Hausir-Legitimationsschein, dessen nähere Prüfung in polizeilicher Beziehung den Behörden Preußens nicht zusteht. Der Besitz eines solchen verpflichtet diese im erforderlichen Falle zur Gewährung des beantragten Gewerbescheins, soweit nicht der § 59 B.G.O. und die von ihm eingeführte Bedürfnißfrage eine Versagung rechtfertigen. cf. Kap. VI. Nr. 28.

2. Behufs der Nachsuchung und Ertheilung des Gewerbescheins, sowie der Form und des Inhalts desselben greifen für die Angehörigen Württembergs und Badens vom 1. Januar 1872 ab diejenigen Anordnungen Platz, welche die Min.-Instr. zum Tit. III. der G.O. für die Angehörigen derjenigen Bundesstaaten getroffen hat, die das Institut des Hausir-Legitimationsscheins anerkennen. — cf. Kap. II. Nr. 6 ad II.

3. Auch in Betreff der Nebenpersonen des Hausir-Gewerbes, namentlich der „Begleiter", ihrer persönlichen Eigenschaften und der Nachsuchung derselben treten die Bestimmungen des Hausir-Regulativs außer Kraft und die der G.O. an ihre Stelle. — cf. Kap. IV. Nr. 16. —

4. Bei der Ausübung des Gewerbes sind nur diejenigen Beschränkungen und Verpflichtungen maßgebend, welchen in gleicher Weise die Angehörigen Preußens sich zu fügen haben. — cf. Kap. VII. — Weitere Schranken aufzurichten, ist der Preuß. Landesgesetzgebung nicht gestattet.

Anders freilich ist die Sachlage in Betreff der für das Gewerbe im Umherziehen zu entrichtenden Steuer. In dieser Beziehung hat die G.O. auf die Landes-Gesetzgebungen nicht eingewirkt und die Angehörigen der ihrer Herrschaft unterworfenen Staaten einander nicht gleich gestellt. Eben so wenig, wie daher ein Preuße in Württemberg und Baden eine den Inländern gleiche Behandlung beanspruchen kann, ist ein Angehöriger dieser Staaten innerhalb Preußens zum Genuß derjenigen Steuerfreiheiten berechtigt, welche die Landes-Gesetzgebung den Inländern bewilligt, und diejenigen Steuerermäßigungen zu fordern befugt, die nach dem Landesrechte nur den Inländern zugestanden werden können. Es bleiben vielmehr in dieser Beziehung auch ferner die Abmachungen geltend, welche in dem Zollvereinigungs-Vertrage zwischen dem Norddeutschen Bunde einerseits und Württemberg und Baden andererseits vom 8. Juli 1867 — B.G.Bl. S. 81. getroffen worden sind. —

Sach-Register.

(Die römischen Zahlen bedeuten die Kapitel, die arabischen die Nummern in denselben.)

A.

Abhalten eines Jahr- oder Wochenmarkts muß durch die zuständige Behörde festgesetzt sein, um den Handel auf demselben von dem Begriffe des steuerpflichtigen Hausirhandels auszuschließen. I. 8.
Abschreckende Krankheiten als Grund zur Versagung des Legitimations- und Gewerbescheins. III. 8.
Abschriften, beglaubte oder einfache, des Legitimations- und Gewerbescheins unzuläßig. VII. 12.—VIII. 61.
Absicht des Gewerbtreibenden (dolus), die Gewerbesteuer zu hinterziehen, zur thatsächlichen Feststellung des Defraudationsfalles nicht erforderlich. VIII. 12.
Abtretung des Legitimations- oder Gewerbescheins an Andere unstatthaft und strafbar. VII. 5. 6.—VIII 44, strafbar auch für den Abtretenden. VIII. 44. 45.
Administratives-Verfahren bei Verfolgung der Verletzungen gewerbepolizeilicher Vorschriften. IX. 3. — der Gewerbesteuer-Gesetze ib. 9. — Unzulässigkeit des gerichtlichen Verfahrens ohne vorgängiges Administratives — ib. 17. — Ausnahmen. ib. 15 u 20. — Abstandnahme von dem Administrativ-Verfahren. ib. 16.
Aerzte, nicht steuerpflichtiges Gewerbe derselben, selbst bei Selbstdispensation homöopatischer Arzneien. I. 91.
Agenten von Versicherungs-Gesellschaften bedürfen des Legitimations- u. Gewerbescheins. VI. 6.
Alter, als Bedingung zur Erlangung eines Legitimations- und Gewerbescheins. III. 6. 7. — als persönliche Eigenschaft des Begleiters. IV. 9. — als Voraussetzung mitumherzuführender Personen. IV. 15.
Anbieten gewerblicher oder künstlerischer Dienstleistungen. I. 14. 92. 94.
Anfang des Gewerbebetriebes im Umherziehen — genügend zur Strafbegründung. I. 42. — worin er gefunden werden kann — ib. 43.
Anfertigung von Schriftsätzen — als Gewerbe im Umherziehen betrieben. I. 95.
Angehörige des preußischen Staats, zum Genuß der ausnahmsweisen Steuerfreiheit allein berechtigt. I. 52. — insbesondere, beim Musik-Gewerbe. VI. 27.
Ankauf von Waaren dem Verkauf auch in Ansehung des steuerfreien Hausirhandels gleich gestellt. I. 65.
Anschlag, öffentlicher, Behufs Bekanntmachung eines Verkaufs dem Feilbieten gleich zu achten. I. 35.
Ansteckende Krankheiten als Grund zur Versagung des Legitimations- und Gewerbescheins. III 8.
Antheil. Denunzianten — IX. 33.
Anzeige in den Zeitungen, durch Boten oder sonst Behufs Einladung zum Ankauf von Waaren dem Feilbieten gleich. I. 35. — dem Aufsuchen von Waarenbestellungen gleich. VIII. 56.
Arten des Gewerbebetriebes im Umherziehen. I. 14.
Arzneimittel, vom Gewerbebetrieb im Umherziehen ausgeschlossen. V. 6.
Aufenthaltsfristen. VII. 26. 27.
Aufforderung ist nicht immer Bestellung. I. 26.
Aufkauf von Waaren als eine Art des Hausir-Gewerbes I. 14.
Aufsuchen von Waarenbestellungen im Umherziehen. I. 72 ff.
Auftrag zum Verkauf versendeter Waaren gewerbscheinpflichtig I. 40.
Auktion, Abhalten derselben im Umherziehen ist legitimations- und gewerbscheinpflichtig. VI. 5.
Ausdehnung des Legitimations- und Gewerbescheins auf einen anderen, als den gestatteten Betriebsbezirk. VII 17. bei Inländern — für Siegmaringen ib. 17. — bei Ausländern ib. 23.

Ausfertigung der Legitimations- und Gewerbescheine cf. Abschrift und cf. Ertheilung.
Augenoperateure, ihre Legitimations- und Gewerbscheinpflichtigkeit. VI. 9.
Ausländer, Verpflichtung zur Führung des Gewerbescheins. I. 71 ad III. 82. ad 1 — Nachsuchung des Gewerbescheins II. 6. ad III. — Persönliche Erfordernisse zur Erlangung des Gewerbescheins. III. 13. — Nebenpersonen. IV. 16. — Gewerbebetrieb derselben, soweit er in Anbieten von Diensten oder Schaustellungen besteht. VI. 11 27. 31.
Außerhalb des Orts der gewerblichen Niederlassung, Requisit des Gewerbebetriebes im Umherziehen. I. 17 ff.
Ausübung, gleichzeitige, mehrerer Gewerbe im Umherziehen. VI. 10.

B.

Backwaaren, als selbstverfertigte Waaren, deren Verkauf gewerbescheinfrei. I 49. 59.
Baumwollene Zeuge, geeignet zur Steuerermäßigung. II. 3.
Bedürfniß als Voraussetzung zur Aufhebung der Qualität der Unstatthaftigkeit einer Sache. V. 18. — als Bedingung bei Ertheilung eines Legitimations- und Gewerbescheins. VI. 28.
Beeren, wild wachsende, rohe Naturerzeugnisse. I. 56.
Behändigung des Versagungsbescheides und der Rekursentscheidung II. 6 — bei Begleitern. IV 13. — bei Ausdehnung des Legitimationsscheins. VII 28.
Beginn des unbefugten Gewerbebetriebes, Gegenstand der Strafanwendung. VIII. 7
Begleiter — siehe auch Träger — Nebenperson beim Gewerbebetriebe. IV. 8. ff.
Begründung einer gewerblichen Niederlassung. I 23.
Benachrichtigung über die erfolgte Verurtheilung. IX. 27. — über die fruchtlos vollstreckte Exekution ib. 26.
Berechnung der Gewerbesteuer im Allgemeinen. II. 2 ff insbesondere bei Handlungsreisenden ib. 6.*
Berüchtigt, Begriff. III. 12.
Bescheid — siehe Versagung.
Beschlagnahme von Waaren als polizeiliche Maßregel. VIII. 31.
Beschränkungen des Gewerbes im Umherziehen bei der Ausübung desselben. VII.
Bestellung. Begriff I. 25. — Beispiele ib. 26 ff.
Bestrafung, als Grund zur Versagung des Legitimations- und Gewerbescheins. III. 9. — der Zuwiderhandlungen gegen die Gewerbe Gesetze. VIII.
Bettelei als Grund zur Versagung des Legitimations- u Gewerbescheins III. 12.
Betten — unstatthafter Gegenstand des Gewerbebetriebes im Umherziehen. V. 3.
Bezirk des Hausir-Gewerbes. VII. 17 ff.
Betriebshandlungen, als Theile eines unbefugten Gewerbebetriebs innerhalb eines oder mehrerer Kalenderjahre. II. 10. 11. Bestrafung derselben als eine strafbare Handlung. VIII 17. 18. — als mehrere Handlungen – ib 19.
Bohrer, Schärfen derselben, gewerbscheinpflichtige Dienstleistung. VI 2.
Bolzenschießen, Anbieten desselben, zulässige Art des Gewerbebetriebes. VI. 13.
Bringen bestellter Waaren nach einem anderen Orte ohne Feilbieten und Verkaufen an den Besteller. I. 27.

C.

Caroussel siehe Karoussel.
Cichorien, Handel mit demselben kann in der Steuer ermäßigt werden. II. 3.
Concerte als künstl. Leistungen. VI. 17.
Conditor-Waaren, selbstverfertigte, — Handel im Polizeibezirk des Wohnorts. I. 49.

D.

Denunzianten-Antheil. IX. 33.
Dienstleistungen, gewerbliche — gewerbscheinpflicht. Art d. Gewerbebetriebs. VI. — künstlerische — legitimationsscheinpflichtig. VI. 3.
Dienstverrichtungen. I. 14. — verbunden mit dem Feilbieten von Waaren. VI. 10.
Druckschriften, Gegenstand des Hausirhandels. V. 9. — Sammeln von Subskribenten auf dieselben. I. 78.

E.

Ehrenrechte, Verlust derselben als Grund zur Versagung des Legitimations- und Gewerbescheins. III. 10.
Eigenschaften, persönliche, als Erforderniß zum Betriebe des Gewerbes im Umherziehen für den Gewerbtreibenden selbst. III. 1 ff. — für den Gehülfen oder Stellvertreter. IV. 5. — für den Begleiter oder Träger. IV. 9.
Eigenthum der Waaren bei Konfiskation derselben. VIII. 26.
Einmaliges Handeln genügend zum Thatbestande der Gewerbsmäßigkeit I. 18.
Einsammeln von Geld für öffentliche Schaustellungen. VII 37
Einwand der mangelnden Verschuldung bei rechtzeitigem Nachsuchen des Legitimations- und Gewerbescheins. II. 12. — des guten Glaubens. VIII. 13. — Seitens des Begleiters. VIII. 49.
Elsaß, Ausdehnung der Gültigkeit der Gewerbescheine auf dieses Reichsland. VII. 18.
Entscheidung der Administrativ-Behörden. IX. 3 ff. — Verzicht auf dieselbe Seitens der Administrativ-Behörden. — ib. 16.
Equilibristen, zulässige Form des Gewerbebetriebs. VI. 19.
Erforderniß des Legitimations- und des Gewerbescheins für den Gewerbetrieb im Umherziehen. II. 5. — des Legitimations- u Gewerbescheins siehe Inhalt.
Erlaubniß der Polizei-Behörden zur Ausübung des Gewerbes nur noch erforderlich bei öffentlichen Schaustellungen. VI 28. — I 51.
Ermäßigung der Steuer als Recht der Regierungen II. 2. — und des Ministeriums — ib.
— der Strafe bei den im Administrativ-Verfahren zur Entscheidung gelangenden Verletzungen der Steuer-Gesetze. VIII. 23.
Erneuerung der Legitimations- und Gewerbescheine, rechtzeitige II. 13.
Ertheilung der Legitimationsscheine II. Klasse II. 6. ad I. 1. — derjenigen I Klasse und der Gewerbescheine. II. 6 ad I. 2. — bei Ausländern. II. 6. ad III.
Erzeugnisse siehe Produkte.

F.

Fabrikanten bedürfen keines Legitimationsscheins. II 5 ad f.
—, Ankauf von Waaren bei ihnen nicht steuerpflichtig. I. 79.
Fälschung des Legitimations- oder Gewerbescheins VII 7.
Fayence-Waaren unterliegen der Steuerermäßigung. II. 2*.
Feilbieten. Begriff. I. 34. 35.
Feuerversicherungs-Gesellschaft siehe Agenten.
Feuerwerk als Gegenstand erlaubter Schaustellung. VI. 14.
Feuerwerkskörper, unstatthafter Hausirhandel. VI. 14.
Fischfang, selbstgewonnene Erzeugnisse desselben als Gegenstand des Hausirhandels I. 52. — der Handel zwar legitimations- aber nicht gewerbscheinpflichtig. II. 5.
Fleisch, frisches, Handel mit demselben, V. 16.
Forstwirthschaft, rohe Erzeugnisse derselben als Gegenstand eines legitimationsfreien Handels I. 67, — eines gewerbscheinpflichtigen Handels. I. 71. ad I. 1. — Erforderniß des Gewerbescheins. II. 5 d.
Freiheitsstrafe, deren Qualität. VIII. 69. — als Subsidiarstrafe. VIII. 71 ff. — Siehe Geldstrafe.
Fristen für den Hausirhandel. VII. 26 ff. — zur Einlegung des Rekurses gegen den Versagungsbescheid. II. 6. — IV. 13.
Früchte, wild wachsende. I. 56.
Frauenhauben, selbstverfertigte, als Gegenstand eines zur Steuerermäßigung qualifizirten Hausirhandels. II. 3.
Fuhrwerk, Benutzung desselben beim steuerfreien Gewerbebetriebe. I. 63.
Fuhrwerk, kein Gegenstand der Konfiskation. VIII. 32.
Futter, erkauftes, zum Mästen von Vieh. I. 45.

G.

Gartenbau, rohe Erzeugnisse desselben als Gegenstand eines legitimationsscheinfreien Handels. I. 67. — eines gewerbscheinpflichtigen Handels. I. 71. — Ertheilung des Gewerbescheins. II. 5 d.
Gasthof, Ausstellen von Waaren in demselben I. 35. — Eintritt in denselben zum Zweck des Gewerbebetriebs. VII. 35 ff.
Gastwirth, Genehmigung desselben zum Eintritt des Hausirers in den Gasthof. VII. 35. — Verpflichtung, den Gewerbeschein vorzeigen zu lassen. VII 32.
Gegenstände des Hausirgewerbes V. — des Wochenmarktverkehrs. I. 13. 55. V. 12.
Gehülfe des Gewerbtreibenden. IV. 2. VII. 33.
Geld, kein Gegenstand der Konfiskation. VIII. 32.
Geldstrafe, deren Minimalbetrag. VIII. 66. — deren Umwandlung in Freiheitsstrafe. VIII. 71 ff. — Siehe auch Umwandlung.
Geschäftslokal von Handeltreibenden, deren Betreten durch den Hausirer. I. 22.
Geselle eines ein stehendes Gewerbe betreibenden Meisters. I. 101.
Gesellschaft von Gewerbtreibenden, welche Schaustellungen anbieten, deren Steuerpflicht. VI. 19, deren Legitimation. VI. 29.
— von Musikern. VI. 23 ff.
— von Schauspielern. VI. 33.
Getränke, geistige. V. 2.
Gewerbe im Umherziehen, Arten desselben. I. 14. — Requisite. I. 15. — unerlaubtes I. 16.
Gewerbeschein, Erforderniß desselben. II 5. — Nachsuchung und Ertheilung desselben. II. 6. — sein Inhalt. II. 7. — Ausdehnung. VII. 17. — Erneuerung. II. 13.
Gewerbsmäßigkeit des Betriebes. VIII. 5. 6.
Gewerbesteuer. II. 2. — bei Handlungsreisenden. II. 6. ad I. 5*.
Gewerbesteuerfreiheit. I. 71. — bei Kaufleuten, die ein stehendes Gewerbe betreiben. I 80. — bei Musikern und Musikgesellschaften. VI. 20.
Gewichte, kein Gegenstand der Konfiskation. VIII. 32.
Gift, unzuläßiger Hausirhandel. V. 8.
Grenzzollbezirk, Handel innerhalb desselben. VII. 24.

H.

Haftsachen, deren gerichtliche Entscheidung unter Ausschluß des Administrativ-Verfahrens. IX. 15. — Verfahren bei denselben. — ib. 20.
Handelsklassen, Berechnung der Gewerbesteuer nach denselben. II. 4.
Handelslegitimation siehe Legitimationsscheine für Handel.
Handelsreisende, ihre Verpflichtung zur Führung eines Gewerbescheins. I. 83. — Berechnung der Gewerbesteuer für ihr Gewerbe im Umherziehen. II. 6. ad I. 5*.
Hausgeräth, Ausbesserung desselben. VI. 1.
Hausirer, Begriff desselben auf die Definition des Begriffs „Kaufmann“ ohne Einfluß. I. 9.
Hausir-Gewerbe siehe Gewerbe im Umherziehen.
Hinschaffen der Waaren nach dem anderen Orte als Beginn des Gewerbebetriebes. I. 43.
Hofraum, das Betreten desselben durch den Gewerbtreibenden zum Zweck des Gewerbebetriebs. VII. 39.

J.

Jagd, selbstgewonnene Erzeugnisse derselben, als Gegenstand des Handels legitimationsscheinpflichtig. I. 52. — gewerbscheinfrei. I. 71 ad 2. — Erforderniß des Legitimationsscheins. II. 5 ad a. — Ertheilung desselben. II. 6.
Jahressteuer, Betrag derselben. II. 2. — Entrichtung in einem Betrage. II.

9. — höchster Satz derselben als Grundlage der Strafberechnung für Steuerdefraudation. VIII. 20.
Jahrmarkt, Verkehr auf demselben. I. 6. — Aufsuchen von Waarenbestellungen auf demselben. I 85.
Inhalt des Legitimations- und des Gewerbescheins. II. 7.
Inländer, als Angehörige des preußischen Staates zu den besonderen Steuerfreiheiten berechtigt. I. 52. — in Ansehung des Musikgewerbes. VI. 27. — als Angehörige des früheren Norddeutschen Bundes und Hessens nur in gewerb-polizeilicher, nicht auch in gewerbesteuerlicher Beziehung den Angehörigen des preuß. Staates gleichgestellt. II. 5 ad g.
Instrumente unterliegen nicht der Konfiskation. VIII. 32.
Interesse, höheres wissenschaftliches oder Kunst-, als Ausschließungsgrund der Legitimations- und Gewerbescheinpflicht beim Anbieten von Dienstleistungen und Schaustellungen. VI. 16 ff.

K.

Kalenderjahr als zu besteuernder Zeitraum. II. 9. — als bestimmender Zeitraum für die den unbefugten Gewerbebetrieb bildenden Einzelhandlungen. VIII. 17. 19
Karoussel, statthafter Gewerbebetrieb mit demselben. VI. 13.
Karten, Umhersenden derselben als eine Art des Feilbietens. I. 35. — beim Aufsuchen von Waarenbestellungen. I. 77.
Kaufmann, bevorzugte Stellung beim Ankauf von Waaren und Aufsuchen von Waarenbestellungen im Umherziehen. I. 80. — ihr Handels-Legitimations- und Gewerbeschein. II. 5 ad f. — Berechnung der Gewerbesteuer für sie selbst. II. 2. — für ihre Reisenden II. 6*. — ihre Befreiung von den Beschränkungen bei der Ausübung des Gewerbebetriebes. VII. 28. 33.
Kinder vom Gewerbebetriebe ausgeschlossen. III 6. — als Gehülfen (Vertreter) zuläßig. IV. 5. — als Begleiter. IV. 9 — Mitumherziehen derselben. IV. 15.
Kirchweihfeste, Gewerbebetrieb auf denselben. I. 11. 12.
Kleidungsstücke, selbstverfertigte, Handel mit denselben unter Steuerermäßigung. II. 3.
Kleidungsstücke gebrauchte, vom Hausirhandel ausgeschlossen. V.
Klempnerwaaren, selbstverfertigte, Steuerermäßigung. II. 3.
Kommissionär, Geschäfte als gewerbe- und legitimationsscheinpflichtige Art des Anbietens von Dienstleistungen. VI. 5.
Kompetenz des Richters, örtliche. IX. 25. — sachliche. IX. 23. — bei Strafumwandlungen. VIII. 74.
Konditor-Waaren siehe Conditor-Waaren.
Konfiskation. VIII. 28. — als polizeiliche Maßregel. VIII. 31. — ausgeschlossene Gegenstände. VIII. 32.
Konkurrenz, ideale, mit gemeinen Strafthaten. VIII. 33.
Konzerte siehe Concerte.
Krammarkt, Handel auf demselben. I. 10.
Krankheit als Grund zur Versagung des Legitimations- u. Gewerbescheins. III. 8.
Künstlerische Leistungen, ihre Legitimationsscheinpflichtigkeit und Gewerbescheinfreiheit. I. 14. — VI. 3.
Kunst-Interesse siehe Interesse.
Kunstreiter, deren Begleiter und ihre Verwendung. IV. 8.
Kunstwerke, Sammeln von Subskribenten auf dieselben. I. 78.

L.

Laden, Eintreten in denselben gestattet. I. 22. — VII. 38.
Landstreicherei, Grund zur Versagung des Legitimations- und Gewerbescheins. III. 12.
Landwirthschaft, rohe Erzeugnisse derselben als Gegenstand eines legitimationsscheinfreien. — I. 67. — gewerbescheinfreien Handels. I. 71 ad I., 1. — Erforderniß des Gewerbescheins. II. 5 ad d.
Lederschmiere, Hausir-Handel mit derselben, Steuerermäßigung II. 3.
Legitimation des Gehülfen (Stellvertre-

ters) IV. 6. — des Begleiters (Trägers) IV. 10.
Legitimationsführung des Gewerbetreibenden durch Vorzeigung des Legitimationsscheins. VII. 15. Verstöße gegen dieselbe und deren Bestrafung. VIII. 61.
Legitimationskarte für Kaufleute Behufs Aufsuchens von Waarenbestellungen innerhalb des Zollvereins. I. 84. — II. 5 ad h.
Legitimationsschein für Handel, nur zulässig bei Kaufleuten, Fabrikanten und andere ein stehendes Gewerbe treibenden Personen Behufs Ankaufs von Waaren und Aufsuchens von Waarenbestellungen. I. 82. — II. 5 ad f. — dessen Unterschied vom Legitimationsschein für Gewerbe. II. 5*. — seine Verbindung mit dem Gewerbeschein für die Angehörigen des preuß. Staates. II 5 ad f. — Nachsuchung und Ertheilung desselben. II. 6 ad I. 5. — für Inländer, aber Nichtpreußen. II. 6 ad II. 4.
Legitimationsschein für Gewerbe, seine Ertheilung gebührenfrei. II. 2. — Erforderniß desselben. II. 5. — Eintheilung in I. und II. Klasse II. 5. ad a u. b. — Nachsuchung und Ertheilung II. 6. — Inhalt. II. 7. — insbesondere bei dem Anbieten von Musikmachen und Schaustellungen. VI. 28 — Ausdehnung auf andere Bezirke. VII. 17. — Mißbrauch desselben. VII. 4. — Strafen des Mißbrauchs und des Nichtbesitzes. VIII. 60. — Beisichführen desselben in Urschrift. VII. 12.
Lehrlinge als Stellvertreter des Gewerbtreibenden. I. 101. — deren Legitimation. IV. 6.
Lothringen, deutsche Gewerbescheine in dem Reichslande gültig. VII. 28.
Lotterieloose, Hausirhandel unstatthaft. V. — Verkauf derselben bei Gelegenheit. I. 38.
Lustbarkeiten, öffentliche, zuläſsiger Gewerbebetrieb. VI. 12.

M.

Mäkler, Gewerbe derselben im Umherziehen betrieben. VI. 5
Mästen von Vieh mit erkauftem oder selbstgewonnenem Futter zum Verkauf. I. 45.
Mandats-Verfahren zuläſsig IX. 7.
Marionettenspieler, zuläſsiger Gewerbebetrieb. VI. 19.
Marktort, Hausirhandel an demselben außerhalb des Marktplatzes. I. 7.
Markttage, Festsetzung derselben — siehe Abhalten — auf sie beziehen sich die Aufenthaltsfristen nicht. VII. 28 ad b.
Marktverkehr gehört nicht zum Gewerbebetriebe im Umherziehen. I. 6.
Materialien, Ankauf derselben zur eigenen Fabrikation. I. 88. — Ankauf für einen Dritten. I. 90.
Medikamente siehe Arzneimittel.
Mehl, Handel auf Wochenmärkten. V. 15.
Meldung des Gewerbtreibenden bei der Orts-Polizeibehörde aufgehoben. VII. 2. — bei Legitimationsscheinen mit lokalbeschränkter Gültigkeit. VI. 28.
Messen, Handelsverkehr auf denselben. I. 6. 10. 85.
Metallbruch, unzuläſsiger Verkehr mit Gold- oder Silberbruch. V.
Milch, selbstgewonnenes Product. I. 57.
Minimum der Strafen siehe Geldstrafe.
Mißbrauch des Legitimationsscheins. VII. 4 5. — Strafen desselben. VIII. 61 ad c.
Mißbrauch des Gewerbescheins. VII. 6ff. — Strafen desselben gegen beide Mißbraucher. VIII. 43 ff.
Mitführen, unbefugtes, von Begleitern. IV. 14. — von Kindern unter vierzehn Jahren. IV. 15.
Mitglieder einer Gesellschaft, welche Schaustellungen anbietet, Steuerermäßigung für dieselben. II. 2. — bei Musik-Gesellschaften. VI. 21. — Unzuläſsigkeit besonderen Musikmachens. VI. 23.
Mittheilung der ergangenen Straferkenntnisse, siehe Benachrichtigung.
Mixturen, flüssige Arzneimischungen, Handel im Umherziehen unzuläſsig. V. 7.
Mühlenfabrikate, Gegenstände des Wochenmarktverkehrs. I. 60. — V. 15.
Musikalische Instrumente, nicht Gegenstand der Konfiskation, wenn nicht Handel mit denselben. VIII. 32.
Musikanten, Steuersatz. VI. 19. — Steuerfreiheit innerhalb des zweimeiligen Umkreises. VI. 20.
Musikgehülfe, Gewerbebetrieb außerhalb des Wohnorts. VI. 25.
Musikgesellschaft. VI. 20 ff.
Musikgewerbe. VI. 19 ff.
Muster, Begriff derselben. VIII. 58. —

Verpflichtung der Kaufleute und Handlungsreisenden beim Aufsuchen von Waarenbestellungen nur Muster bei sich zu führen. I. 81. — VII. 28. — Bestrafung der Zuwiderhandelnden. VIII. 54.

N.

Nachricht von der ergangenen Entscheidung, siehe Benachrichtigung.
Nachsuchung des Legitimations- und Gewerbescheins. II 6 — der Ausdehnung auf einen anderen Bezirk bei örtlich beschränkten Legitimations- und Gewerbescheinen (§ 59 B G.O.). — VII. 21.
Nachzahlung der Gewerbesteuer, kein Theil der Strafe. VIII. 25.
Nebenpersonen bei dem Gewerbbetrieb im Umherziehen. IV.
Nichtigkeitsbeschwerde zulässig in allen Defraudations-Sachen. IX. 21

O.

Obst, Gegenstand des Wochenmarktverkehrs. I. 13 — selbstgewonnenes Erzeugniß I. 57.
Obstbau, rohe Erzeugnisse desselben sind Gegenstand des legitimationsscheinfreien Handels. I. 67. — eines gewerbscheinpflichtigen Handels. I. 71. — Ertheilung des Gewerbescheins. II. 5 ad d.
Oel, kein Wochenmarkts-Artikel. V. 13.
Ort, Wandern von Ort zu Ort, Bedeutung des Wortes I. 19.
Ortsbehörde, Genehmigung derselben zur Ausübung des Gewerbes. VI. 28.

P.

Papier, Hausir-Handel mit demselben, Steuerermäßigung. II. 3.
Paß bei Ausländern als Legitimation bei Nachsuchung von Gewerbscheinen. II. 6. ad III. 2.
Persönliche Eigenschaften bei Gewerbtreibenden selbst. III 1 ff — bei Gehülfen (Vertretern) IV. 5. — bei Begleitern (Trägern). IV. 9.
Pferde, die zum Transport beim Gewerbebetriebe dienen, kein Gegenstand der Konfiskation. VIII. 32.
Pferde-Handel im Umherziehen, besondere Erschwerungen. I. 44.
Polizei-Bezirk des Wohnorts, Begriff I. 48. — Handel innerhalb desselben. I. 46 ff.
Polizeiliche Genehmigung zum Hausir-Handel innerhalb des Polizei-Bezirks. I. 51.
— Straffälle. VIII. 60 ff.
Polizei-Richter, Kompetenz desselben. IX. 23.
Potasche, kein Gegenstand des Wochenmarktverkehrs V. 14.
Privathaus, Begriff desselben. I. 21.
Proben, Begriff derselben. VIII. 58. — Verpflichtung der Kaufleute und Handlungsreisenden beim Aufsuchen von Waarenbestellungen nur Proben bei sich zu führen. I. 81. — VII. 28. — Bestrafung der Zuwiderhandelnden. VIII. 54.
Producte der Jagd und des Fischfangs, siehe Jagd und Fischfang.
— der Land- und Forstwirthschaft des Garten- und Obstbaues, Gegenstand des legitimationsscheinfreien Handels. I. 67. — gewerbescheinpflichtig. I. 71.
— selbstgewonnene, gewerbescheinfreier Handel. I. 54. — Umfang des Begriffs. I. 58.
Provokation auf gerichtliche Entscheidung. IX. in Polizei-Sachen 3. — bei Steuerfällen 12.

Q.

Qualifikation, persönliche, zum Betriebe des Gewerbes, siehe persönliche Eigenschaften.
Qualifikation als Arzt zum gewerbescheinfreien Gewerbebetriebe. VI. 3. 9.

R.

Rechnung, für die eines Andern das Gewerbe ausüben. VII. 8. — Strafe für das unbefugte Handeln. VIII. 43. 46.

Rechtsmittel gegen die Entscheidung der Administrativ-Behörde in Polizei-Kontraventions-Sachen IX. 3. — in Steuerdefraudations-Sachen. IX. 12.

— gegen die Entscheidung des Gerichts in Steuersachen. IX. 21.

Reciprocität bei Festsetzung des Steuersatzes für das Gewerbe. III. 14 ff.

Regierung, als diejenige Behörde, welche den Gewerbe- und den Legitimationsschein I. Klasse auszufertigen hat. II. 6. als diejenige Behörde, welche allein zur Entscheidung der Steuer-Defraudationen im Administrativ-Verfahren kompetent ist. IX. 11.

Reisende siehe Handelsreisende.

Rekurs gegen die Entscheidung der Regierung in Steuersachen IX. 12. — gegen die Entscheidung der Versagung des Legitimationsscheines. II. 6 ad I. 1. — der Versagung der Ausdehnung derselben auf einen andern Bezirk. VII 21.

Requisite des Gewerbebetriebes im Umherziehen. I. 15. — des Legitimations- und Gewerbescheins. II. 7.

Resolut der Regierung auf Versagung des Legitimationsscheins (Rekursbescheid) II. 6. ad I. 1. — auf Versagung der Ausdehnung desselben. VII. 21. — des Ministers auf Versagung des Legitimationsscheins I. Klasse. II. 6 ad I, 2. — der Regierung in Steuer-Defraudations-Sachen. IX. 9ff. — des Gerichts auf Strafumwandlung VIII. 71 ff.

Richter — siehe Kompetenz.

Richterliche Entscheidung bei Uebertretungen. IX. 8. — in Steuersachen. IX. 17 ff.

Rückkehrfristen der Gewerbtreibenden VII. 29.

S.

Säge, Schärfen derselben, Art des Gewerbebetriebes. VI. 2.

Salz, der Hausir-Handel mit demselben, Steuerermäßigung. II. 3.

Sattlerwaaren, selbstverfertigte, Hausirhandel, Steuerermäßigung II. 3.

Schankgewerbe, Betrieb bei außerordentlichen Volksbelustigungen. I. 12.

Schankwirthe siehe Schankgewerbe.

Schärfen von Bohren, Sägen und Instrumenten. VI. 2.

Schauspieler, Konzession, Gewerbebetrieb. VI. 33. Gewerbesteuer II. 2*.

Schaustellungen. VI. 12ff. — steuerfreie und legitimationsscheinfreie. VI. 16 ff.

Schiesspulver, unzulässiger Hausirhandel. V. — Proben und deren Transport. VIII. 59.

Schiffe, Hausirhandel auf denselben gewerbescheinfrei, aber legitimationsscheinpflichtig. I. 52 69.

— als Transportmittel kein Gegenstand der Konfiskation. VIII. 32.

Schlitten als Transportmittel kein Gegenstand der Konfiskation. VIII. 32.

Schneidern, Unterricht im Umherziehen legitimations- und gewerbescheinpflichtig. VI. 4.

Schriftsätze, Anfertigung derselben. I. 95.

Schützenfeste, Gewerbebetrieb auf denselben. I. 11. 12.

Schuhmacherwaaren, selbstverfertigte, Hausir-Handel mit denselben, Steuerermäßigung II. 3.

Seiltänzer, Gewerbesteuer. VI. 19.

Selbstgewonnene Erzeugnisse, gewerbescheinfreier Handel. I. 71. — siehe auch Produkte.

Selbstverfertigte Waaren, Handel mit denselben. I. 71. — Steuerermäßigung. II. 3.

Signalement des Gewerbtreibenden. II. 7. — des Begleiters oder Trägers. IV. 10.

Soldat, Bestrafung derselben in Steuerdefraudations-Sachen. IX. 25 a.

Solidarische Haftbarkeit für die erkannte Strafe. VIII. 52. — Versäumte Verurtheilung zu derselben. VIII. 53.

Spielkarten, unzulässiger Handel. V. — Begriff derselben. V. 4.

Spinnräder, Reparatur derselben. VI. 1.

Spitzen, selbstverfertigte leinene, Handel mit denselben, Steuerermäßigung II. 3.

Stellvertreter des Gewerbtreibenden, Zulässigkeit. IV. 2. — persönliche Erfordernisse. ib. 5. — Legitimation und deren Ertheilung. ib. 6. 7. — strafbare Handlungen derselben. VIII. 65.

Steuer für den Legitimationsschein. II. 2. — für den Gewerbebetrieb und Ertheilung des Gewerbescheins. II. 2. 3. 6*.

Festsetzung derselben in jedem Einzelfalle. II. 2*. — bei unbefugtem Gewerbebetriebe. IX. 20. — Berechnung der Strafe nach derselben. IX. 24. VIII. 24.
Steuerermäßigung. II. 2*. 3. — Berechnung der Strafe nach derselben. VIII. 24.
Steuerfreiheit des Marktverkehrs. I. 6 ff. 85. — des Verkehrs mit gewissen Gegenständen. I. 52. — des Aufkaufs von Materialien zur eigenen Fabrikation. I. 88. — des Anbietens gewisser Dienste im zweimeiligen Umkreise. I. 101. — — des Musikgewerbes im zweimeiligen Umkreise. VI. 20. — Berechtigung des Finanzministers zur Gewährung von Steuerfreiheiten. II. 2.
Stoffe, giftige vom Hausirhandel ausgeschlossen. V. — Definition. V. 8.
Strafe der Zuwiderhandlungen gegen gewerbepolizeiliche Vorschriften. VIII. 60ff. — gegen die Gewerbesteuer-Gesetze. VIII. 2ff. des unbefugten (gewerbscheinlosen) Gewerbebetriebs. ib. 4 ff. — des Gewerbes mit verbotenen Gegenständen. ib. 34. — mit andern, als den gestatteten Gegenständen. ib. 36. — mit Benutzung eines fremden Gewerbescheines. ib. 44. — für Rechnung eines Andern. ib. 46ff.
Strafermäßigung, Befugniß der Regierungen zu derselben bei Entscheidungen über Steuer-Defraudationen im Administrativ-Verfahren. VIII. 23. Unerheblichkeit derselben bei späterer gerichtlicher Entscheidung. ib. 24.
Strafhöhe, Berechnung derselben. VIII. 24. — IX. 24. — Einfluß auf die sachliche Kompetenz des Gerichts. IX. 23.
Strafminimum. VIII. 66.
Strafreife der Personen unter achtzehn Jahren. VIII. 2. — Bestrafung derselben. ib. 2a.
Strafverfügung des Richters in Gewerbe-Polizei-Sachen. IX. 8. siehe auch Resolut.
Strafvollstreckung nach eingetretener Rechtskraft von Administrativ-Entscheidungen in Steuer-Sachen. IX. 14. — in Polizei-Sachen. ib. 6. — Benachrichtigung der Regierung in Steuer-Sachen. IX. 26.
Subskribenten, Sammeln derselben auf Kunstwerke und Druckschriften. I. 78.
Suchen von Waarenbestellungen. I. 72ff. — Arten derselben siehe Karten.

T.

Tabacksblätter kein Wochenmarkts-Artikel. V. 14.
Tänzer, Einzelne und in Gesellschaften, Produktion von Kunstinteresse. VI. 17.
Tanzlehrer, steuerfreies, aber legitimationsscheinpflichtiges Gewerbe. I. 96.
Taschenspieler. VI. 19.
Thierärzte, gewerbscheinfrei, selbst beim Verkauf der Medikamente. I. 98.
Thierführer, Höhe der Gewerbesteuer. VI. 19.
Träger siehe Begleiter. — Persönliche Eigenschaften. IV. 9. — Legitimation derselben. ib. 10. — Nachsuchung derselben und Verfahren bei der Bewilligung. ib. 13. — strafbare Betheiligung am Gewerbebetriebe. VIII. 48.
Tragen der Waaren als Bedingung des gewerbscheinfreien Hausirhandels. I. 63.
Transportmittel, ihre Konfiskation oder Beschlagnahme. VIII. 32.
Tuchmützen, selbstverfertigte, Handel mit denselben, Steuerermäßigung. II. 3.

U.

Ueberlassung des Legitimations- und Gewerbescheins an einen Andern. VII. 4, 5. — VIII. 43 und 61. ad c.
Uebertretung der gesetzlichen Vorschriften siehe Strafe. — Qualität der Handlung als Uebertretung. VIII. 60ff.
— des im Legitimations- oder Gewerbeschein gestatteten Betriebsbezirks bei Legitimationsscheinen II. Klasse. VII. 25. — bei solchen I. Klasse oder Gewerbescheinen. VIII. 25. ad b. — VIII. 62. — bei Ausländern. VII. 23. — VIII. 62.
Umgegend des Wohnorts, Bestimmung ihrer Ausdehnung. I. 62. 68.
Umherfahren der Waaren. I. 63. — Verzicht auf die Steuerpflichtigkeit. I. 71 ad I. 3.
Umherführen von Kindern. VI. 15.
Umkreis, Bestimmung seiner Ausdehnung

im Allgemeinen. I. 68. — beim Musikgewerbe insbesondere. VI. 19.
Umwandlung der Geld- in Freiheitsstrafe VIII. 71.
Unerlaubtes Gewerbe. I. 16.
Unterbrechung der Verjährung der strafrechtlichen Verfolgung einer Zuwiderhandlung IX. 31.
Unternehmer einer Schauspielergesellschaft, persönliche Eigenschaften zur Erlangung der Konzession. VI. 33.
Unterricht im Tanzen siehe Tanzlehrer, — im Schneidern und Zuschneiden siehe Schneidern. VI. 4.
Untersuchung, gerichtliche — Einleitung derselben vor stattgehabtem Administrativ-Verfahren. IX. 17. 20.
— administrative, Abstehen von derselben. IX. 16.
Unzuverlässigkeit des Unternehmers einer Schauspieler-Gesellschaft. VI. 33.
Urschrift des Legitimations- und Gewerbescheins. VII. 12.

V.

Verbindung mehrerer Gewerbe und gleichzeitige Ausübung derselben. VI. 10.
— des Legitimations- und Gewerbescheines. II. 5. — des Gewerbe- und Handelslegitimationsscheins — ib. ad. f.
Verbotene Waaren, Hausirhandel mit denselben. I. 32. — Bestrafung. VIII. 34.
Verfahren bei Ertheilung der Legitimations- und Gewerbescheine. II. 6. — bei der Zulassung von Begleitern. IV. 13. — bei der Gestattung von Vertretern. IV. 7. — bei der Ausdehnung lokal begränzter Legitimationsscheine. VII. 21.
— bei der Verfolgung von Zuwiderhandlungen gegen Gewerbesteuergesetze. IX. 9. — Gegen Polizei-Gesetze. IX. 3.
Verfügung siehe Strafverfügung.
Verhandlung, mündliche, über den eingelegten Rekurs gegen die Versagung des Legitimationsscheins. II. 6. — des Begleiters. IV. 13 — der Ausdehnung des Legitimationsscheins. VII. 21.
— mündliche, über die Provokation auf gerichtliche Entscheidung gegen eine Strafverfügung des Richters in Polizei-Sachen. IX. 8. — gegen ein Resolut der Administrativ-Behörde ohne vorherige Erhebung einer Anklage. IX 18.
Verjährung der Strafverfolgung. IX. 28. — der Strafvollstreckung. IX. 32.
Verkauf von Waaren im Umherziehen. I. 14.
Verlust der bürgerlichen Ehrenrechte als Grund zur Versagung des Legitimationsscheins. III. 10.
Versagung des Legitimations- und resp. Gewerbescheins. II. 6. — des Begleiters. IV. 23. — der Ausdehnung auf einen anderen Bezirk. VII. 21.
Versenden von Waaren zum Verkauf. I. 39. — Gegenstand der Konfiskation. VIII. 29.
Verschiedenartige Gewerbe, deren gleichzeitiger Betrieb. VI. 10.
Versicherungs-Gesellschaften siehe Agent.
Versteigern, öffentliches, von Waaren. I. 41.
Vertreter. IV. 5 ff.
Vieh-Handel, besondere Beschränkung desselben. I. 44.
Vieh-Kastrirer, Gewerbe desselben im Umherziehen. I. 98.
Virtuose, gewerbescheinfreies Anbieten künstlerischer Leistungen. VI. 17.
Vollstreckung der erkannten Strafen. siehe Strafvollstreckung.
Vorladung des Rekurrenten gegen die Versagung des Legitimationsscheins zur mündlichen Verhandlung — siehe Verhandlung. — des Rekurrenten und des Begleiters. IV. 13.
Vorlesung wissenschaftlichen Inhalts. VI. 17.
Vorsteher einer Gesellschaft von Gewerbtreibenden, dessen Besteuerung. II. 2. Strafbarkeit desselben bei Musik-Gesellschaften. VI. 23. 24. — Fehlen desselben bei der Ausübung des Gewerbes. VI. 26.
Vorstellungen, theatralische. VI. 17.
Vorzeigen des Legitimations- und Gewerbescheins. VII. 15. 32.

W.

Waage kein Gegenstand der Konfiskation. VIII. 32.
Waaren, gestattete, Feilbieten derselben. I. 31. — verbotene. V.
Wagen als Transportmittel kein Gegenstand der Konfiskation. VIII. 32.
Wahl der Rechtsmittel steht dem Angeschuldigten zu, ist unwiderruflich. IX. 13.
Wandern von Ort zu Ort. I. 20.
Wein, Aufsuchen von Bestellungen auf denselben. I. 73. — VII. 35.
Werthpapiere, Handel mit denselben unzulässig. V. — Definition. ib. 5.
Wiederholungsfrist bei der Ausübung des Gewerbes. VII. 29.
Wiederverkauf, Zweck des Ankaufs von Waaren. I. 36.
Wochenmarkt, Verkehr auf demselben. I. 6. — Gegenstände desselben siehe Gegenstände.
Wolle, Zeuge aus, Handel mit denselben, Steuerermäßigung. II. 3.

Z.

Zahnärzte, steuerfreier Gewerbebetrieb. I. 97. — VI. 8.
Zollverein, Verträge der Vereinsstaaten. I. 84. — II. 5 ad g und h.
Zuckerbäcker, Gewerbebetrieb. I. 11.
Zulässigkeit, Prüfung des Antrages auf Ertheilung eines Legitimationsscheins durch die Orts-Polizeibehörde. II. 6 ad I, 1 und 2.
Zurechnungsfähigkeit, Prüfung derselben. VIII. 2.
Zuschneiden, Unterricht in demselben — siehe Unterricht.
Zuständigkeit des Richters — siehe Kompetenz — der Behörde zur Forderung der Vorzeigung des Legitimationsscheins. VII. 15a.
Zustellung des Versagungsbescheides an den Gewerbtreibenden selbst. II. 6 — in Ansehung der Begleiter. IV. 13.
Zweigniederlassung, Gründung derselben. I. 23.

Berlin.
Druck von J. Drägers Buchdruckerei (C. Feicht)
Adler-Straße 9.

FSC
www.fsc.org
MIX
Papier | Fördert gute Waldnutzung
FSC® C083411

Kolibri 360 GmbH
Ferdinand-Jühlke-Straße 7
99095 Erfurt, Deutschland
produktsicherheit@kolibri360.de